# BIBLIOTHÈQUE

DES

# ÉCOLES CHRÉTIENNES

APPROUVÉE

PAR Mgr L'ÉVÊQUE DE NEVERS.

Propriété des Éditeurs.

# VOYAGE

AU

# MONT SINAÏ

PAR

## L. DE TESSON

QUATRIÈME ÉDITION

## TOURS

Aᴅ MAME ET Cⁱᵉ, IMPRIMEURS-LIBRAIRES

1851

# AVANT-PROPOS

Tout individu qui met au monde un livre, doit à ses lecteurs réels ou imaginaires une *Préface*, au même titre que l'on doit un salut à la personne dont on recherche l'entretien; et comme on ne salue point sans se découvrir le front; pareillement, dans sa préface, l'auteur du livre, se dévoilant lui-même, doit exposer, aussi brièvement que possible, la tendance de ses pensées, les principes auxquels sa conscience l'assujettit et les motifs qui le déterminent à se décerner modestement à lui-même les honneurs de l'impression.

Le récit pour lequel je réclame, en passant, l'indulgence de mes amis, n'est point destiné à une catégorie particulière de lecteurs. Je ne m'adresse point aux savants, dont le dialecte m'est inconnu; ni aux littérateurs, gens délicats à l'excès et bizarres dans leurs jugements; encore moins aux philosophes de profession, espèce d'hommes qui a l'orgueil de la sagesse, lorsqu'elle devrait avoir l'humilité de l'impuissance; mais j'ai fait en sorte que l'intérêt de mon livre, si je réussissais à lui donner de l'intérêt, existât pour tout le monde, et pour les ignorants surtout.

J'ai trouvé du plaisir, beaucoup de plaisir à parcourir les contrées éminemment saintes, éminemment historiques, éminemment pittoresques. Des incidents variés, des spectacles nouveaux pour mes yeux ont marqué chaque journée d'un caractère particulier. Des émotions vives, saisissantes, n'ont pas laissé s'assoupir un instant mon imagination puissamment captivée. Des pensées religieuses et philosophiques inspirées par les lieux et les circonstances sont venues fréquemment entretenir en moi la vie morale. — Eh bien ! ce sont ces incidents, ces émotions, ces recueillements moraux ou religieux, que je me suis efforcé de mettre en commun avec les personnes qui voudraient bien me lire; espérant, par cette communication simple et franche, que mon plaisir deviendrait leur plaisir, que mon voyage deviendrait leur voyage.

J'ai fait en sorte d'être vrai dans ce récit, ou du moins je n'ai pas abusé, ce me semble, de la licence accordée aux voyageurs, grâce au préjugé qui leur inflige à tous l'épithète de menteurs. Si j'ai parfois usé de cette licence, je l'ai fait avec modération et dans les choses indifférentes, telles que les propos entendus ou échangés sur des sujets de fantaisie, les aventures personnelles, les incidents susceptibles de se produire en un lieu quelconque, et qui par là même intéressent seulement l'imagination du lecteur. Je ne voudrais pas, à la vérité, qu'on donnât à mon témoignage une importance exagérée, au point, par exemple, de l'invoquer dans une discussion théologique; mais je ne voudrais pas, non plus, qu'on me crût capable de mentir sciemment dans les occasions où l'on est en droit d'attendre du voyageur un témoignage véridique. J'écris plusieurs années après le retour, et mes notes, comme toutes les notes possibles, ne sauraient former une narration pleine et continue sans être amplifiées. Il faut bien que je fasse comme le peintre qui, ayant esquissé à grands traits un paysage en présence de la nature, ajoute à loisir les détails, l'effet et la couleur, en s'aidant des impressions que l'aspect des lieux a laissées dans sa mémoire. En un mot, tout homme ayant une certaine habitude de lecture appréciera facilement le degré d'exactitude compatible avec le style et la forme de ce récit. Que si quelqu'un parle ou agit sottement dans mon livre, je déclare que ma réputation doit en souffrir seule; je n'ai point buriné les faits et les gestes de mes personnages à mesure que j'en étais témoin, ni sténographié leurs paroles. C'est à l'imagination, faiblement aidée de la mémoire, de remplir cette lacune; les historiens eux-mêmes ne procèdent pas autrement. Je pourrais, sans doute, supprimer cette confession, dont je ne trouve aucun exemple dans mille autres voyageurs beaucoup moins exacts que moi; mais je veux prévenir jusqu'au moindre reproche de ma conscience ou de mes compagnons de voyage.

Dois-je demander pardon pour tous les hors-d'œuvre, pour toutes les impressions purement personnelles qui concourent à grossir la présente narration jusqu'à l'ampleur d'un médiocre volume? — J'ai choisi à dessein un titre qui me sert d'excuse.

Si j'avais eu à raconter un voyage de découvertes dans des régions peu ou point explorées, j'aurais fait en sorte d'offrir aux amateurs une masse compacte d'observations spéciales, écartant avec soin tout ce qui peut donner à une relation l'apparence d'une œuvre littéraire. Mais ce serait, de nos jours, un pédantisme intolérable que de raconter une promenade au Sinaï sur le même ton qu'une campagne au pays des Schillouks ou des Namaquois; on ressemblerait trop à ce Parisien qui, rendu sain et sauf aux embrassements de sa famille après un voyage à Pontoise, racontait mille particularités toutes neuves sur les *naturels du pays*.

Le nom auguste du Sinaï, inscrit en tête de mon livre, exigeait peut-être une gravité soutenue, dont je me suis plus d'une fois écarté. Je méprise souverainement le grotesque se mêlant aux choses sérieuses, je hais au suprême degré la grimace; mais je déteste aussi, comme tout le monde, l'ennui qui naît de l'uniformité. Mon récit, après tout, n'est qu'une causerie nullement prétentieuse: j'ai donc pu suivre la marche ordinaire de toute conversation.

Avant de clore ce préambule, je tiens à déclarer que je ne me serais pas placé de gaieté de cœur sous la vitre du libraire, si j'avais jugé ce petit livre complètement inutile. — Mais en quoi donc consiste, s'il vous plaît, son utilité? — C'est ici le cas de faire une profession de foi. A mon avis, l'utilité d'un livre quelconque gît bien moins dans les choses qu'il nous apprend que dans l'effet moral qui demeure après l'avoir lu. La sonorité des périodes frappe l'oreille et s'évanouit aussitôt; les faits eux-mêmes s'effacent de la mémoire, aussi bien que l'enchaînement méthodique des idées; mais l'impression morale est durable. Ce n'est point elle, il est vrai, qui fait le savant: mais c'est elle qui fait le pervers ou l'homme de bien; elle se dépose au fond de l'âme, pour y fermenter et donner des fruits, soit de vie, soit de corruption.

Lorsqu'en fermant un livre on se dit à soi-même: Mais ce que je viens de lire doit être l'œuvre d'un honnête homme, ou du moins l'auteur a eu le bon esprit de vouloir paraître tel; lorsque la main qui tenait le volume aime à rester posée dessus, comme sur le souvenir reçu d'un bon et estimable ami; lorsqu'on sent en soi cet indéfinissable réveil de la vertu, qui cause un trouble si délicieux; lorsqu'on s'applaudit intimement d'appartenir à cette noble tribu qui embrasse tous les temps, tous les lieux, et dont la devise est : penser la vérité, faire le bien; alors le livre est bon, le livre est utile, quelque prise qu'il puisse donner d'ailleurs à la critique pédantesque ou littéraire.

Puisse mon Voyage au Sinaï, malgré tout l'alliage qu'il contient, laisser le lecteur dans les dispositions analogues à celles que je viens de dire ! Puissent, au moins, quelques-unes de ses pages rencontrer, en bon lieu, un *honorable assentiment* octroyé par l'estime !

# VOYAGE
## AU
# MONT SINAÏ

## I.

Délibération. — Esquisse véridique de plusieurs portraits. — Une fête au Caire. — Vanité punie par la réclusion. — Ocre rouge. — La rue. — La place publique. — Extravagance d'une tête chauve. — Illumination. — Fâcheux effet de lumière.

Irons-nous à Thèbes? Irons-nous au mont Sinaï? — Telle était la question qui, chaque soir, s'agitait entre nous, lorsque, revenus de nos excursions journalières, nous prenions de nouvelles forces à la table de nos respectables hôtes, entre la bouteille de vin fraîchement exhumée et le flacon d'eau limpide obscurci d'une rosée abondante. (Nous étions alors au Caire, logés au couvent des PP. Franciscains de Terre-Sainte.) J'aurais préféré que l'alternative eût été celle-ci : Commencerons-nous par Thèbes ou par le mont Sinaï? mais l'option absolue était inévitable. Autrement il eût fallu briser le lien social qui, depuis Naples, nous tenait réunis, et que trois mois de vie commune, sur terre et sur mer, avaient rendu très-étroit. Le temps manquait à l'un de nous, un autre appréhendait les chaleurs de l'été.

Toute société, quel qu'en soit le but, exige de mutuelles concessions, souvent même des sacrifices pénibles. L'association n'en est pas moins un grand bien. Il a pu m'arriver de trouver gênante, importune, la chaîne qui me liait à autrui ; mais lorsque j'ai recouvré par l'isolement la plénitude de mon indépendance, ah! alors j'ai senti plus que de la gêne : je me suis trouvé malheureux.

Notre petite société formait un tout assez homogène et d'assez bonne nature, pour que, du moins, les concessions auxquelles il fallait se résoudre ne répugnassent jamais à la conscience ou à la raison, ne fussent jamais sans quelques dédommagements.

C'est ici, pour moi, l'occasion de prendre un véritable plaisir aux frais de mes compagnons de voyage. Je vais rappeler leur souvenir, et les faire sommairement connaître au petit nombre de ceux qui voudront bien nous suivre par la pensée dans cette partie de nos pérégrinations.

Notre doyen, M. Coupechène, aumônier d'un régiment suisse au service de Sa Majesté sicilienne, représente parmi nous la foi éclairée, la foi de l'esprit, sans mélange d'aucune faiblesse. Non content de parler avec une égale facilité l'allemand, l'italien, le français, l'espagnol, M. Coupechène converse de préférence et sans interprète avec Homère, Démosthènes, Cicéron, Virgile, mais surtout avec Moïse, David, les Prophètes et les Pères de l'Église, y compris Éphrem le Syriaque, qui est un de ses amis particuliers. M. Coupechène est un de ces péripatéticiens que l'on rencontre, chaque soir, au nombre de huit ou dix, se promenant à Naples sur le pont de *Strada-Nuova*, et qui possèdent à eux seuls plus de science incluse en leur cerveau qu'il ne s'en trouve dans tout le reste du royaume des Deux-Siciles. M. Coupechène est fils d'un de ces dignes paysans suisses qui cultivent noblement, à la tête d'un nombreux domestique, l'héritage de leurs pères, et qui ne permettent pas plus aux idées mauvaises, soit qu'elles volent ou qu'elles rampent, l'accès de leur maison, qu'ils ne laissent les ronces envahir leurs sillons. Notre ami est d'une taille élevée et d'une figure austère. Je le vis pour la première fois à Naples, chez un Maronite de ma connaissance. Il se préparait au voyage d'outre-mer par l'étude de la langue arabe et par la lecture de Pocock, de Hassel-Quist, du moine Procardus, etc. Nous nous associâmes alors, et je compris que j'avais fait une bonne rencontre. C'est par lui que je fus mis en relation avec M. Rovina, autre compagnon de mes voyages (1).

M. Rovina se manifeste à l'œil par une de ces tailles qui doivent plutôt s'appeler longues que grandes, et qui semblent apparemment trop élevées à leurs possesseurs, puisqu'ils ne craignent point d'en sacrifier une partie par une attitude curviligne. Son nez, quelque peu retroussé, compromettrait la dignité de sa physionomie, quand même ce caractère y serait d'ailleurs prédominant. J'ai appelé la religion de M. Coupechêne la foi de l'esprit; celle de M. Rovina est la foi du cœur, et d'un cœur excellent. Si je dis excellent, ce n'est pas du tout parce que je me flatte, avec quelque fondement, d'y occuper une petite place. Je n'ai point fait de M. Rovina une étude particulière, et cependant je le connais à fond; je le lis à livre ouvert, comme M. Coupechêne lit les bibles polyglottes. Certes, l'homme qui se traduit ainsi lui-même doit posséder, outre la franchise, un apanage complet d'homme de bien. On n'apprend pas à mal penser et à mal faire sans apprendre aussi à dissimuler. Nous avons en lui un narrateur précieux, que l'amour de bien dire ne préoccupe point, qui dit bien cependant, et qu'on écoute avec un plaisir parfait. M. Rovina, malgré sa jeunesse, était pourvu

---

(1) Que ceux qui reconnaîtraient quelques-uns de mes portraits n'aillent pas croire que les originaux avaient changé leurs noms, comme font quelquefois les timides ou les mauvais. C'est moi qui les dénature à dessein.

d'un canonicat dans une de nos métropoles. Mais il quitta la France pour l'Italie, après la révolution de juillet, qui blessa profondément ses plus chères affections. — M. Rovina ne dit point · *Ubi bene, ibi patria;* mais plutôt : *Ubi Christus, ibi patria.* Nous avons souvent discuté ensemble la question de savoir si l'Italie, considérée de ce point de vue, devait, à plus juste titre que la France, s'appeler notre patrie, et ce point est un des seuls sur lesquels nous n'ayons jamais pu tomber d'accord.

M. Rovina est accompagné d'un domestique français nommé Lucien, homme de confiance, voyageur par fidélité et par inclination, que tout enchante dans les voyages, y compris, par excellence, les dangers et les fatigues. L'énergie physique et morale de cet homme est prodigieuse. Il lui est arrivé de faire à pied, pendant quatre jours de suite, vingt-cinq lieues par jour. Il se couchait avec la fièvre et repartait peu d'heures après.

Il me reste à parler de mon ami de vieille date, du compagnon avec qui j'ai fait le premier pas, et sur le domaine duquel nous avons coupé ensemble, dans les bois, le bourdon du pèlerin. — M. Augustin d'A\*\*\* est le délégué de sa famille vers les lieux saints. Cette famille, cachée au fond du bocage normand, où elle répand au loin, sous le feuillage, le parfum d'une bonne vie, attend avec anxiété, et la prière sur les lèvres, le retour de son messager. — Augustin est le plus jeune de nous, mais non pas le moins instruit, ni le moins indépendant d'esprit et de caractère. Cette indépendance sied bien à celui qui porte avec orgueil, avec bonheur les deux jougs qui ennoblissent l'homme, celui de la famille et celui de la foi.

Or donc, Thèbes ou le mont Sinaï ? — Nous étions des pèlerins de la foi et non de la science ; cette considération fut prépondérante, et le mont Sinaï prévalut, ainsi que je l'avais désiré. Mais une solennité toute profane vint apporter quelques jours de retard à l'exécution de nos projets.

De grandes réjouissances allaient se célébrer au Caire et par toute l'Égypte, à l'occasion de la paix récemment conclue avec le sultan. Rien de commun, je l'avoue, entre de telles saturnales et le recueillement d'un pèlerinage. Bien loin de différer son départ, un pèlerin des temps primitifs se fût empressé de fuir derrière les montagnes pour éviter la dissipation d'un tel spectacle. — Dieu nous garde de vouloir paraître meilleurs que nous ne fûmes. — Nous demeurâmes en Babylone pour assister à ses fêtes, et même leur souvenir est tellement lié dans mon esprit aux préoccupations du pèlerinage, que je vais me permettre de leur consacrer quelques pages. Si l'on est, par hasard, impressionné comme je le fus, on goûtera mieux l'ascétisme du désert, en entendant bruire derrière soi cette cohue des folies humaines.

J'ai souvent remarqué que la joie éclate avec d'autant plus de fracas qu'elle est moins sincère. Rien n'est tel qu'un dépit concentré pour inspirer les plus extravagantes démonstrations d'allégresse. Je pourrais alléguer en preuve les vociférations de nos conscrits trahis par le sort, les rubans roses flottant à leurs chapeaux, et l'exhibition emphatique du numéro justement appelé mauvais, qui est pour ces malheureux une sentence de bannissement, sinon de mort et de captivité.

Méhémet-Ali, au temps dont je parle, faisait éclater une joie tout aussi sincère, tout aussi frénétique que celle de nos conscrits. Nous lui avions été présentés quelques jours auparavant à Alexandrie; nous l'avions complimenté sur les brillantes qualités guerrières de son fils, sur ses récentes conquêtes; et le bonhomme, tout en caressant sa barbe blanche, s'était oublié jusqu'à dire, en parlant de son suzerain : « Il a été battu deux fois, il le sera encore une troisième. » Puis, furieux contre cette paix qui venait de lui être imposée, il s'était écrié en bondissant sur son fauteuil : « L'Europe a tout gâté ! » Et cela avec une telle énergie, que notre introducteur, M. Mimaut, s'était levé au même instant pour opérer sa retraite. Cela ne promettait pas aux populations égyptiennes un brillant programme de réjouissance.

Nous descendions des pyramides à l'instant où retentit le premier coup de canon parti de la citadelle du Caire pour proclamer l'allégresse publique. Un aigle, qui avait son nid dans la pyramide de Mycérinus, prit son vol au même instant. Cette triple coïncidence, qui serait niaise si je l'avais inventée, m'impressionna de telle sorte, que je la retrouve dans ma mémoire et non dans mes notes. Il existe entre les grandes choses des harmonies que l'âme perçoit intimement, et pour la manifestation desquelles il semble que la parole n'est point faite. L'atmosphère si parfaitement immobile de l'Égypte secouée tout à coup par la foudre humaine ; le flot qui en résulte se heurtant à l'écueil des pyramides, et repoussé par lui dans la plaine ; les derniers frémissements de l'onde sonore s'en allant mourir au fond des voûtes sépulcrales, comme le bruit d'une chute dans l'éternité ; l'aigle, semblable au génie funèbre de ces sépultures, prenant son essor vers les nuages : sans doute, tout cela parle à l'imagination et aux souvenirs. Mais pour initier les autres à de telles émotions, où trouver des notes ou des paroles ?

D'innombrables détonations parties des forts particuliers répondirent à la citadelle. Étourdis de ce fracas, dont nous ignorions le motif, nous ne sûmes à quoi nous en tenir qu'après être rentrés au couvent.

Une seule chose, dans ces réjouissances, semblait impliquer la bonne foi de l'ordonnateur, je veux parler de l'énorme quantité de poudre qui passa de l'état solide à l'état gazeux pendant huit jours consécutifs. Je doute qu'il en eût fallu davantage pour assiéger et prendre Constantinople. Le souverain, peu prodigue de sa nature, qui gaspillait ainsi ses munitions de guerre, devait avoir embrassé la paix sans arrière-pensée. Cet infernal préliminaire durait depuis trois jours, nous en avions la cervelle rompue, et je m'écriais à tout moment : « Que je plains les villes assiégées! » Enfin, le quatrième jour au matin, il sembla qu'un paroxysme de frénésie eût saisi la citadelle et les forts. C'était comme l'*allegro* de l'orchestre à l'instant où la toile se lève. En effet, la fête proprement dite allait commencer.

Je venais de prendre mon corbache et de peigner ma barbe pour descendre promptement dans la rue. « Une fête au Caire, me disais-je à moi-même, peu de voyageurs ont été favorisés de pareille bonne fortune... — *Signor Luigi!* » dit une voix qui venait du corridor. Je m'empressai d'ouvrir; c'était le Père supérieur, tenant à la main une bouteille d'ocre rouge avec un pinceau en soie de sanglier. « Un petit service, s'il vous plaît, *signor pittore*. — Tout ce que vous voudrez, révérend Père. — Nous illuminons ce soir l'entrée du couvent; voici quatre lanternes que frère Bartolomeo vient de terminer. Faites-moi le plaisir de les décorer à votre fantaisie; un rien... tout ce qui vous passera par la tête. » Les maudites lanternes me furent au même instant présentées par leur auteur; elles étaient de papier blanc tendu sur des baguettes. A la vérité, je n'avais pas fait vœu d'obéissance en passant le seuil du couvent; mais, chez moi, la politesse et la reconnaissance commandent aussi impérieusement que le devoir, pourvu qu'elles ne lui fassent point concurrence. « Il me faudrait un chevalet, repris-je; pouvez-vous disposer de frère Bartolomeo? — Il est à votre service, *signor pittore*. »

Je plaçai alternativement chaque lanterne entre les

deux mains de frère Bartolomeo; je les appuyai sur sa poitrine; j'armai ma main gauche de la bouteille d'ocre rouge, en guise de palette, et je me mis à l'œuvre en maudissant l'absurde vanité qui m'avait induit à usurper le titre de peintre, tandis que j'avais tout au plus droit à celui de barbouilleur. Mais le pinceau, plongé dans l'ocre rouge, n'avait pas plutôt touché le papier, que la couleur, beaucoup trop délayée, se mettait à ruisseler du haut en bas. Tous ces courants parallèles formèrent bientôt une colonnade, que j'intitulai : *Temple de la paix*. Fra Bartolomeo observa, avec beaucoup de raison, que les colonnes étaient un peu grêles. Appelant en aide mes souvenirs classiques, j'avais résolu de représenter, à l'ombre d'un olivier, Méhémet-Ali fumant le narguilé, tandis qu'une odalisque, se jouant avec le cimeterre du vieux guerrier, aurait sabré des boutons de roses. Mais l'indigne couleur s'obstinant à ruisseler sur la toile, j'abaissai de nouveau une multitude de perpendiculaires qu'il fallut bien appeler une forêt de palmiers, et pour rendre moins excusable toute méprise du spectateur, je couronnai le tout d'un barbouillage confus, en guise de rameaux. — Fra Bartolomeo observa, avec une sagacité croissante, que mes végétaux étaient trop exactement semblables à l'échantillon du règne minéral que je venais d'inaugurer sous le nom de *Temple de la paix*. Comprenant enfin qu'il fallait renoncer à obtenir autre chose que des lignes verticales, je résolus de mettre à profit l'intelligence de mon chevalet, et je lui ordonnai de faire faire à la toile, soit un demi-tour, soit un quart ou demi-quart de conversion, suivant la direction horizontale ou oblique qu'il me plairait de donner à mes lignes. Ce procédé réussit, et je parvins à tracer les portraits ressemblants des trois grandes pyramides. — Tout autre sujet moins géométrique était incompatible avec ma manière de procéder.

« Bravo, *signor pittore !* » s'écria cette fois mon chevalet, assez judicieux pour comprendre que le succès lui était dû autant qu'à moi-même. Ce triomphe partagé me déplut. Mais comme les idées simples se présentent ordinairement les dernières, ma besogne était déjà fort avancée, lorsqu'il me vint à l'esprit qu'en plaçant mon papier horizontalement, je serais garanti, par toutes les lois physiques, contre le phénomène de fluidité qui me désespérait.

Je peignis alors à l'ocre rouge toutes les fantaisies que put me fournir mon imagination. Je citerai les suivantes, qui étaient les plus remarquables à mon avis. Sur une des faces de la troisième lanterne, l'Égypte était représentée sous les traits d'une poule étique qui use ses pattes à gratter la terre, tandis qu'un milan, suivi d'un régiment de coqs longuement éperonnés, dévore à mesure les grains et les vermisseaux mis à découvert par la pauvre bête. Je n'eus garde d'indiquer le véritable nom du milan et de son armée. Sur une autre lanterne, la civilisation amphibie de l'Égypte moderne apparaissait sous la forme d'un crocodile à vapeur, battant les eaux du Nil avec des roues à aube, et portant sur son dos un long tube couronné de fumée. La gueule démesurément ouverte du reptile symbolisait l'odieux monopole auquel l'Égypte est redevable du masque de prospérité qui l'étouffe. Il y avait aussi un hommage délicat aux PP. franciscains du Caire, dont le supérieur était représenté tendant les bras à des pèlerins égarés, tandis qu'une femme, en costume égyptien, baisait humblement les nœuds de sa ceinture de corde. Enfin, dans une dernière page, je faisais assister le spectateur à un conciliabule de momies assises sur leurs coffres, et s'entretenant ensemble des douceurs de la paix; ce que j'avais eu soin d'indiquer par des lignes d'écriture qui sortaient de leur bouche. « Ne me parlez point de la paix armée, disait l'une d'elles. — Fi de la paix à tout prix! » reprenait sa voisine, avec cette contraction des lèvres et cet air de dégoût familier aux personnes de son espèce.

Ma tâche était finie. Montre à la main, j'avais perdu pendant trois heures le spectacle de la rue, c'est-à-dire de cette foule bariolée qui s'écoulait, comme un fleuve étroitement encaissé sous des rives surplombantes. Devenu moi-même un des flots de cette foule, je me laissai entraîner au hasard. Au-dessus de moi s'élevaient çà et là des vagues menaçantes. C'étaient des chameaux coiffés, comme de vieilles coquettes, d'oripeaux de toutes couleurs; la même recherche avait présidé à la toilette des ânes. C'étaient des chevaux richement enharnachés, fiers des armes brillantes et du somptueux turban de leurs cavaliers. C'étaient aussi des masses informes d'étoffes de soie, posées sur des selles d'un demi-mètre de hauteur et chevauchant sur des baudets; vers le sommet de ces luxueuses éminences, l'observateur attentif pouvait distinguer deux yeux noirs braqués sur la foule, à la faveur de deux incisions circulaires, et, vers la base, les pointes de deux babouches jaunes ou rouges, indiquant la présence probable de deux pieds féminins. De gros Turcs bouffis d'embonpoint et de vêtements, de maigres Arabes en jaquettes et en tarbouches formaient l'élément vulgaire de cette cohue.

Poussé par le courant, j'arrivai enfin sur la grande place du Caire, ou, si l'on aime mieux, je fus jeté dans dans ce lac où venaient, comme autant d'affluents, se décharger les rues de la ville. Cette place est assez spacieuse pour comprendre dans son enceinte des champs cultivés.

L'attention de la multitude était surtout attirée par les saltimbanques et les danseuses. Je ne dirai rien de celles-ci, parce qu'il me paraît impossible d'en parler décemment. Tout est languissant dans cette danse; tout est digne du paradis monotone de Mahomet. —

Une harmonie tout à fait soporifique, produite par la voix nazillarde des danseuses et par les petites cymbales qu'elles choquent entre leurs doigts, complète par l'oreille la sensation perçue par les yeux. En vérité, de quelque esprit qu'on soit animé, cette danse ne mérite pas qu'on ouvre sa fenêtre pour en être témoin. Je ne sais si une ordonnance de police enjoint à toutes ces femmes d'être laides; je suis porté à le croire, et même à conjecturer que la sanction pénale est draconienne.

Les saltimbanques du Caire *travaillent* devant un public beaucoup mieux discipliné et non moins attentif que celui des Champs-Élysées à Paris. Le cercle est spacieux. Un ou deux rangs d'enfants accroupis composent les degrés inférieurs de l'amphithéâtre, dont le sommet est formé par des hommes debout. D'autres hommes accroupis occupent, à une hauteur moyenne, l'espace intermédiaire. — J'ai vu un enfant tomber atteint d'une blessure mortelle, se rouler, se tordre dans la poussière souillée de son sang, pâlir comme la neige, se faire livide comme le plomb, s'allonger outre mesure et tressaillir de cette dernière convulsion que suit l'immobilité de la mort, puis ressusciter peu après, et mériter par mille fripponneries, par mille impertinences burlesques, une mort nouvelle, suivie d'une nouvelle résurrection.

Ailleurs un individu se prend à réciter d'un ton solennel des sentences religieuses. Il est bientôt entouré d'une vingtaine hommes, qui forment un cercle en se tenant par la main; les têtes s'agitent, les corps se balancent, chacun paraît enivré par l'audition des paroles saintes. Un vieillard se fait surtout remarquer par l'incroyable volubilité de sa tête chauve qui semble mutinée contre lui-même. Près de lui, un jeune homme secoue convulsivement sa longue chevelure, semblable à une famille de serpents éveillés en sursaut, et s'obstine à tenir ouverte sa large bouche armée, sans plus, de deux dents incisives opposées l'une à l'autre. On cède enfin à la lassitude ; le cercle se brise, et chacun revient à son état ordinaire, mais non le vieillard, dont l'indomptable tête s'agite avec une fureur persévérante, et paraît vouloir briser le cou qui la retient. Évidemment, il n'est plus au pouvoir du vieux fou d'en maîtriser le mouvement. Je regrette de n'avoir pas attendu la fin de cet exercice vraiment extraordinaire, auquel je n'ai rien vu de ma vie qui pût être comparé.

Çà et là des groupes serrés s'avancent comme un seul homme et frappent leurs mains en cadence. Des jouteurs font semblant de décharger l'un sur l'autre des coups de bâton, qui, d'un consentement mutuel, tombent toujours sur le bourrelet de cuir dont le bras gauche est armé. Des escarpolettes balancent en l'air quelques Arabes et mettent en mouvement des guirlandes de grelots. Des fauteuils suspendus aux rayons d'une vaste roue qui tourne sur elle-même, montent et descendent alternativement avec les individus qui y sont assis. — Enfin, quelques groupes sont formés autour d'un instrument de musique, que je n'ai pu voir, et prêtent l'oreille à une harmonie semblable au gémissement d'une porte qui se ferme à regret.

Tout cela est médiocrement récréatif, et ne vaut guère mieux que nos solennités politiques de France.

Les canons chargés à poudre sont, au Caire comme à Paris, les vrais enthousiastes. Ils continuent de hurler : Vive la paix ! vive le pacha !

Dans les rues, les maisons sont décorées suivant le goût, la richesse ou la profession de leurs habitants. Tableaux, lustres, glaces, flambeaux, tout est en exhibition. J'ai remarqué dans le quartier Franc le portrait de Méhémet-Ali, celui de Louis-Philippe, et des gravures commémoratives de la révolution de juillet. Dans les bazars, chacun s'est efforcé de donner un air de fête à sa boutique. Un dégraisseur a drapé la sienne avec la veste et la culotte qui furent confiées à son industrie; un tailleur, avec la pièce d'étoffe qu'il est chargé de mettre en œuvre. Un marchand de volailles, après avoir coiffé son coq d'un casque de plumes empruntées à la queue du pauvre animal, l'attache triomphalement sur son échoppe. Un confiseur a suspendu à la sienne des festons de confitures sèches, taillées en lanières, etc. Dois-je parler de la plus caractéristique et de la plus souvent reproduite de toutes les décorations, de ce mannequin à la prétention d'imiter la forme humaine, comme Maccus chez les latins, comme Pantin notre compatriote? Mais sa pantomime ultra-burlesque dont rougirait Polichinelle, et qui serait chez nous justiciable de la police correctionnelle, en fait un personnage du plus mauvais ton, dont je ne puis estimer le caractère. — Retire-toi, mauvais plaisant, et n'insulte pas la foule polie que l'illumination appelle dans la rue.

Une illumination au Caire ne ressemble en rien à une illumination à Paris. C'est quelque chose de désordonné, de fanfastique. On croit se promener dans des galeries souterraines illuminées par les fées. Les balcons qui surplombent et qui, d'un travers à l'autre de la rue, se croisent entre le ciel et vous, forment une voûte à chaque pas diversifiée, tantôt basse et frappée d'une vive lumière, tantôt élevée et plongée dans une mystérieuse obscurité. Les façades sont ornées de portiques de feuillage, dont le palmier fait les principaux frais, et dans lesquels se joue la lumière. Des feuilles d'or suspendues à profusion font vaciller et scintiller comme des étoiles le rayon qui les frappe. Des lustres à plusieurs étages, accrochés l'un à l'autre, sans aucune régularité, forment des girandoles semblables aux lianes des forêts, qui, du sommet des grands arbres, retombent vers la terre. Il y a des rues dont l'effet est magique: ces tentures bizarres, cette foule pressée qui s'écoule en silence, ces feux suspendus sur les têtes, et non point, comme chez nous, accolés aux murailles; ces longues échappées de vue se brisant aux angles des maisons, et courant à travers les méandres de la rue à une perspective lointaine, tout cela donne au spectacle un caractère propre plus satisfaisant que ce qui se voit communément dans nos villes de France.

Sur la grande place on lance des fusées, on met le feu à des pièces d'artifice assez médiocres, et l'on stationne devant une illumination aérienne suspendue à d'immenses échalas, et sans cesse entretenue au moyen d'un système compliqué de cordes et de poulies.

Bâtissez, s'il est possible, une cathédrale aussi magnifique que le *Dôme* de Milan. Au jour de l'inauguration, quand les populations enivrées viendront saluer le chef-d'œuvre nouveau, vous pouvez être certain que les yeux du marbrier chercheront d'abord et même exclusivement la pierre qu'il a sciée et polie pour la façade de l'édifice; que ceux du doreur iront se poser directement sur le globe d'en haut rendu resplendissant par ses soins; que le maçon sera de bonne heure en extase devant le pilier ou le clocheton qui lui doit son aplomb; que le serrurier, enfin, aura bientôt retrouvé le verrou sur lequel il usa sa lime la mieux trempée. Rendez multiple par la gravure le chef-d'œuvre d'Ingres ou de Vernet, et, quand l'épreuve splendide aura vu le jour, observez le graveur de lettres qui, pour toute part de coopération, a incisé au bas de la planche de cuivre ou d'acier ces deux petits mots : *H. Vernet pinxit...* Je veux être battu, s'il n'a pas les yeux fixés sur ses treize lettres italiques : *H. Vernet pinxit.* Ouvrez à l'empressement du public la galerie longue de plusieurs kilomètres, à laquelle un contre-mur de volumes a mérité le nom de bibliothèque, et vous verrez l'auteur de l'insipide roman abîmé dans ce chaos se ruer vers son livre, grimper comme un lézard mural au trente-sixième étage, s'y cramponner comme une chauve-souris, et demeurer là, les lèvres collées sur son incomparable progéniture.

Pareillement, semez, si vous le voulez, dans les rues du Caire, autant de feux qu'il y a d'étoiles au firmament; mais n'espérez pas mettre en défaut Fra Bartolomeo et son auxiliaire le barbouilleur : ils sauront bien retrouver leurs vessies artificielles, et payer à la constellation du couvent un ample tribut d'admiration. Mais si l'auteur des lanternes dut s'adresser des félicitations à lui-même, il n'en fut pas ainsi du décorateur. Par un effet photogénique que j'aurais dû prévoir, la lumière traversant le papier avec une égale facilité, soit qu'il fût, ou non, imprégné d'ocre rouge, daignait à peine rendre visibles quelques pâles linéaments que je faillis méconnaître moi-même. Une attention des plus soutenues aurait donc été nécessaire pour l'intelligence de mon œuvre, et personne ne lui accordait même un regard distrait. Ainsi, venus au monde presque malgré moi, ces tristes enfants de mon pinceau se sont éteints sans qu'un seul beau jour ait lui pour eux. C'est pour les dédommager que, père tendre et compatissant, je leur donne ici une si large place. Puissent-ils ne pas y être venus chercher de nouveaux affronts!

## II.

L'évêque grec. — Gravure curieuse. — Approvisionnement. — Anxiété. — Départ. — Avantages et inconvénients d'une haute position. — Sépultures — Coup d'œil sur la caravane. — Un habitant du désert. — Première halte.

Les fêtes pacifiques continuèrent encore, je ne sais pendant combien de jours; mais il était temps pour nous de revenir à d'autres pensées. Le philosophe se lasse vite de ces émotions creuses dont la multitude est avide.

Nous nous rendîmes chez l'archevêque grec de qui relève le couvent schismatique du mont Sinaï. Ce personnage imposant autant que l'exige la dignité dont il est revêtu, simple cependant, nous reçut avec beaucoup de cordialité. Nous ayant fait asseoir près de lui sur le divan, il appela d'une voix solennelle Jérososyman ; et comme Jérososyman tardait à paraître, il répéta cinq fois de suite, avec une admirable impassibilité, ce nom majestueux comme la voix qui le prononçait. Enfin, une espèce de majordome, grand, carré, porteur d'une barbe grise et d'une honnête figure, parut sur le seuil de la porte, et, ayant reçu les ordres de son maître, se retira, pour revenir un instant après, chargé d'un plateau sur lequel étaient disposées une cafetière, des tasses et des conserves de roses. Le café est inévitable, il faut le subir, bon gré mal gré, chaque fois qu'on fait une visite, en fît-on vingt dans la matinée; mais les conserves étaient une délicatesse fine, non moins flatteuse pour l'amour-propre que pour la sensualité des visiteurs. — Nous nous retirâmes donc comblés de politesses, parfumés de roses, et porteurs d'une lettre pour le supérieur du couvent de l'Assomption, lettre qui devait être conçue en fort bons termes si les apparences n'étaient pas trompeuses. De plus, chacun de nous reçut en don une gravure que je conserve comme témoignage de l'état d'enfance caduque où sont tombés les arts en Orient.

Ce tableau, où les unités d'action, de temps et de lieu sont naïvement violées, représente tout à la fois, sous le point de vue pittoresque, Alexandrie, Damiette, le Caire, Suez, la Méditerranée, le Nil élargi pour faire place à un crocodile, les pyramides, la mer Rouge avec le char de Pharaon jeté comme un pont de l'une à l'autre rive, le buisson ardent, Moïse et ses Israélites, le tabernacle avec tout ce qu'il contenait, le frappement du rocher, le serpent d'airain, le veau d'or, la fraction des tables de la loi, les monts Horeb et Sainte-Catherine, dont la prodigieuse saillie n'est arrêtée que par les bornes du papier, le corps de sainte Catherine transporté par les anges au sommet de la montagne, et une multitude d'autres sujets. N'oublions pas le couvent de l'Assomption, plus grand à lui seul que le Caire, Damiette et Alexandrie tout ensemble. — Mais comme les événements, lorsqu'ils sont actuels et personnels, acquièrent des dimensions colossales, surtout aux yeux des gens séquestrés, nous voyons dans le tableau toute l'histoire miraculeuse du peuple de Dieu se faire petite pour laisser le champ libre à deux épisodes qui se passent sous les murs du couvent, et qui ont les moines pour principaux acteurs. Dans le premier, tous les religieux, précédés de deux thuriféraires, s'avancent processionnellement à la rencontre de leur archevêque, dont le cortége vient de faire halte devant la porte du monastère. Un esclave tient par la bride le cheval richement enharnaché qui a l'honneur de porter le prélat, tandis que des chameaux accroupis regardent d'un air piteux l'animal fanfaron, dont les exigences intempestives sont autant de surcharges qui retombent sur le dos de ses compagnons de voyage. — Le second épisode contraste avec le premier; c'est tout bonnement un échange de projectiles entre le couvent et les tribus arabes. Les Bédouins armés lancent contre la forteresse monastique des balles et des flèches; le couvent, représenté par un religieux qui a bénévolement ouvert la seule fenêtre dont est percé le mur d'enceinte, riposte par des corbeilles remplies de pain, qu'il dirige doucement à l'encontre de ses adversaires, au moyen d'une corde enroulée à une poulie. — J'admets très-volontiers la générosité des bons religieux, je trouve seulement que, pour la rendre plus méritoire, on a eu tort de mettre dans un si odieux relief la férocité arabe. Cette portion du tableau, en la supposant historique, était peu rassurante pour nous. Nous la jugeâmes calomnieuse. — J'ai une très-haute opinion de la perversité humaine; je crois néanmoins qu'elle a des bornes, surtout en matière d'ingratitude; et lorsque les récits que l'on nous en fait dépassent toutes limites, alors je deviens incrédule. Il faut donc que l'auteur de notre tableau rétracte la fusillade imputée par lui aux Bédouins, autrement je serais forcé de croire que les pains du couvent sont une mystification impossible à digérer même pour des Arabes.

Le chancelier du consulat de France, M. Petit-Pierre, et le drogman, M. Mzara, firent avec la plus grande obligeance les démarches nécessaires pour nous procurer des chameaux et des guides sûrs; ce qui est quelquefois plus malaisé qu'on ne se l'imagine, car il faut s'adresser pour cela au gouvernement lui-même. Nous ne restâmes pas oisifs de notre côté: nous avions à parcourir une vingtaine de bazars, afin de compléter le matériel indispensable pour tout voyage de quelque étendue dans le désert. Nous achetâmes des outres de peau de bouc pour contenir l'eau, des cartouches pour nos pistolets, une marmite en fer battu pour préparer potages, entremets et ragoûts; quelque peu de bois, accompagnement indispensable de la marmite; du riz, du macaroni, de la semoule, des oignons, de l'huile, du fromage, de l'eau-de-vie pour corriger la mauvaise nature de l'eau, du biscuit, etc.; enfin, une tente avec tous ses accessoires et des matelas étiques, pour éviter un contact trop immédiat, soit avec les cailloux du désert, soit avec la selle osseuse de nos chameaux. Ce dernier objet, neuf et garni de coton de la dernière qualité, fut, pour chacun de nous, une dépense de neuf piastres (45 sols). — Certes, jamais lit de bonne maison, haut de cinq ou six étages, ne m'a rendu de meilleurs services et n'a fléchi sous le poids d'un plus heureux dormeur. — On repose bien à vingt-cinq ans sous la voûte du ciel, lorsqu'on a choisi soi-même le lieu du bivouac : les rêves sont harmonieux comme le scintillement des étoiles, le réveil est lucide comme le premier rayon que le soleil naissant darde à travers l'immensité du désert.

Les préparatifs étant terminés, il fut résolu que nous partirions le dimanche 28 avril, après avoir entendu la messe dans la chapelle du couvent. Nos effets, y compris les espèces sonnantes, furent laissés en dépôt chez le Père supérieur; il s'en fallut peu que je ne lui confiasse aussi mon testament.

Le jour dit, comme la messe venait de finir, nous fûmes avertis que nos chameaux et nos guides stationnaient dans la rue, au grand déplaisir de la foule que l'*Ite, missa est* venait de rendre à la circulation; car un chameau accroupi dans les rues du Caire forme à lui seul une barricade difficile à franchir; et comme cette barricade est vivante, si elle vient à se redresser tout à coup, ou bien à secouer sa masse bossue, il en résulte une perturbation facile à comprendre. Nous prîmes donc précipitamment congé de nos respectables hôtes, et ayant jeté sur le dos des dromadaires les effets indispensables, nous donnâmes le signal du départ. Nous suivions à pied nos montures, accompagnés de l'excellent M. Mzara, qui ne voulut nous quitter qu'après nous avoir lancés dans le désert. Nous cheminâmes ainsi à travers des rues étroites, sinueuses, jusqu'à la porte de la Victoire, située à l'est du Caire. Arrivés là, les chameaux s'agenouillèrent, on remplit les outres d'eau fraîche; on disposa le chargement d'une manière solide et définitive. Nos matelas, pliés en deux dans leur longueur, furent placés transversalement sur nos selles, auxquelles on accrocha divers objets. Deux chameaux, exclusivement réservés pour les bagages, reçurent les outres et le surplus de notre matériel. — Enfin, à onze heures et demie, chacun de nous put prendre possession de son dromadaire. L'instant était critique. Il y avait loin de cette gigantesque monture aux ânes modestes sur lesquels, depuis quinze jours, nous galopions délicieusement du Caire aux pyramides, des pyramides aux ruines de Memphis, et de celles-ci à l'obélisque d'Héliopolis.

Je dissimulai mon émotion, et m'étant assis les jambes ouvertes sur mon matelas, j'attendis avec résignation ce qui allait suivre. Mais, comme je l'ai dit, ce matelas était plié sur la selle, la selle reposait elle-même sur la bosse de l'animal accroupi, dont la taille se trouvait ainsi réduite de toute la hauteur de ses longues jambes. Ainsi placé, j'occupais déjà une position plus élevée que celle dont je m'étais fait une douce habitude sur l'échine des bandets du Caire. Mon guide, car chacun de nous avait le sien, s'étant approché avec un regard qui voulait dire : Y sommes-nous enfin ? je tournai vers lui deux yeux suppliants, qui ne parlaient pas moins bien arabe que français ; puis j'élevai résolument mon poing à la hauteur de ma tête, ce qui, dans toutes les langues, signifie : Allons, le sort en est jeté. Ce geste n'eut pas plutôt été traduit par l'Arabe à son dromadaire, que le docile animal imprima à sa carcasse ce triple mouvement d'ascension alternative que tous les voyageurs ont décrit; et je pense qu'ils ont bien fait, cette fois, de ne pas concentrer leur expérience en eux-mêmes ; car, pour le cavalier non averti, le résultat infaillible de ce mouvement serait une lourde chute en avant ou en arrière, précédée d'un coup violent du pommeau de la selle dans le ventre ou dans les reins.

— Nous n'eûmes à déplorer aucun accident de ce genre. Seulement les derniers exaltés fournirent aux autres un spectacle divertissant, en échange du spectacle instructif qu'ils en avaient reçu. — Je crois voir encore, à cette heure, le torse allongé de M. Rovina formant une arcade, dont la partie croulante est étayée de deux bras expressifs, fortement tendus en avant.

La première impression que l'on éprouve en se sentant balancé dans les airs par le dandinement du chameau, est une inquiétude mêlée de vertige. Mais bientôt après on s'abandonne au plaisir d'occuper une position élevée, d'embrasser un horizon plus étendu, et d'expérimenter un genre de locomotion inusité. La tête de sa monture, qu'il a en premier plan, fournit au cavalier un sujet d'intéressantes observations, dont j'aurai occasion de parler plus tard. — Du reste, je connus bientôt par ma propre expérience que l'on peut dégringoler impunément du haut d'un dromadaire, et la chute dont je me confesse ici publiquement ne retarda point mes progrès dans ce nouveau genre d'équitation.

Des sépultures magnifiques ou misérables, jetées çà et là sur la surface du désert aussi loin que la vue peut s'étendre; parmi ces sépultures, quelques campements de Bédouins aux formes sèches, à l'aspect terreux : tels sont les faubourgs du Caire. — Le désert est un cimetière dont la vaste étendue répond parfaitement à l'insatiable avidité de la mort; là, toutes les concessions sont gratuites et perpétuelles; là, le sommeil de la tombe n'est point troublé par les exigences d'un mort nouveau qui vient revendiquer, contre le mort des années précédentes, l'usufruit du sépulcre. — Cette stabilité de la demeure dernière, l'immense étendue de la région mortuaire, comparée à l'espace étroit qui forme en Égypte la vallée des vivants, suffisent, ce me semble, pour expliquer le développement prodigieux que l'architecture sépulcrale atteignit chez les Égyptiens, et la grandeur de ces nécropoles, dont les habitants poudreux, après trois mille ans d'immobilité, émigrent aujourd'hui vers toutes les contrées du monde civilisé. Par le même motif, une idée de grandeur et de perpétuelle durée dut s'attacher à la mort même. Ne voyons-nous pas l'homme vivant grandir dans l'opinion publique en raison de l'étendue, de la solidité et de la magnificence que ses pères ou lui-même ont données à sa demeure? — Dans notre pays, où l'on craint de dérober à l'industrie quelques mètres de terre cultivable, le champ des morts est un enclos mesquin, où chaque nouveau venu fait craquer en s'installant les ossements d'autrui. La durée d'un monument funèbre sur un sol si convoité, agité par tant de révolutions, par tant de projets contradictoires, est toujours problématique, et ce défaut d'avenir est ennemi mortel de toute solidité, comme de toute grandeur. — Mais dans l'immobilité du désert, le travail des siècles est le seul à redouter, et les siècles travaillent lentement lorsqu'ils ne sont point aidés par la main des hommes.

Quelque temps encore, après avoir dit adieu au Caire, nous fûmes importunés par une escorte de mendiants qui nous poursuivaient en répétant le refrain d'une espèce de litanie. — Enfin, les hommes, leurs habitations, les minarets, les tombeaux, tout disparut à nos yeux, et nous pûmes contempler le désert dans toute sa majesté, ou, si l'on veut, dans toute son horreur. Nous voguions désormais en pleine mer, avec un esclave noir pour capitaine, et cinq pauvres Bédouins pour équipage.

Je ne sais rien de plus pittoresque et même, sous quelques rapports, de plus moralement intéressant qu'une caravane au désert. Arrêtons-nous donc un instant à nous contempler nous-mêmes. — Nos chameaux sont de l'espèce de ceux qu'on nomme dromadaires. Ils ne diffèrent point essentiellement, par la structure, du chameau vulgaire. Seulement leurs formes plus sveltes, leurs allures plus accélérées, les rendent plus propres à porter la selle. L'un des nôtres est entièrement blanc; j'en ai très-peu vu de cette couleur. Rien de moins élégant, rien de plus cosaque que notre équipage. Nous l'avons accepté sans réclamations, ayant pour principe de ne jamais froisser les habitudes des hommes ou des animaux avec lesquels nous avons des relations passagères. — Une corde grossière nous tient lieu de bride; mais cette bride, ou pour mieux dire ce licou, ne touchant aucune fibre sensible de l'animal, n'établit entre la monture et le cavalier qu'une communication insuffisante qui est loin de les identifier l'un et l'autre. Aussi voit-on fort souvent la divergence d'opinions se manifester par un duel entre le poignet du voyageur, qui gouverne au sud, et la tête du chameau, qui dérive vers le septentrion. La selle, qui emboîte exactement la bosse de l'animal, est un édifice de bois maigrement rembourré, surmonté en avant et en arrière d'un double pommeau qui peut avoir huit à dix pouces de hauteur. Ce pommeau est tout simplement un pieu fiché perpendiculairement et arrondi à son extrémité. Il sépare les jambes du cavalier, qui vont se rejoindre et se croiser sur la partie inférieure de la bosse. Nos guides montent alternativement sur les deux chameaux portefaix, dont le chargement forme une masse confuse. — Nos costumes sont variés. Le surtout de M. Rovina est une longue redingote ou étui de couleur jaunâtre, assez ample ou assez peu rempli pour que le zéphyr la puisse parcourir intérieurement dans toute son étendue. — M. Coupochêne est armé d'un long fusil canardier, avec lequel il repoussait naguère une agression de Bédouins dirigée contre notre barque, pendant qu'elle était amarrée pour la nuit au rivage du Nul. Sa tenue est rigide, austère, comme celle d'un homme que les révolutions atmosphériques ne peuvent émouvoir. Le chapeau rond, dans sa classique laideur, trône sur sa tête; le chapeau rond sur un chameau est d'un effet inouï. — Augustin et moi avons entouré notre taille d'un ceinture à plusieurs circonvolutions, qui soutient de longs pistolets. Des lunettes vertes d'une teinte foncée protégent nos yeux contre l'ardeur du soleil et son reflet sur le sable. J'ai pour couvre-chef un chapeau de paille d'Italie, dont, au moindre vent, les larges bords viennent me souffleter le visage. — La tenue de Lucien est prosaïque, en attendant qu'il adopte le costume oriental. Ne rions point de ses pistolets de poche longs de quatre ou cinq pouces; cette arme suffit à celui qui saura toujours la plonger intrépidement dans la gueule de son adversaire. Il n'a pas non plus fait divorce avec le bâton, investi de toute sa confiance et qui est entre ses mains une arme redoutable. — Les physionomies sont calmes, mais satisfaites. Nous sommes pleins de confiance dans la bonne direction de notre capitaine, l'esclave noir. S'il faut en croire sa couleur, celui-là a dû voir le jour immédiatement sous l'équateur. Pour se représenter l'ivoire de ses dents aiguës, il faudrait avoir sous les yeux un boule-dogue au museau noir. Il est petit, trapu, et doué d'une force remarquable. — L'instinct dans un conducteur de caravane est la plus précieuse des facultés morales : notre chef n'en paraît point dépourvu.

La contrée que nous parcourons offre une succession continuelle de monticules et de vallée arides, d'un effet peu satisfaisant. Le sol est hérissé de pierres assez curieuses, entre lesquelles le silex domine. On rencontre en grand nombre des troncs d'arbres pétrifiés d'une extrême dureté, et qui se brisent d'eux-mêmes en petits fragments. En voyant l'aridité absolue qui environne ces vieux troncs désormais immortels, il semble, en effet, qu'un sol pareil n'a pu produire que des arbres de pierre, avec des cailloux pour feuillage. Comme nous passions près de ces ruines forestières, je me laissai glisser du haut de ma monture pour en recueillir quelques fragments, dont la contexture ligneuse n'est pas équivoque, et puis je courus rejoindre la caravane. Mais mon guide avait déjà rempli le vide de ma selle; il paraissait si heureux de m'avoir supplanté, que je le laissai cheminer ainsi quelque temps pour me le rendre favorable.

Le siége eût-il été vacant, j'avais besoin de lui pour en reprendre possession. Je m'amusai, en attendant, à moissonner des cailloux, pour le cas où la manie des collections viendrait à s'emparer de moi; et lorsque mes poches en furent remplies, j'allai les déposer dans le havre-sac accroché à ma selle, et qui renfermait déjà ma bible, mon gobelet et mon livre de notes. Ibrahim (c'est le nom de mon guide) comprit que son usurpation avait assez duré, et, en homme de bien, non-seulement il mit pied à terre, mais il fit office de marche-pied pour me réintégrer au poste qui m'appartenait. Son genou ployé forma la première marche, ses deux mains jointes formèrent la seconde, et ses épaules la troisième. Charmé de me retrouver en selle, je me promis à moi-même que je remplirais la pipe d'Ibrahim du meilleur tabac de Suez, dès que nous y serions arrivés.

Le premier habitant du désert avec lequel nous avons fait connaissance mérite une mention particulière. C'est un très-gros lézard, ayant de dix-huit pouces à deux pieds de longueur, lourd de formes, lent à se mouvoir, assez semblable à notre salamandre, quoique moins repoussant. Sa couleur est celle du bronze monumental. Il paraît aimer la solitude et n'être animé contre l'espèce humaine d'aucun mauvais vouloir; aussi nos guides semblent-ils l'estimer assez. Son passe-temps favori est de se promener doucement autour de sa caverne, ou bien d'absorber dans une immobilité complète les rayons du soleil. En le voyant sortir à mi-corps de son souterrain et demeurer ainsi privé de mouvement, on dirait un reptile de bronze, quelque dieu de l'ancienne Égypte, dégagé par un coup de vent du sable dans lequel il était enfoui. On trouve à chaque pas le sol perforé par ces animaux. J'ai regretté de ne pouvoir étudier les travaux souterrains de ce mineur apathique. C'est lui, sans doute, que Pline a désigné en parlant d'un lézard long d'une coudée, qu'il dit exister en Arabie.

A cinq heures du soir, nous rencontrons une esplanade légèrement déprimée vers son milieu, où croissent isolées quelques touffes d'une herbe verte encore, mais très-âpre, que recherchent les chameaux. Ce festin, tout maigre qu'il était, ne fut pas jugé méprisable par nos guides. On déchargea les chameaux, et la liberté leur fut rendue pour qu'ils missent à profit le don du Ciel.

De notre côté, nous fouillâmes avec ardeur le mannequin aux provisions; il était pour lors dans un état satisfaisant. Il s'y trouvait du pain frais, de la viande, du beurre non encore liquéfié et de délicieuses oranges, qui allaient acquérir à nos yeux un prix infini à mesure que nous allions nous enfoncer plus avant dans la poudre ardente des steppes africains. Conformément aux usages établis, nos Arabes reçurent leur part de toutes ces bonnes choses, et leur joie de se trouver si bien servis prouva qu'ils n'étaient pas accoutumés a de semblable aubaine. Leur loquacité en devint plus grande et leurs gestes plus animés. — Tels furent notre première station et notre premier repas dans le désert.

A huit heures nous reprimes notre course, favorisés par un superbe clair de lune. — Un bon repas, ou du moins un repas suffisant; l'air frais et vif de la nuit; l'essor que donne à l'imagination une perspective lointaine, à demi voilée par une ombre transparente; la société d'amis pleins de cœur, de science et de vertus; le désert pour confident de nos entretiens; pour terme de notre course le Sinaï illuminé des splendeurs divines; ajoutons encore la nouveauté de la situation; certes, il y avait dans cette soirée de quoi nous faire entrer en possession, par l'esprit et par les sens, de toute l'énergie intellectuelle et vitale compatible avec nos organisations! Ce sont là de ces heures dont le temps est avare, et dont un rêve heureux peut seul rendre le prestige. On voudrait retrouver les pensées qui traversèrent l'imagination, les paroles qui furent échangées dans de tels instants. Peut-être furent-elles vulgaires, indignes du temps et des lieux; mais de quelque nature qu'elles aient été, elles m'aideraient du moins à me replacer, par la pensée, dans une situation qui fut délicieuse.

### III.

La nuit. — Clabaudage trouvé délicieux. — Notre chronomètre. — Une agonie. — Pensées tristes. — La caravane. — Marche des Israélites. — Joie tronquée. — Gymnastique. — Emploi du temps.

A onze heures du soir, nous fîmes halte au centre d'un bassin peu étendu, environné de monticules aux sommets aplatis. Notre premier, ou pour mieux dire notre unique soin fut de jeter à terre nos matelas et de nous étendre dessus, après nous être enveloppés dans nos manteaux. — Je plaçai sous ma tête, en guise d'oreiller, le havre-sac qui servait d'enveloppe à ma Bible, et je dis au bon Dieu, pour prière du soir:
« Seigneur, qui avez inspiré ce livre, faites que ma
« tête ne repose pas infructueusement sur lui; daignez
« m'en donner l'intelligence, de telle sorte que
« mon esprit en soit pénétré, comme le fer mis

« en communication avec l'aimant s'en approprie les
« vertus. »

Cependant, en vertu d'une délibération dont le résultat n'avait pas été unanime, chacun de nous dut, à son tour, monter la garde sur une éminence, avec le fusil canardier de M. Coupechêne. Cette précaution était bonne, sans doute, car dans le désert chacun doit être à soi-même son janissaire et sa maréchaussée. Nos traces pouvaient avoir été suivies par quelque aventurier de ces tribus misérables qui campent sous les murs du Caire. Nos guides eux-mêmes pouvaient nous trahir en feignant de nous protéger. Mais le repos de la nuit était pour nous un si grand bien, qu'il me paraissait peu rationnel d'en sacrifier la réalité actuelle dans la prévision d'un danger probablement imaginaire. Je commençai dès lors à voir d'un très-mauvais œil le long fusil de M. Coupechêne.

Lorsque je m'éveillai pour recevoir des mains d'Augustin l'arme banale, je me sentis pénétré d'une rosée si abondante, que je me mis à trembler de tous mes membres et à faire claquer mes mâchoires comme le bec d'une cigogne.

« Que signifie cette musique? demanda Augustin. — Ce qu'elle signifie? Ne vois-tu pas que c'est une mâchoire qui murmure contre la décision d'une majorité? — Et crois-tu qu'une mâchoire puisse avoir raison contre une majorité? — Certainement, je le crois. — Je suis charmé, mon cher, que nous soyons du même avis. Sur ce, prends ce fusil, et que la charge en douze temps te réchauffe les doigts. Cependant, si ce n'est pas de froid que tu trembles, dis-le franchement, et retourne sur ton matelas. — De quelle maladie veux-tu donc que je tremble, si ce n'est de froid? Allons, dors bien, sans t'inquiéter du factionnaire. »

Je fis ce qu'Augustin m'avait conseillé; je me mis à exécuter non-seulement la charge en douze temps, mais tout ce que j'ai jamais su du maniement des armes; puis j'eus la satisfaction de me dire à moi-même que je pouvais très-bien, à mon retour, briguer la place de caporal instructeur dans la garde civique de mon canton. — Je ne tremblais plus, ma mâchoire se taisait; les deux mots d'opposition, avec assaisonnement de calembours, lâchés en tête-à-tête contre la majorité actuellement endormie, m'avaient fait surtout un bien infini. — Murmurer contre le pouvoir est un passe-temps si délicieux, à mon avis, qu'une majorité non opposante est pour moi quelque chose d'incompréhensible, et pour y ajouter foi, j'ai besoin de me rappeler que la conscience est toute-puissante sur quelques hommes, et que l'intérêt personnel en asservit une infinité d'autres.

Le sommeil de la caravane était profond; le cri de la cigale troublait seul un magnifique silence. Bientôt à ce cri vint se joindre le ronflement accentué de Lucien. Or Lucien était de garde après moi. Je fus charmé qu'il se présentât une occasion si favorable de tirer légitime vengeance d'une harmonie aussi intempestive, et je n'y manquai pas dès que l'heure fut venue. « En vérité, Lucien, lui dis-je vous n'êtes pas sage de ronfler ainsi; si vous m'aviez laisser rêver tranquillement au clair de la lune, je vous aurais oublié avec toutes les autres choses de ce monde; et votre somme eût pu durer jusqu'au départ. »

Il est à remarquer que, dans une réunion quelconque, l'homme le plus réglé, c'est-à-dire le plus méthodique, est aussi celui qui possède la montre la mieux réglée. A ce titre, celle de M. Coupechêne fut unanimement adoptée pour servir de chronomètre à la caravane et régler les heures de garde. Les autres étaient fort bonnes aussi; mais celle d'Augustin avançait ordinairement et s'oubliait aussi quelquefois. M. Rovina avouait que la sienne était trop impressionnable pour les voyages de l'espèce du nôtre. Celle de Lucien recevait fréquemment des commotions qui en dérangeaient l'économie. La mienne, hélas! radotait de la manière la plus déplorable. Elle se comportait mieux, cependant, depuis que nous étions dans le désert.

Le 29 avril, à cinq heures du matin, sans attendre le lever du soleil, la caravane se remit en marche. Il avait plu quelque peu pendant la nuit, et le temps était encore fort nébuleux. Deux heures au moins s'écoulèrent avant que Phébus fût assez puissant pour nous faire mettre bas nos manteaux. Mais voilà que vers la gauche nous apercevons sur une colline deux énormes oiseaux, deux vautours au regard sinistre. Leur attention se partage entre notre petite troupe, qui les inquiète, et un objet lointain qu'un monticule de sable vient de démasquer à nos yeux. Cet objet s'agite convulsivement, comme ferait un reptile dont la poitrine adhérerait à la terre sous la pression d'un pied puissant. Nous ne tardons pas à reconnaître la tête d'un chameau. Des vautours s'en éloignent à notre aspect, et vont se poser, avec les autres, sur la colline. Nous nous approchons à notre tour, poussés par des intentions charitables. — On stimule en vain le pauvre animal; à chaque effort pour se relever, il retombe défaillant. Mais continuant de dresser son cou, comme celui d'un cygne en colère, il fait entendre un grognement sinistre et montre les dents, furieux de voir qu'on ne veut pas le laisser mourir en paix. Il a la selle sur le dos, et sans doute il portait encore son fardeau au moment où il s'est agenouillé pour la dernière fois. Ainsi meurt le chameau, sans faire entendre une seule plainte, sans avoir sollicité le moindre allégement à ses travaux. Déjà les vautours ont imprimé la trace de leurs becs sur la croupe de celui-ci. Ils nous observent, et, s'ils en avaient le courage, ils viendraient nous expulser de leur festin. — Un ancien a appelé le vautour un sépulcre animé; mais ce sépulcre n'attend pas toujours que la mort ait achevé sa besogne. Les yeux sont la partie délicate qu'il attaque d'abord; ce morceau enlevé, il dévore le reste à loisir. — Notre moribond avait réussi à protéger cette partie de lui-même. — Touchés de son sort, nous eûmes la pensée de lui sacrifier chacun une cartouche et de faire feu tous ensemble, au commandement de M. Coupechêne; mais notre projet n'obtint point l'assentiment de celui-ci; il objecta, avec raison peut-être, que ce serait choquer le préjugé de nos guides, dont la pratique paraissait être de laisser mourir en paix leurs vieux serviteurs; ce qu'on appelle chez nous mourir de sa belle mort: expression peu philosophique, et qui, dans la circonstance présente, était plus que jamais une cruelle ironie. — S'il est une belle mort, c'est celle de l'homme qui livre sa tête aux méchants, en témoignage de quelque grande vérité méconnue, dans les temps de public vertige et d'obsession sociale.

Nos dromadaires refusaient obstinément de passer près de leur confrère agonisant. Il fallut que nos Arabes nous vinssent en aide pour vaincre leur répugnance. Cette antipathie du chameau pour la mort, qui guérit si parfaitement des misères d'ici-bas, me surprit et me rappela la fable du bûcheron redemandant son fardeau. — Je m'éloignai, plein de remords, en pensant que nous laissions aux vautours une proie vivante. J'avais soigneusement noté dans ma mémoire le lieu de cette rencontre, désirant observer au retour ce qui resterait du défunt. En repassant au même lieu trois semaines après, je ne vis plus rien qui rappelât une mort récente. L'être malheureux aux souffrances duquel j'avais récemment compati ressemblait alors à tous les autres ossements dont la route est parsemée. Non-seulement les chairs avaient disparu, mais le squelette lui-même était éparpillé sur le sable. — Ce serait un triste spectacle pour le chameau, s'il pouvait réfléchir que ces débris lui présagent son sort futur. — Se consumer lentement sur les routes du désert, y périr de faim et de fatigue, abandonné de son semblable et du maître que l'on a servi; être dévoré, vivant encore, par les vautours, et puis blanchir de ses ossements le chemin des caravanes, je ne crains pas de le dire, une telle perspective n'est point encourageante. — Plusieurs fois il m'est arrivé de considérer attentivement ces ossements desséchés, ces têtes caverneuses. Et puis, mes yeux se reportaient sur l'animal vivant dont le licou était dans ma main; la ressemblance me paraissait frappante, la mort n'était pas plus triste à voir que la vie. — O mon dromadaire, ne t'afflige point ainsi. Si je porte un corbache suspendu au bouton de ma veste, ce n'est point pour sillonner lâchement ta peau; si j'ai placé dans mon havre-sac une bouteille d'encre et quelques feuilles de papier, ce n'est point pour enregistrer tes peccadilles, ni pour tracer de toi une image calomnieuse.

Les chemins du désert ne sont pas seulement indiqués par les ruines éparses du véhicule qui les parcourt; on les reconnaît encore à une multitude de petits sentiers parallèles qui ont environ un pied de largeur. Ces sentiers à peine visibles sont néanmoins fidèlement suivis par les chameaux. Cela vient, sans doute, de ce que leurs pieds y sont moins offensés par les cailloux.

La grande caravane qui, du Caire, porte les fidèles musulmans à la Mecque, passe ici deux fois l'an. C'est elle qui a laissé sur le sable la plupart des ossements que nous voyons; c'est elle aussi qui balaye et entretient les sentiers du désert. — Combien j'ai regretté que ce torrent d'hommes et de chameaux ne prît pas son cours vers le tombeau de notre Dieu ! avec quelle joie j'aurais confondu mon existence et ma pensée au sein de cette unanimité sainte ! comme j'aurais fraternisé avec mes compagnons de pèlerinage ! Qu'elles m'eussent paru magnifiques, les nuits du désert, et les marches confuses, et les bruyantes stations ! Combien, à mon arrivée, j'aurais aimé la rumeur répandue autour de la ville sainte tout inondée d'un peuple fidèle, accouru là de tous les points de l'horizon ! — La caravane de la Mecque est belle, sans doute; mais elle ressemble à l'armée de Pharaon, qui marche s'engloutir dans les flots de la mer Rouge.

Je ne puis nommer l'armée de Pharaon sans rappeler la fuite triomphale des Israélites; car plusieurs auteurs ont prétendu qu'elle s'était effectuée par le chemin même que nous parcourons, qui est la route la plus directe et la moins accidentée pour aller du Caire à Suez. Mais une opinion mieux fondée, à mon avis, fait passer le peuple de Dieu plus au sud, par delà la chaîne de montagnes que nous avons à droite, et leur assigne pour stations la plaine de Gendéli (qui paraît avoir été le Socoth de la Bible), la plaine de Ramlié (anciennement Etham), et la partie de la plaine de Bédé, où paraissent les sources de Thouaireq que l'Écriture nomme Philhahiroth. Il est à remarquer que le nom arabe Thouaireq et le nom hébreu Philhahiroth ont même signification. Cette dernière station est sur le bord de la mer. — Il m'eût bien mieux convenu, je l'avoue, d'adopter comme incontestable l'opinion qui nous faisait voyager de compagnie avec tous les souvenirs que le peuple de Dieu a semés sur son passage.

Or, quand Pharaon eut laissé partir les Israélites, Dieu ne les conduisit point par le chemin de la terre des Philistins qui est voisine, de peur qu'ils ne vinssent à se repentir et qu'ils ne retournassent en Égypte, s'ils voyaient la guerre s'élever contre eux.

Mais il les conduisit par la voie du désert qui est près de la mer Rouge; et les fils d'Israël sortirent armés de la terre d'Égypte.

Et Moïse emporta les os de Joseph, selon que Joseph l'avait fait promettre aux enfants d'Israël, disant : Dieu vous visitera, emportez d'ici mes os avec vous.

Et partis de Socoth, ils campèrent en Etham, à l'extrémité du désert.

Or le Seigneur les précédait pendant le jour en colonne de nuée, pour leur montrer leur voie, et durant la nuit en colonne de feu, pour être leur guide et le jour et la nuit.

Jamais la colonne de nuée durant le jour et la colonne de feu durant la nuit ne disparurent de devant le peuple.

A douze lieues du Caire, environ, s'ouvre devant nous une vaste plaine qui se poursuit jusqu'à Suez, tantôt developpée à perte de vue, tantôt contenue entre des collines peu élevées. C'est bien ainsi que j'avais compris le désert. Voilà bien cette majestueuse uniformité qui n'admet pas même un accident de terrain. Voilà bien cette mer de sable où la boussole n'est guère moins utile que sur l'Océan.—On ne saurait imaginer le plaisir que nous sentîmes en voyant apparaître sur ce néant les formes gracieuses d'un troupeau de gazelles avec leurs petits. — Quelques paysagistes semblent avoir compris l'effet de ces figures isolées sur l'horizontalité d'un champ sans limites. A la distance où nous les apercevions, elles semblaient nager à la surface de ces ondulations aériennes que l'on voit dans les jours chauds osciller sur les terrains fortement échauffés par le soleil.

Comme le chameau se conserve par la tempérance, la gazelle existe par l'agilité. C'est par cette agilité que l'étendue disparait devant elle, qu'elle court d'une oasis à une autre oasis, de la fontaine tarie à la source qui murmure encore; c'est par cette agilité qu'elle se soustrait à la loi du plus fort, qu'elle vit dans la patrie du lion, de l'hyène et du chacal, qu'elle est libre en dépit de l'homme. Le cerf de La Fontaine qui

> ... Ne pouvait qu'avec peine
> Souffrir ses jambes de fuseau,
> Dont il voyait l'objet se perdre dans les eaux,

se serait consolé s'il eût pu voir celles de la gazelle. En poésie, il serait vrai de dire qu'elle ne touche point à la terre, tant sont déliées ses jambes, et menus ses petits pieds. Comment parler de ses yeux, qui ont défrayé de métaphores les conteurs arabes, lorsqu'ils ont voulu peindre ce qu'il y a de plus doux au monde : le regard d'une âme aimante tourné vers l'objet de son amour. Et pourtant, ce charmant quadrupède, qui, par son élégance autant que par ses mœurs douces et honnêtes, semble créé pour animer nos bosquets et nos tapis verts, vit errant au sein d'une nature désolée, comme s'il éprouvait le besoin de cacher à tous les regards la difformité de son corps ou la noirceur de son caractère. — C'est ainsi qu'au sein de nos sociétés nous voyons quelquefois ces natures dont la gazelle est le poétique symbole, aller cacher dans la solitude, sous l'œil de Dieu seul, des vertus et des grâces qui auraient fait les délices des hommes. — Dieu, qui a permis de si grandes inégalités de génie, de force, de fortune, n'a peut-être pas voulu ouvrir une trop ample carrière aux passions jalouses en permettant que chacune de ces créatures d'élite devînt le partage d'un seul homme.

Le moindre incident devient événement dans la vie monotone du désert. — Notre capitaine noir, qui s'appelait, je crois, Ismaël, s'avisa d'abandonner son poste en tête de la caravane pour courir à toutes jambes vers le nord, où s'élevaient quelques monticules derrière lesquels il disparut. Il n'en fallut pas davantage pour nous faire discourir en sens divers, chacun de nous énonçant ses conjectures et signalant le côté faible de celles des autres. Le pauvre Ismaël allait bientôt être flétri du nom de traître, et la caravane être déclarée en danger, lorsque nous vîmes le fugitif accourir vers nous aussi promptement qu'il était parti. La joie éclatait sur sa figure, où se propageait un large sourire qui mettait à découvert ses dents brillantes comme la matière blanche et cristalline qu'il venait de conquérir, et qu'il tenait à la main. C'était, je crois, du sel de nitre. Le pauvre diable espérait sans doute que nous allions payer cher son échantillon; mais comme il n'y avait point de naturalistes parmi nous, il eut à retirer sa joie et sa marchandise. — Lorsque j'y réfléchis, je regrette de n'avoir pas donné satisfaction à une espérance aussi légitime que celle d'Ismaël. Une piastre eût suffi pour cela, et maintenant, au lieu de regrets, je trouverais en moi un souvenir satisfaisant. — La joie d'autrui répercutée est un des spectacles les plus contristants que je connaisse. Mais si cette joie ravalée est celle d'un malheureux, alors mon cœur saigne, je suis navré. — Si j'ai jamais des subordonnés, je les engage, lorsqu'ils auront fait quelque sottise, à me venir trouver avec un visage épanoui, sur lequel je puisse lire le contentement inspiré par l'intime conviction d'avoir correspondu à mes plus chers désirs; leur bévue fût-elle énorme, je n'aurai jamais le courage de m'en apercevoir. — « Eh bien! Monsieur, me dit un jour Lucien qui nous tenait lieu de cuisinier, comment trouvez-vous cette semoule? » La première cuillerée était alors dans ma bouche, sans pouvoir passer outre. Au lieu de semoule, Lucien avait acheté et fait cuire de la poudre de coloquinte. Cependant la joie d'un premier succès en cuisine était si clairement indiquée dans sa question, qu'elle produisit en moi un effet miraculeux : j'avalai intrépidement l'affreuse bouchée qui paralysait ma langue, et d'un air impartial : « Mais, répondis-je, je la trouve fort bonne. »

Qui de nous n'a admiré l'agilité des conducteurs de diligences, lorsqu'ils montent, descendent et circulent sur le flanc de la machine lancée au galop? mais, au moins, ils s'aident de marche-pieds et de courroies. La voiture du désert (il est permis, je pense, d'appeler ainsi le chameau) ne présente aucun de ces auxiliaires, et pourtant je voyais nos guides, aussitôt qu'une selle était vacante, se guinder dessus avec une merveilleuse facilité. La pensée me vint qu'il ne serait peut-être pas impossible à moi d'en faire autant. — L'uniformité de la plaine déserte; le balancement de mon chameau, qui semblait avoir juré de m'endormir; le silence de mes deux compagnons ecclésiastiques qui récitaient tout bas leur bréviaire, tandis qu'Augustin s'efforçait de converser en arabe avec notre capitaine : tout cela commençait à m'ennuyer fort, et me fit sentir le besoin d'appeler la gymnastique à mon secours. Mieux valait, après tout, faire une ou deux chutes en essayant de monter sur mon dromadaire que d'en dégringoler tout endormi, comme une masse inerte qui fait tressaillir le sol de sa chute. Je mis donc pied à terre, avec la ferme résolution de reprendre ma place sans aucun secours étranger. A cet effet, me conformant en tout point à l'exemple de nos guides, je m'accrochai des deux mains à mon dromadaire et à son harnais; puis j'appuyai solidement un de mes pieds sur la callosité antérieure de la jambe gauche, callosité qui représente assez exactement une loupe sur un tronc d'arbre; ensuite, avec le genou droit, je m'efforçai d'atteindre le cou à l'endroit de son insertion entre les épaules. De là au sommet de la bosse, le trajet me semblait facile, grâce au pommeau de la selle dont j'espérais me saisir; mais mon genou glissa, et je tombai à la renverse. Une partie du jour fut consacrée à reprendre cet exercice, avec un succès tel, que le coucher du soleil me trouva siégeant sur mon dromadaire par droit de conquête. Il est vrai de dire que le bon animal n'avait opposé à mes tentatives que la force de pure inertie. Comme j'aurai souvent occasion de parler de mon dromadaire, je pense qu'il sera plus commode de le désigner sous le nom que je lui avais donné, et que justifiait à merveille son impassibilité stoïque. Désormais donc je l'appellerai Zénon.

La fin de cette seconde journée fut plus belle que le commencement. Le soleil trépassa doucement dans la poudre d'Afrique, après s'être amorti peu à peu sous une zone de vapeurs rougeâtres. Ainsi s'éteint un beau vieillard, dont l'âme, ardente autrefois, répand encore à son heure dernière une douce et chaude clarté.

Nous avions fait deux stations dans le courant de la journée, l'une de huit à dix heures du matin, l'autre de cinq heures et demie à huit heures du soir. Il était onze heures et demie lorsque la caravane s'arrêta pour le repos de la nuit. Nous avions marché pendant treize heures et demie, ce qui devait fournir un trajet de quinze à dix-huit lieues.

A chaque halte, avant de quitter notre poste élevé, nous avons coutume de promener nos regards autour de nous, cherchant avidement s'il ne s'offre point quelque objet dont puisse s'alimenter notre curiosité. Et lorsque cette bonne fortune nous est donnée, nous marchons à pied vers l'objet signalé. — Si, au contraire, le désert est stérile, nous jetons à terre nos matelas pour servir de couche ou de divan. Quelquefois un escarpement de terrain projette un peu d'ombre sur le sable; alors l'espace ombré nous sert de refuge; autrement nous dressons notre tente, assez spacieuse pour nous abriter tous les cinq; nous suspendons le thermomètre au piquet central, nous prenons des notes, nous observons le groupe de nos Arabes; M. Rovina conte des histoires où figurent en déshabillé des personnages historiques, des illustrations nobiliaires ou ecclésiastiques; M. Coupechéne nous révèle la simplicité patriarcale des mœurs suisses et les pages honorables de la chronique napolitaine. Lucien, l'excellent Lucien, qui n'a pas toute sa vie récité le petit office de la Vierge comme il fait aujourd'hui, nous initie à l'histoire publique et privée des *compagnons du devoir*, gens un peu sauvages, sans doute, mais qui sont rarement aussi privés de vertus que les hommes les plus haut placés, que j'appellerai les *compagnons du pouvoir*. Lucien a aussi son livre de notes, livre qui me serait d'un plus grand secours, pour la rédaction du présent récit, que beaucoup d'ouvrages sur l'Orient cotés à 7 fr. 50 c. le volume. — Nous lisons aussi quelquefois; enfin nous nous étendons sur nos matelas pour attendre et tenter le sommeil. — Quelquefois il m'est arrivé, faute de mieux, de ramasser une mâchoire de chameau, une pierre, d'enlever une branche à un buisson tortueux, et de dessiner minutieusement cet objet pour le placer comme enseigne en tête de la note qui retraçait les observations de la journée.

L'usage des Arabes est de stationner, autant que possible, aux lieux où se rencontrent quelques herbes, quelques buissons, quelques semblants de végétation, dont s'accommode la sobriété des chameaux. On les met alors en liberté. Le repas réel, le repas substantiel consiste en fèves sèches, maïs, ou autres grains de la dernière qualité; il leur est donné une seule fois par jour, dans un sac qu'on suspend à leur bât.

## IV.

Complot avorté. — Moralité. — Angoisse. — Mirage. — Suez. — Son aspect. — Son port. — Navigation sur la mer Rouge. — Hatti-Schérif. — Chemin de fer projeté. — Canal du Prince-des-Fidèles. — Une nuit sur la plage. — Les Israélites.

« J'ai formé cette nuit un horrible projet, » dis-je à Augustin, lorsqu'il vint, comme la nuit précédente, remettre le salut de la caravane en mes mains; et je fis en sorte de donner à ma voix quelque chose de sinistre.

« Tu m'épouvantes! il fallait au moins attendre le jour pour m'infliger cette commotion. — Je vais me taire si tu l'exiges. — Me prends-tu pour un enfant? Parle, et compte sur mon estime, après la confidence de ton projet, ni plus ni moins qu'auparavant; même si tu as besoin de ma complicité, je crois pouvoir te la promettre franche et efficace. — Alors écoute : y a-t-il au monde quelque chose de plus respectable que la créature marchant d'un pas assuré dans la carrière qui lui est tracée, sans dévier ni à droite ni à gauche, sans précipiter ou ralentir un seul mouvement? Eh bien! c'est à cette vertu que je prétends porter atteinte. — Explique-toi plus clairement ou te tais. — En deux mots, veux-tu conspirer avec moi contre la montre de M. Coupechêne? Elle prétend qu'il est deux heures du matin; en la touchant du bout du doigt, je puis lui en faire dire trois, et retourner me coucher aussitôt. La nuit prochaine, ce sera ton tour d'en faire autant. — As-tu pensé à la stupeur du propriétaire, lorsqu'il verra le soleil se lever une heure plus tard que de coutume? Et si, plein de confiance dans la marche régulière des astres et dans la probité de ses compagnons, il réussit à se persuader que sa montre seule est en défaut, ne vois-tu pas que nous serons encore coupables de perfidie? La confiance ébranlée ne se raffermira plus; ce garde-temps, qu'il estime et dont il est fier, deviendra pour lui un objet de mépris et de continuelle défiance; sans cesse il se croira victime d'une perfidie tramée dans sa propre poche; son recueillement même, son assiduité à l'étude en seront troublés. En campagne, nous le verrons à tout moment s'inquiéter de la brièveté ou de la longueur des ombres que le soleil dessine sur son passage. De retour à Naples, il n'aura de loisir que pour prêter l'oreille au son des cloches et leur demander un témoignage accusateur. En un mot, toute l'économie de son existence sera bouleversée. — Tu charges furieusement le tableau; mais n'importe, je ne laisserai point suspecter l'innocence, j'avouerai ma faute. — Et le mépris, la confiance perdue, tout cela sera pour toi. — Ainsi donc, à ton avis, mon projet excède absolument les bornes de la plaisanterie? —Tu connais l'amour vertueux de notre compagnon pour la ligne droite, et sa haine pour tout ce qui est oblique. Cet amour peut, à bon droit, le rendre plus difficile que bien d'autres sur la qualité d'une plaisanterie du genre de celle que tu proposes. — Eh bien! j'abandonne mon projet; mais tu me permettras de te dire que cette montre, tout honnête qu'elle est, nous mesure des heures de garde d'une terrible longueur. »

L'entretien étant ainsi terminé par la victoire complète du bien sur le mal, je gravis le talus qui séparait la sentinelle de la caravane, bénissant Augustin d'avoir sauvé ma conscience d'un remords, ou ma délicatesse d'un aveu pénible. — Que ne puis-je (ceci est sérieux), que ne puis-je avoir toujours à mes côtés un conseiller incorruptible, dont la parole amie répète distinctement à mon oreille et à mon cœur ce que dit au dedans de moi la voix intime, souvent affaiblie, souvent étouffée, qui proclame les règles du devoir et signale leur infraction !

Debout sur le tertre qui nous servait de vigie, je portai mes regards vers le S.-E., dans la direction où je pensais que devait être le mont Sinaï. Il me sembla voir de ce côté une lueur plus vive s'étendre à l'horizon. C'était, sans doute, une erreur de mes yeux; ce pouvait être aussi la clarté de la lune, réfléchie par les flots de la mer Rouge, dont nous devions alors être éloignés de sept à huit lieues.

Cette nuit fut mauvaise pour moi, et le réveil plus mauvais encore. J'expiais cruellement mes évolutions de la veille. Ce fut avec peine que je parvins à reprendre ma place sur Zénon agenouillé, et quand il se releva, j'avais l'air d'une victime que la voiture du désert aurait portée à l'échafaud. Mon mal était de ceux qui énervent et détruisent le courage. — Suis-je déjà vaincu par le désert! me dis-je tristement à moi-même; faudra-t-il supplier mes compagnons de me lier sur mon dromadaire et de poursuivre leur route avec le moribond? ou bien souffrirai-je que, pour me regarder mourir lentement à Suez, ils renvoient à leur tribu guides et chameaux, sans avoir atteint le terme du voyage!... J'éprouvais une somnolence invincible, je dormais sur mon dromadaire. Rien n'est plus fatigant pour le cerveau que ce sommeil de quelques secondes, qui s'interrompt et recommence sans cesse. J'invoquais le sable du désert comme un lit délicieux sur lequel il était doux de reposer. La rencontre d'une pierre, à l'ombre de laquelle j'aurais pu cacher ma tête, était à mes yeux un bonheur inespéré; un verre d'eau fraîche avec cela m'eût rendu pour un instant le plus heureux des mortels. Mais l'impitoyable caravane poursuivait sa marche, et Zénon multipliait ses rudes enjambées avec une persévérance fatale. J'étais sous l'hémisphère céleste comme l'insecte sous la voûte d'un four chaud, n'apercevant rien au loin ou auprès d'où pût me venir le moindre soulagement.

Pour mon malheur, il n'y a point de halte ce matin; notre course se poursuit sur la vaste plaine roussâtre et calcinée dont j'ai déjà parlé. A notre droite, règne depuis quelque temps une chaine de montagnes peu élevées et d'une complète aridité, dont nous sommes séparés par une distance considérable. — Le paysagiste, qui ne se délecte pas toujours de l'or des moissons et de la verdure des prés, trouverait, je pense, ces montagnes admirables, et, pour les reproduire, il chargerait avec enthousiasme sa palette de brun-rouge, de cobalt, de noir-de-pêche et de jaune lumineux.

Nous observons à tout moment cet effet d'optique auquel on a donné le nom de mirage, effet qui se produit aussi sur les plages unies, et notamment, si je ne me trompe, dans les grèves du mont Saint-Michel. Ce phénomène a vraiment quelque chose de spécieux, qui doit faire illusion à tout homme non expérimenté, surtout lorsque le délire de la soif lui fait évoquer l'eau sous mille aspects.

Longtemps avant d'arriver à Suez, nous apercevons dans le lointain une bande noirâtre, qui grandit lentement, et qu'on pourrait prendre pour un groupe de crocodiles assoupis sur la plage. — C'est la ville du désert, c'est la ville sans eau, sans verdure, livrée sans défense à la succion du soleil, privée de tout voisinage rural qu'elle puisse atteindre du regard, ou aborder de fait en moins de deux jours de marche. — Plus rapproché de nous, et distant de Suez de trois lieues environ, se présente un ouvrage avancé, ayant la forme de deux fortins séparés, mais très voisins l'un de l'autre et flanqués de plusieurs tourelles. Ce lieu s'appelle Kalaat-Agéroud; il est inhabité. Dans le plus grand des deux forts se trouve un caravansérail et une mosquée à l'usage des pèlerins mahométans. L'autre sert d'enceinte à un puits de deux cent quarante pieds, dont l'eau est tirée au moyen d'une roue à chapelet. Cet appareil, usité par toute l'Égypte, où il procure l'irrigation des terres par l'eau du Nil, a généralement pour moteurs des bœufs qui tournent en rond dans un manége abrité de sycomores aux rameaux surbaissés. — Sous les murailles d'Agéroud, nous ont paru les premières figures humaines que nous ayons aperçues depuis notre départ du Caire. Laissant les deux forts sur la gauche, la caravane se dirige vers l'aiguade de Bir-Suez, située à une demi-lieue ouest de la ville. L'eau qu'elle fournit n'est guère potable pour les individus de l'espèce humaine; mais les animaux s'en contentent. — Nos chameaux, qui ne s'étaient point encore désaltérés, trempent leurs lèvres dans une grande auge de pierre remplie d'eau. On dirait des convives bien imbibés de vin généreux auxquels on servirait de la piquette au dessert. Cette modération nous saisit d'étonnement, car on a coutume de mesurer les impressions d'autrui sur les siennes propres, et cette manière de procéder s'exerce même de l'homme à l'animal, mais surtout du cavalier à sa monture, qui est momentanément une portion de lui-même. Or, chez nous la soif était devenue une passion subjugante, qui appelait l'eau de la source avec plus d'ardeur qu'il ne s'en manifeste dans les cris de l'enfant privé du sein de sa mère. — Nos outres, qui avaient été remplies au Caire de bonne eau du Nil, ne contenaient plus à la fin qu'un liquide infâme, dont se révoltaient tous les sens à la fois. Terne à l'œil, gluante au toucher, nauséabonde pour l'odorat et pour le goût, il semblait même qu'elle fît entendre, en s'écoulant, un murmure maussade, comme celui d'une sentine impure. Et pourtant la soif était telle, que cet exécrable bourbier recevait encore nos fréquentes visites, et qu'après y avoir puisé, nous avions soin d'en lier scrupuleusement l'orifice, pour ne pas nous rendre coupables de sa déperdition envers nous-mêmes et envers la caravane. Je vais emprunter ici quelques lignes à l'excellente relation qu'Augustin a récemment publiée : « D'abord, une jolie provision d'oranges nous désaltérait, sans qu'il nous fallût puiser au bourbier des outres ; par malheur, elles se gâtèrent. Jamais je n'ai mieux senti que sous ce ciel de feu la beauté de cette image du prophète Osée : « J'ai aimé « mon peuple, y dit Dieu, comme on aime une grappe « de raisin dans le désert (1). »

C'est le secret de l'homme sociable de savoir s'égayer avec ses compagnons d'infortune, sans autre texte que la disgrâce même dont il est frappé. — L'un de nous s'avisa d'appeler notre indigne breuvage de *l'infusion de bouc*, à cause de l'animal auquel avaient tout récemment appartenu, à titre d'habit, les peaux qui le renfermaient. Mais cette dénomination fut amendée par M. Rovina. — « Ne vous semble-t-il pas, Messieurs, dit-il, que le mot décoction serait plus exact ? J'ai l'honneur de proposer le mot décoction. — Très-bien ! très-bien ! » s'écria l'assemblée tout d'une voix.

C'était bien une décoction, dans la force du terme, que le contenu de nos outres, puisqu'il avait cuit pendant deux jours, d'un côté aux rayons du soleil, de l'autre au flanc aride du chameau qui en était chargé. De plus, ayant été constamment agité dans l'outre de plus en plus flasque où il était renfermé, le liquide avait dû, grâce à ce mouvement, s'en assimiler mieux encore le goût et les propriétés. — Je mêlai tristement ma voix aux autres, m'enquérant des propriétés hygiéniques de la *décoction de peau de bouc*. J'étais résolu à la trouver délicieuse, si elle pouvait me rendre la santé. — M. Coupechène citait fort bien, au besoin, les

---

(1) *Rome et Jérusalem*, Debécourt, éditeur, rue des Saints-Pères, 69.

meilleurs aphorismes de l'école de Salerne; Augustin, de son côté, avait la mémoire ornée d'un bon nombre de formules empruntées à la thérapeutique moderne; mais rien de tout cela n'était applicable à la peau de bouc.

Les murs de Suez, chétif amas de pierres du plus triste aspect, assez élevés pour enclore un parc dans notre pays, mais non pas peut-être assez solides, sont armés de quelques pièces de canon hargneuses et peu formidables.

Au moment de notre arrivée, la porte de Suez livrait passage à une cavalcade de jeunes garçons frais et dispos montés sur des ânes; preuve certaine que la vie est bien et dûment retranchée dans les murs de la petite ville, et que même on s'y donne du bon temps. Les huit ou dix cavaliers qui venaient ainsi à notre rencontre étaient évidemment de joyeux viveurs, et leurs ânes des gaillards mieux familiarisés avec l'orge qu'avec le chardon. Aussi les baudets semblaient-ils prendre autant de plaisir que leurs maîtres à galoper en plein air. — La pauvreté ne saurait habiter à Suez; elle y périrait bientôt de faim et de soif. Il faut des revenus assurés pour subsister dans une ville où l'eau même se vend, où les choses les plus communes n'arrivent qu'après un long trajet, où très-peu d'industries sont possibles. (En effet, à moins que l'on ne soit négociant, marchand ou portefaix, que peut-on faire à Suez?) Ajoutons que la réunion des convois maritimes et des caravanes y fait circuler une masse considérable de numéraire. De là vient, apparemment, que tout le monde paraît en possession d'une sorte d'aisance relative. La nudité est moins complète et moins fréquente que dans les autres parties de l'Égypte. Les maisons ne sont pas belles, à la vérité, mais on ne rencontre point à Suez ces niches de boue habitées par des figures humaines, repaires hideux qui encombrent ailleurs les abords des villes et des places publiques elles-mêmes.

Venise et Suez sont les deux villes les plus singulières que j'aie visitées. Venise, bâtie au milieu de l'eau, est bien plus terrestre que Suez, bâtie sur la terre ferme. — Des vieillards meurent ici sans avoir jamais vu pousser un brin d'herbe, sans qu'à leurs yeux une seule fleur ait signalé le printemps, un seul fruit ait manifesté l'automne. Sans le secours de la tradition, le grain de blé qui les nourrit serait pour eux aussi étonnant, aussi mystérieux, que la manne qui, non loin d'ici, rassasiait les Israélites. La terre végétale, s'il en existe à Suez, ne se vend point à l'hectare ou au journal, mais plutôt au litre. L'eau ne coule pas, elle voyage à dos d'âne ou de chameau. Le paysage n'est qu'une grisaille et non point un tableau coloré. Les habitants de Suez ont leur fontaine à trois lieues de leur demeure, leur jardin à trente lieues, et lorsqu'une jeune dame éprouve l'irrésistible fantaisie de dévorer une salade, elle doit attendre six jours durant le retour de son commissionnaire.

Il était onze heures et demie quand nos chameaux s'arrêtèrent sur la place publique de Suez. Nous aurions pu cette fois reposer sous un toit; car nous fûmes priés d'accepter un appartement chez M. Manoula, négociant grec accrédité par l'Angleterre et par la France en qualité d'agent consulaire, ou du moins faisant bénévolement office de consul français à l'égard des voyageurs de cette nation. M. Manoula habite avec deux de ses frères, et tous trois forment le plus beau groupe de frères que j'aie jamais vu. — La liberté pleine et entière nous parut préférable à la table et au logement du consul; notre tente fut dressée, en conséquence, sur la place publique, près du rivage de la mer Rouge, du côté du port.

L'espace peu étendu occupé par la ville forme une

presqu'île bornée à l'ouest par le désert, et des trois autres côtés par la mer Rouge, qui la frappe directement au sud, et la déborde au nord, après avoir formé un détroit à l'est. — Suez a, dit-on, mille habitants, entre lesquels trente chrétiens. Les rues sont plus spacieuses qu'au Caire; les maisons sont à peu près du même style. Le commerce de détail m'a paru réfugié dans un seul bazar. — Le port, situé au nord de la ville, est un havre brut, ou peu s'en faut, d'une profondeur insuffisante, ce qui oblige les navires d'attendre le flot et de décharger tout ou partie de leur cargaison avant d'y entrer. Il s'y trouvait, au moment de notre passage, une douzaine de bâtiments de forme barbare, non pontés, munis d'un seul mât, auxquels une poupe saillante, une proue aiguë et retroussée donnaient l'air de véritables brigands. Ils n'ont pour la plupart d'autre emploi que d'aller, une ou deux fois l'an, de Suez à Gedda, qui est le port de la Mecque. Ils reviennent chargés de pèlerins, de café, de gomme, d'encens et de marchandises de l'Inde les moins précieuses. Les objets de grand prix sont confiés aux caravanes.

Il paraît que la navigation a toujours été fort mal comprise sur la mer Rouge. — Saint Jérôme nous apprend que de son temps on s'estimait heureux lorsque après six mois de navigation, à partir du détroit méridional, on pouvait relâcher à Aylath, à l'extrémité du bras oriental de la mer Rouge. — Les Arabes ne s'en tirent pas beaucoup mieux aujourd'hui; habitués à naviguer le plus près possible des côtes, ils perdent un temps considérable à se traîner entre les récifs dont elles sont hérissées; chaque nuit interrompt leur navigation, qui recommence avec le jour, pourvu que le vent soit parfaitement favorable et très-modéré. Les meilleurs vents, je veux dire les *bons frais* qui poussent rapidement un navire vers le port, sont redoutés par les marins de la mer Rouge à cause de leur intensité. La lenteur des traversées et les naufrages fréquents dont cette mer est le théâtre tiennent aussi à la mauvaise construction des bâtiments, et surtout à l'absurde disposition de la voilure. Elle consiste en une voile latine, d'un poids énorme et d'une dimension colossale, que l'on détache chaque fois qu'il faut changer de rumb. Cette manœuvre, nécessairement lourde et tardive, à cause du poids et de l'étendue de la toile, a le double inconvénient d'imprimer de violentes secousses au navire, et d'exiger à elle seule un nombreux équipage. Ajoutons à cela la maladresse nautique et l'apathie de matelots fatalistes, l'agencement grossier des manœuvres, la roideur des cordages faits d'écorce de palmier, et mille autres détails défectueux, et nous pourrons expliquer la mauvaise réputation que les navigateurs arabes ont faite à la mer Rouge.—Quoi qu'il en soit, et malgré les désavantages que présentent à la navigation les ports et stations de cette mer, l'histoire atteste que Sésostris et les Pharaons ses successeurs, Salomon et la reine de Saba, les Perses, Alexandre et les Ptolémées, les Romains et enfin les Turcs, les Vénitiens et les Portugais, ont couvert le golfe Arabique de leurs flottes guerrières et commerçantes.

Vers la fin du siècle dernier, les navires anglais commencèrent à se montrer assez fréquemment dans la mer Rouge. On cite l'heureuse traversée de la corvette *le Swallow*. Partie de Calcutta en 1777, pour protéger un convoi de six bâtiments qui se rendaient à Suez, elle prit en cette ville le commandant de Madras et le déposa à Madras, soixante-six jours seulement après son départ d'Angleterre. Ce furent apparemment ces apparitions du pavillon anglais dans la mer Rouge qui donnèrent l'éveil au Grand-Seigneur, et provoquèrent le hatti-schérif dont suivent quelques fragments :

Sa Hautesse ne veut plus qu'aucun vaisseau étranger vienne à Suez, ou bien y trafique de Geddah... La mer de Suez est consacrée au noble pèlerinage de la Mecque... L'audacieux qui bravera cette défense sera puni dans ce monde et dans l'autre.

Des sages, des hommes profonds dans la connaissance de l'histoire et ceux qui savent tous les malheurs qu'a produits l'obscure politique des chrétiens, nous ont appris qu'ils voyagent par terre et par mer, qu'ils lèvent les plans des différents pays par où ils passent, pour s'en rendre maîtres, comme ils l'ont fait dans l'Inde et dans d'autres contrées.

En réfléchissant sur ces malheurs passés, notre royale indignation s'est enflammée... (Suit un exposé des griefs du sultan, qui incrimine surtout les Anglais envahisseurs de l'Inde.)

Nous ordonnons, par ce firman, que si un vaisseau chrétien, et particulièrement un vaisseau anglais, vient à Suez, on mette le capitaine ainsi que tout l'équipage dans les fers...

On sait assez jusqu'à quel point cette ordonnance est tombe en désuétude. Au temps même où nous visitions la mer rouge, des ingénieurs anglais, montés sur un bâtiment de l'État, la traversaient en tous sens, faisant précisément ce qui avait *allumé la royale indignation* du sultan et l'avait contraint de fulminer son hattischérif. Ils levaient les plans du pays pour s'en rendre maîtres; c'est du moins ce que leur conduite subséquente permet de supposer.

Deux d'entre nous se détachèrent pour aller observer les reste du canal qui, dans l'antiquité et dans les temps intermédiaires, fit communiquer le Nil avec la mer Rouge; ils revinrent exténués et peu satisfaits du résultat de leurs explorations. — Les journaux ont raconté que le chef de la religion saint-simonienne, le père Enfantin, las de courir infructueusement après son complément féminin, et résigné à demeurer incomplet et incompris, avait offert ses services à Méhémet-Ali pour l'étude d'un chemin de fer destiné à remplacer le canal de l'antiquité; déjà même des rails achetés en Angleterre étaient empilés dans les magasins du pacha. Je rappelle cette anecdote parce qu'il seraient malaisé d'en citer une autre qui fût plus vigoureusement empâtée de la couleur de son époque. L'anarchie intellectuelle, l'extravagance des modernes dogmatiseurs, l'invasion progressive de l'industrialisme, l'insoluble question d'Orient, le royal railway, la suzeraineté mercantile de l'Angleterre, tout cela est implicitement rappelé à notre mémoire par cette courte anecdote. — Convenons, au reste, qu'il serait digne de Méhémet-Ali et du XIX<sup>e</sup> siècle de faire rouler des waggons là où Nécus et Ptolémée firent voguer des trirèmes. — La politique internationale était, il est vrai, moins ombrageuse aux temps des rois égyptiens qu'elle ne l'est aujourd'hui, surtout en matière commerciale.

N'ayant pas le talent de dire beaucoup en peu de paroles, je ne donnerai point ici l'historique et la description du canal de Ptolémée, qui avait, disent les historiens, trente pieds de profondeur sur une largeur de cent cinquante pieds. Je dirai seulement, parce que la chose est plus originale, à quelle occasion ce canal fut repris par Amrou, lieutenant d'Omar. — Suivant l'historien arabe Ebn-Abdoul-Hhakm, on éprouva une disette cruelle à Médine, sous le califat du prince des fidèles Omar-ben-al-Khaththab, dans l'année de la mortalité. Omar écrivit alors à Amrou-ben-el-A'ss, qui était en Égypte :

« Au rebelle fils du rebelle. Tandis que toi et tes
« compagnons vous vous engraissez, vous ne vous in-
« quiétez point si moi et les miens nous maigrissons.
« Donne-nous donc du secours; au secours !!! — Je
« suis à toi, répondit Amrou, je t'envoie un convoi de
« bêtes de somme, dont la première sera chez toi quand
« la dernière ne sera pas encore partie. »

En effet, le convoi qu'Amrou envoya était si nombreux, que la première bête de somme était déjà entrée dans Médine avant que la dernière fût sortie de Messr, et elles marchaient pourtant sans laisser de lacune, à la suite l'une de l'autre. — Chaque maison de Médine eut une bête de somme, avec sa charge de comestibles; on mangea les comestibles accommodés avec la graisse des bêtes qui les avaient apportés ; leur cuir servit à faire des chaussures, et les sacs eux-mêmes furent utilement employés.

Mais Omar, en homme prévoyant, enjoint à Amrou de le venir trouver avec un certain nombre d'Égyptiens, et, l'ayant en sa présence, lui tient un discours dont la substance est : « Qu'il faut procurer l'abondance aux deux villes sacrées par le moyen d'un canal qui versera sur l'Arabie les richesses de l'Égypte. » — Vainement Amrou, conseillé par ses Égyptiens, a-t-il recours à des subterfuges ; Omar le pétrifie par ses réponses, et conclut ainsi : « Avise aux moyens, de telle sorte que l'année ne se passe pas avant que le canal soit terminé. » — Il fut fait ainsi qu'Omar l'avait ordonné ; un canal fut creusé depuis le Nil jusqu'à la mer, et s'appela canal du Prince-des-Fidèles ; il servit pendant plus d'un siècle à la navigation ; enfin, les gouverneurs d'Égypte le mirent à sec. Depuis lors des projets, sans plus, ont été formés. Ils seraient depuis longtemps réalisés si l'Égypte était restée au pouvoir des Français ; mais, comme des joueurs aventureux, nous perdons aujourd'hui notre gain d'hier.

Des mesures et des niveaux pris par les ingénieurs de l'expédition française, il résulte que la largeur totale de l'isthme de Suez est de vingt-six lieues, et que le niveau de la mer Rouge est supérieur de trente pieds six lignes à celui de la Méditerranée.

Il n'y a pas un écolier sur les bancs du collége qui n'ait rêvé la section de l'isthme de Suez et l'union intime des deux mers. Qui sait même si d'intelligents rhétoriciens n'ont pas mis en cause la Providence divine, assez étourdie pour ne pas apercevoir l'existence abusive de cette langue de terre, ou pour négliger d'y porter remède? L'Afrique et l'Asie ne sont-elles pas, en effet, comme ces deux jumeaux siamois, qu'un lien fatal, formé dans le sein de leur mère, retient monstrueusement soudés l'un à l'autre? — L'invention des chemins de fer rend désormais la section de l'isthme beaucoup moins utile et moins probable. Ce n'est plus un canal ordinaire qu'il faudrait pratiquer, ce serait une voie de communication assez spacieuse pour faire disparaître toute lacune dans la navigation maritime de de l'une à l'autre mer. Quel avantage un canal aurait-il sur un chemin de fer, s'il n'obviait pas au changement de véhicule et au transbordement des cargaisons? — Je ne sais pas bien quelle part il faut faire à la difficulté de creuser et entretenir un détroit artificiel de vingt-six lieues de longueur, à travers une contrée déserte et parcourue par des nuages de sable mobile, que le vent balaye comme une perpétuelle insulte aux œuvres de l'homme. Ce qu'il y a de certain, c'est que dans l'antiquité plus de cent mille travailleurs ont péri sur cet isthme, où ils n'ont su se creuser qu'un tombeau.

Après une ou deux heures de repos sous la tente, nous songeâmes à explorer le seul bazar de Suez. Ce n'étaient pas des objets de mode ou de fantaisie que nous espérions y trouver, mais bien quelque mets qui pût convenir à l'état présent de nos estomacs.

Nous ne fûmes pas heureux dans nos perquisitions; le lait manquait absolument, l'eau était détestable: on vendait dans des écuelles de terre un liquide bourbeux, que je pris pour de la semoule apprêtée à l'huile; mais avertis par l'odorat des sensations dont le palais était menacé, nous n'eûmes garde d'en affronter les âcres conséquences. On nous offrit, à la vérité, une chèvre à prendre dans l'étable; mais, outre que sa parenté avec le bouc, dont nous avions tant à nous plaindre, la rendait suspecte, aucun de nous ne se sentait disposé à faire office de boucher, d'écorcheur et de cuisinier, pour n'obtenir, selon toutes les apparences, qu'un mets détestable. — J'observai, pour mon compte, une diète rigoureuse, qui me valut pour le lendemain un rétablissement parfait, et me mit en état de monter ma garde cette nuit même. Je m'y résignai plus volontiers qu'à l'ordinaire; car nous avions excité à plusieurs reprises la curiosité des Arabes, et je craignais pour nos effets leur visite nocturne.

Debout sur la plage, entre le silence de la ville endormie et le bruissement profond de la mer, je voyais le flot ramper à mes pieds; et comme la marée avait fait son plein, chaque vague venait mourir un peu plus loin de moi que la vague précédente. « Ainsi, me disais-je à moi-même, ainsi se retirent de nous les amis de notre jeunesse et nos enfants eux-mêmes, à mesure que les exigences de position, les infirmités, les sollicitudes de la vie aggravent leurs chaînes, ou que les intérêts et les passions flétrissent leurs âmes. »

On doit bien penser que les vagues de la mer Rouge ne vinrent pas expirer à mes pieds sans me faire souvenir que ces mêmes flots, si humbles devant moi, furent un jour les exécuteurs des vengeances de Dieu contre les ennemis de son peuple; et comme la nuit favorise singulièrement les illusions, lorsque le vent m'apportait de la haute mer un bruit plus retentissant, je croyais entendre crouler sur Pharaon les liquides murailles élevées par la miséricorde et ruinées par la colère.

Et le Seigneur dit à Moïse : « Étends ta main sur la mer, afin
« que les eaux retournent sur les Égyptiens et sur leurs chars et
« sur leurs cavaliers. »

. . . . . . . . . . . . . . . . . . . . . . . .

Et les eaux retournèrent, et couvrirent les chars et les cavaliers de l'armée de Pharaon, qui, en poursuivant Israël, étaient entrés dans la mer, et il n'en demeura pas un seul.

Mais les enfants d'Israël s'avancèrent au milieu de la mer

mise à sec, et les eaux étaient comme une muraille à droite et à gauche.

Et ce jour-là, le Seigneur sauva Israël de la main des Égyptiens.

Et Israël vit les Égyptiens morts sur le rivage de la mer, et la grande puissance que le Seigneur avait déployée contre eux, et le peuple craignait le Seigneur, et crut en lui et en Moïse son serviteur.

Je me promis bien, quand le jour serait venu, de relire le cantique composé par Moïse : « Chantons le « Seigneur, parce qu'il a fait éclater sa gloire; il a pré- « cipité dans la mer le cheval et le cavalier... »

Quoique je place ici ces impressions dans l'ordre où elles se sont présentées à mon esprit, il me répugne de croire que les Israélites aient traversé la mer Rouge aux lieux où nous sommes; ce serait réduire à de trop petites dimensions le grand fait historique raconté par Moïse. Je sais qu'en considérant, pour la première fois, la mer en cet endroit, il ne me vint pas même à l'esprit que ce pouvait être le lieu du miracle. Le golfe est ici trop étroit, trop peu profond et trop voisin de son extrémité. D'ailleurs le texte sacré, qui marque à Phihahiroth la rencontre des deux peuples, n'attribue aux Israélites, après cette rencontre, aucun autre mouvement que la marche miraculeuse à travers les flots. Saisis de crainte en voyant derrière eux les Égyptiens, ils se contentent de murmurer contre Moïse et de lui dire :

« Il n'y avait peut-être pas de tombeaux en Égypte; c'est pourquoi tu nous as amenés, afin que nous mourions au désert. Pourquoi as-tu voulu nous retirer de l'Égypte?

« Ne te disions-nous pas en Égypte : Éloigne-toi de nous afin que nous servions les Égyptiens? car il vaut beaucoup mieux les servir que mourir au désert. »

C'est donc à peu de distance de Phihahiroth, aujourd'hui Thouairecq, que la mer Rouge fut traversée. Or

Thouairecq est à huit ou neuf lieues au sud de Suez ; et la mer à cette hauteur est large de cinq lieues environ. Là, un miracle était nécessaire pour sauver Israël ; et c'est bien un miracle, en effet, que l'événement rapporté par Moïse. Ceux qui prétendent l'expliquer naturellement, au moyen du flux et du reflux de la mer, sont en contradiction avec la lettre et l'esprit du texte sacré ; obligés de faire passer les Israélites à l'extrémité du golfe de Suez, ils tombent dans de grandes invraisemblances. — Entre la submersion totale de l'armée de Pharaon et la petite perturbation que la marée montante eût pu occasionner en cet endroit, j'aperçois une disproportion telle, que j'ai peine à concevoir non-seulement l'explication en elle-même, mais encore l'importance donnée à sa réfutation. Ce que je dis ici n'est point une phrase vaine ; je parle d'après l'impression claire et distincte que m'a laissée l'aspect des lieux.

Bonaparte, à la tête d'une petite troupe, dont faisait partie le général Cafarelli, amputé d'une jambe, fut, lui aussi, poursuivi par la marée montante, comme il revenait à Suez, après avoir visité les sources de Moïse. Les circonstances étaient défavorables, le désordre se mit dans l'escorte ; et pourtant chacun de son côté regagna Suez. Et l'on veut qu'un accident semblable ait détruit les deux cent cinquante mille hommes de Pharaon, qui devaient cependant être sur leurs gardes ! Mais avant que les derniers bataillons s'engageassent dans les grèves, la plus grande partie de l'armée devait les avoir traversées. On ne doit pas supposer que les manœuvres aient été habilement combinées par les chefs égyptiens pour procurer l'entière submersion de l'armée.

Lorsqu'on porte un nom significatif, on est exposé à voir la curiosité s'exercer sur l'origine de ce nom, et, par suite, à servir de texte aux discours oiseux. C'est ce qui est arrivé à la mer Rouge. Quelques-uns la supposent écarlate, des peintres même lui ont donné cette riche couleur. Sans entrer dans un sujet complétement épuisé, je ferai remarquer que l'épithète de rouge doit se rapporter à quelque particularité fournie par la partie septentrionale de cette mer, beaucoup mieux et plus anciennement connue que la partie méridionale. M'en référant à mes propres observations, je pourrais prétendre que le reflet rougeâtre des rochers qu'elle baigne au N.-O. a pu mériter à la mer d'Arabie l'épithète de Rouge; mais j'aime bien mieux voir l'origine de ce nom dans la chevelure éclatante d'Esaü, surnommé Édom, c'est-à-dire Rouge. Ce furent donc les descendants du Rouge ou Iduméens qui, s'étant établis sur le rivage du golfe Arabique et y ayant bâti une ville, donnèrent à cette ville, et, par suite, à la mer même, le nom de leur auteur, qui était leur nom à eux-mêmes.

Aly-Bey raconte, dans son *Voyage d'Orient*, que Suez, à l'époque où il la visita, c'est-à-dire au commencement de ce siècle, avait pour gouverneur un nègre esclave d'un habitant du Caire. Son kiahia, ou lieutenant-gouverneur, était en même temps juge civil de la ville. Suez se relève chaque jour de son abaissement, et l'époque ne saurait être éloignée où elle occupera un rang distingué parmi les cités maritimes. Malgré sa couleur terreuse et sa maigreur arabe, elle est déjà l'objet de grandes convoitises. Le jour de notre passage, sa petite population se réjouissait aussi en l'honneur de la paix, mais avec beaucoup de calme. Des nègres abrités sous une tente donnaient un concert mêlé de spectacle, auquel je ne pus rien comprendre. Une balançoire était en mouvement, et cette grande roue, bien connue dans nos guinguettes, qui fait monter et descendre des fauteuils, tournait de temps en temps sur elle-même.

## V.

Paysage. — Véracité des voyageurs. — Ah ! cela me plaît ! — Les sources de Moïse. — Un petit oiseau. — Salut arabe. — Contentement. — Égarement. — Grandes manœuvres. — Les veilles du désert.

Le mercredi 1ᵉʳ mai, à six heures du matin, nous quittâmes Suez, en nous dirigeant vers le nord, pour doubler la pointe de la mer Rouge. Bientôt, faisant bride à droite, nous commençâmes à marcher sur un sable humide et très-glissant, que la marée avait couvert la nuit précédente. Nos dromadaires glissaient à chaque pas et nous faisaient appréhender une chute dans la boue. — Excellent pour les terrains secs et graveleux, le chameau ne vaut rien dans les chemins humides. Aussi les nôtres étaient-ils entièrement décontenancés.

Voici l'isthme de Suez, obstacle dérisoire, barrière rase, pour ainsi, que la Providence a opposée au génie de l'homme, et que le génie de l'homme a trouvée insurmontable. L'isthme, aussi loin que nous pouvons l'apercevoir, se compose d'un sol aride, entièrement plat et fort peu élevé au-dessus de la mer Rouge. La nappe d'eau stagnante que nous laissons à gauche se nomme les *lacs amers*. Le canal de Ptolémée prenait son cours à travers leur bassin. — Les grèves étant traversées, la caravane se dirige vers le sud, pour marcher droit au Sinaï. Après nous être rapprochés de Suez, dont un bras de mer d'un mille de largeur nous sépare maintenant, et l'avoir dépassé, nous voyons s'élever, sur le rivage occidental, une chaîne de rochers de couleur rougeâtre nuancés d'azur, dont les couches superposées se reconnaissent à la diversité de leurs teintes. Ici l'Afrique n'a rien à envier à l'Asie; l'aridité est la même sur les deux rives, et cette mer, où rien de vivant ne se réfléchit, qu'aucune barque ne sillonne, si ce n'est à de longs intervalles, à la surface de laquelle rien n'altère l'image du ciel qui s'y contemple, est un emblème fidèle du calme de la vie solitaire. Il ne manque au tableau, pour être d'un grand effet, que la figure d'un Paul ou d'un Pacôme assis au pied des rochers.

Rien de plus propre à rendre incrédule que la lecture des voyages. Qu'un voyageur quelconque raconte en quatre volumes ses souvenirs au public, le voyageur qui suit ses traces trouvera facilement la matière de quatre autres volumes, en s'occupant uniquement à démentir son prédécesseur. Je m'étonne même que cette seconde manière d'écrire les voyages n'ait pas été essayée. — Je vais citer un tout petit exemple, et j'en citerais à l'infini si j'avais un peu de mémoire. — M. Dauzats, qui du reste a semé à profusion la couleur locale de son récit, nous dit qu'en abordant la presqu'île de Sinaï, la caravane prend un aspect guerrier, à cause des dangers qui commencent à l'environner. — M. de Geramb, voyageant à la même époque, dit au contraire que, passé le golfe de Suez, on est en sûreté, les Arabes étrangers ne venant jamais dans la presqu'île de Sinaï. Je crois, pour moi, que l'on court à peu près les mêmes dangers des deux côtés du golfe. Je me souviens cependant que nous prîmes moins de précautions après l'avoir dépassé qu'auparavant.

*Bravo Bello!* s'écria l'un de nous. (Il est à remarquer que les étrangers qui ont eu occasion de se familiariser avec l'italien s'exclament de préférence en cette langue, de même que les Italiens sont ravis dès qu'ils savent jurer en français.) « Ah! cela me plaît! » dit à son tour M. Coupechêne, avec cette bonne foi allemande et cet air de satisfaction radieuse que la parole seule ne peut traduire. Ces quatre mots : *Ah! cela me plaît!* étaient toujours chez M. Coupechêne l'expression d'une joie profondément sentie, nuancée d'admiration.

Le spectacle était beau en effet, quoique de la plus grande simplicité. La plaine de sable s'étendait sans limite au levant et au midi, tandis que vers le couchant elle se mariait amicalement à la mer Rouge par une pente insensible. J'ai décrit plus haut l'aspect de cette mer. Le soleil régnait despotiquement au ciel et sur la terre, ou pas un léger nuage ne promenait son ombre. Cependant quelques points dans l'espace étaient soustraits à l'action sévère de l'astre qui allait bientôt atteindre les hautes régions du ciel. Groupés à une très-petite distance l'un de lautre, ces points formaient sur la plaine un archipel ombreux et verdoyant, dont l'apparition distincte venait d'exciter notre enthousiasme. Voici sous quel aspect se présentait à nos yeux chaque îlot de cet archipel, sauf les légères dissemblances qui produisaient de l'un à l'autre une agréable variété : un monticule de sable, dont le tour pouvait se mesurer en cinquante pas, portait à son sommet un beau groupe de palmiers différant entre eux d'âge et de stature, et tellement entrelacés, qu'ils formaient dès le pied un massif impénétrable. Ces beaux arbres laissaient tomber à leurs pieds une ombre suffisamment étendue pour qu'un cercle de vrais amis s'y pût reposer à l'aise. — A ce spectacle, nos chameaux, secondant l'empressement de leurs cavaliers, s'élancèrent au galop ; et, sans leur donner le temps de s'agenouiller, nous sautâmes à terre, au pied du monticule le plus rapproché. — Nous étions aux sources de Moïse. Le tertre que nous escaladions était un de ces mamelons intarissables que la Providence, comme une bonne mère, présente à ses enfants du désert pour les désaltérer. — Les sources (elles sont, je crois, au nombre de huit) donnent une eau très-limpide, qui sort de terre avec un léger bouillonnement. Elle est contenue dans de petits réservoirs, autour desquels croissent des joncs aux tiges serrées. Ce sont ces joncs qui, retenant les sables poussés par le vent, tendent sans cesse à exhausser le monticule ondifère. L'eau, en se répandant, forme de petits ruisseaux qui sont bientôt absorbés par le sable. Un limon abondant, qui se développe dans les réservoirs, m'avait fait supposer que l'eau avait une couleur verdâtre; mais il n'en est rien; seulement elle est sulfureuse et tellement dépourvue de fraicheur, que je la crois un peu thermale. — Sachant de quelle manière se forment des monticules de sable là où l'eau d'une source fait végéter les roseaux, ne pourrait-on pas partir de là pour retrouver des sources perdues, aux lieux où se rencontrent des éminences de même origine que celles dont nous venons de parler?

Si ce n'est jamais sans plaisir que nous voyons sautiller au bord des fontaines le joli petit oiseau appelé lavandière, quelle ne dut pas être notre satisfaction en le retrouvant près des sources de Moïse, avec ses bonds joyeux, sa taille élégante et sa longue queue toujours en mouvement? Et comme c'était la première fois depuis mon départ que je remarquais ce charmant oiseau, il me sembla qu'il était venu tout exprès pour m'apporter le salut de mes parents et de mes amis. Dans cette pensée, je lui aurais volontiers tenu ce langage : « Joli messager, si tu dois bientôt revoir notre commune patrie, vole vite vers la maison de mon père, et dis-lui que son souvenir est présent à mon esprit, sur le dromadaire et sous la tente; qu'il m'accompagnera sur la montagne sainte où Dieu même a dit à l'homme : « Tu honoreras ton père et ta mère, » et que, bientôt prosterné sur le tombeau divin, je demanderai pour lui de longs jours dignes d'un salaire immortel; dis-lui aussi les lieux où tu m'as rencontré en compagnie d'hommes excellents, et puisant l'eau de la source entre les racines du palmier. »

Une caravane qui parcourait, en sens inverse, la même route que nous, vint se reposer sous un massif de palmiers voisin du nôtre. — Je n'ai jamais vu nos guides rencontrer d'autres Arabes sans les aborder amicalement, soit qu'ils fussent de connaissance, soit que l'isolement du désert fasse mieux apprécier le lien de la grande fraternité humaine. — Les Arabes se saluent en frappant deux fois leurs mains droites l'une contre l'autre, puis en portant cette même main sur la poitrine. Il y a certainement quelque chose de plus affectueux dans ce *salamalec* que dans nos déplacements de chapeaux. La double poignée de main symbolise la réciprocité de l'affection fraternelle, dont la sincérité est exprimée par l'application de la main sur le cœur. Nos guides ont coutume de joindre à cela un sourire fort agréable, qui ne ressemble point à un sourire européen. — Les nouveaux venus étaient approvisionnés d'un petit fruit rond de la grosseur d'une noix, et pourvu d'un noyau comme une baie d'azerolier. Grâce à la générosité de nos guides, qui eurent bientôt partagé avec leurs confrères, je pus goûter ce fruit, dont le goût acide n'est point désagréable. Il sert, ainsi que les dattes, à préparer une pâte sèche, ou conserve, qui entre quelquefois dans l'approvisionnement des caravanes.

Cette halte fut assez longue, car nous étions bien, parfaitement bien, et nos guides, de leur côté, avaient mille choses à dire aux hommes de la caravane amie. — Lorsqu'il s'offre dans la vie une vicissitude de bonheur, il faut en jouir le plus longtemps possible avec recueillement, avec reconnaissance pour celui qui nous la donne. Je parle de ce bonheur qui résulte du calme de toutes les passions, du concert harmonique de toutes les facultés, et qui semble donné pour nous faire sentir tout ce qu'il y a de beau, tout ce qu'il y a de bon en nous et hors de nous; alors notre pensée, faisant une alliance intime avec tout notre être sensible, remonte sans effort vers l'auteur de tout bien, qui semble nous associer quelques instants à sa félicité.

Après une seconde marche dépourvue d'intérêt, nous fîmes halte peu de temps avant le coucher du soleil. Un mille de distance nous séparait de la mer Rouge. Je courus au rivage pour recueillir des coquillages; il s'en trouva d'assez beaux, entre autres le rocher épineux, des strombes de formes capricieuses, quelques porcelaines de petite dimension, et des volutes charmantes qui semblaient formées par l'enroulement de colliers de perles rouges et noires; mais la plupart de ces coquillages étaient décolorés et d'une conservation médiocre.

Augustin et Lucien coururent aussi au rivage; mais leur retour ne fut pas heureux. Complétement désorientés, ils se fourvoyèrent bien loin de la caravane dont ils croyaient se rapprocher. Le fusil de M. Coupechêne, bourré à outrance, fut inutilement déchargé par nous, plusieurs fois, pour les rappeler au camp. Vainement ce même fusil nous servit de bâton pour arborer des mouchoirs blancs; aucun de nos signaux ne fut entendu ou aperçu. Cependant la nuit se faisait, lentement il est vrai; et l'inquiétude devenait insupportable. Cette inquiétude nous suggéra une manœuvre, d'autant plus ingénieuse à mes yeux que je n'étais pas étranger à son invention.

Le moins leste de nos Arabes fut placé en vedette sur le plus élevé de nos chameaux, et reçut ordre de rester immobile à l'endroit où nous étions campés. Une bougie, qu'un heureux hasard nous fit retrouver parmi nos effets, fut placée dans sa main droite, pour qu'il l'élevât en l'air, en guise de phare. Puis les huit hommes disponibles, dont je faisais partie, furent échelonnés suivant une ligne droite, à une distance telle, qu'ils pouvaient se voir et s'entendre de l'un à l'autre. Les plus éloignés du camp étaient montés sur des chameaux. Cette ligne, qui avait plus d'une lieue d'étendue, prenant pour pivot la bougie du factionnaire, et simulant le rayon d'une roue ou l'aiguille d'un cadran, se mit alors à effectuer ce qu'en termes d'art militaire on nomme une conversion. Chose digne de remarque, cette manœuvre, qui est souvent désordonnée chez les troupes régulières, s'exécuta avec une étonnante précision. L'Arabe grand et sec, qui formait l'extrémité du rayon, entrant à merveille dans l'esprit de son rôle, galopait à fond de train, tandis que le plus rapproché du camp, qui en était pourtant éloigné d'un bon demi-quart de lieue, marchait d'un pas grave et d'un air solennel, s'alignant à la fois sur la torche du factionnaire et sur son voisin. De grands cris parcouraient la ligne et mouraient sans écho à la surface du désert. De temps à autre notre tête de colonne s'arrêtait tout court, pour faire feu de son fusil arabe; nous lui avions confié, à cet effet, une poudrière, avec injonction d'en faire largement usage. Chaque détonation était le signal d'un silence de mort. On écoutait alors, on écoutait profondément ; et puis la clameur recommençait plus perçante et plus lamentable. — Enfin, un cri bizarrement accentué se propageant tout à coup arriva, comme une commotion électrique, jusqu'à notre candélabre vivant, qui le rendit au désert, et se mit à exécuter sur son dromadaire les plus grotesques évolutions. Ce cri était sauvage, comme l'élan d'une tigresse vers ses petits ; il mérite d'être expliqué. Dans un des intermèdes de silence, les cris *nous voilà! nous voilà!* étaient arrivés distinctement aux oreilles de l'Arabe le plus avancé dans la plaine. Charmé de parler français pour la première fois de sa vie, il avait voulu répéter : *nous voilà !* et il s'était écrié *hou halah !* *hou halah !* et machinalement tout le monde avait répété *hou halah ! hou halah !* — Mais cette exclamation en disait assez, l'inquiétude s'évanouit comme un songe et fit place à la joie d'embrasser nos compagnons. Ils nous racontèrent qu'ayant perdu de vue la caravane, ils avaient, comme nous, arboré leurs mouchoirs et fait feu de leurs pistolets ; que n'entendant et n'apercevant aucune réponse, tout instinct d'orientation les avait abandonnés ; que ne pouvant se résigner à un rôle passif, ils avaient imprudemment continué de marcher.

Ceux dont la boussole n'a jamais affolé peuvent ne pas comprendre le danger auquel venaient d'échapper nos compagnons ; pour moi, qui me souvient de m'être plusieurs fois retrouvé au point de départ, croyant toujours marcher en avant, j'avouerai que je fus singulièrement épouvanté en réfléchissant sur leur sort. Il était probable, en effet, qu'ils marcheraient longtemps avant de se décider à passer la nuit loin de nous ; et alors chaque pas qu'ils feraient pouvait les éloigner du camp. Le lendemain, à la vérité, tournant le dos au soleil levant, ils auraient marché vers la mer Rouge ; mais bientôt le soleil s'élevant sur l'horizon, et ses indications devenant d'une interprétation plus difficile, ils auraient erré de nouveau à l'aventure ; et d'ailleurs, exténués de faim, de soif et de fatigue, sur un sable ardent, ils eussent vu le milieu du jour marquer la fin de leur course, et le soleil du lendemain, en montant sur l'horizon, eût éclairé leur mort et meurtri leurs cadavres. — Nous rendîmes grâces à Dieu, du fond de notre âme, de nous avoir tous sauvés d'un tel malheur. Mais un remarquable appétit survivait à nos inquiétudes ; Lucien s'empressa d'y pourvoir. — Nos guides méritaient bien ce soir-là qu'on fraternisât avec eux. Aussi l'intimité fut complète. Nous les admîmes à plonger, en guise de cuiller, leurs doigts dans nos lentilles bouillies ; ils se divertirent fort aux dépens de nos couteaux, de nos fourchettes et de nos cuillers, dont ils essayèrent vainement de tirer un parti avantageux. Ils passèrent ensuite à l'examen de nos pistolets à percussion, et parurent prendre en pitié la simplicité nue de ces armes naines. Je suis persuadé que leur grand fusil à mèche, garni d'innombrables capucines, leur semblait infiniment plus commode et plus agréable à l'œil. Enfin nos bons Arabes, pour clore dignement la soirée, mirent à sec la corbeille qui renfermait nos oignons.

Nous étendons pour cette nuit nos matelas au grand air. La tente reste ployée. — Ma répugnance pour la faction a gagné mes compagnons ; il est décidé, à l'unanimité moins une voix qu'on ne montera plus la garde. — C'est lorsque nous venons à être délivrés d'un fléau quelconque qu'il nous arrive souvent de lui trouver un côté favorable. — Je ne pus me défendre d'une pensée mélancolique en voyant le fusil de M. Coupechêne piteusement étendu à côté de son maître, lui dont naguère le canon superbe formait, chaque nuit, le point culminant du désert ; à cette arme d'ailleurs se rattachaient quelques souvenirs agréables. — Elles n'étaient pas sans charme, en effet, ces veilles du désert, lorsque, debout sur une éminence, je voyais sommeiller à mes pieds la caravane confiante dans ma vigilance. — Le chameau, cessant de ruminer son frugal repas, reposait sur le sable sa tête appesantie, qu'il relevait de temps en temps d'un air inquiet. L'hyène et le chacal dardaient par intervalles l'aiguillon de leur voix perçante, sans qu'il me fût possible de fixer le point du désert où rodait leur instinct féroce. Quelquefois un fantôme mouvant passait rapidement à mes pieds : c'était l'ombre d'un oiseau nocturne, que la diffusion d'un fumet appétissant conviait à un festin de charogne. — Fréquemment aussi ma vue retombait sur la caravane. Je regardais d'un œil d'envie ma place vide au milieu de mes compagnons endormis, et le manteau gisant sur lequel brillait la monture argentée de mes longs pistolets ; armes peu redoutables, cylindres presque toujours vides de projectiles, bien que les poches de ma veste fussent lestées de cartouches, en témoignage de mon zèle pour la défense commune. — La plaine n'était pas toujours entièrement rase autour de nous; çà et là, quelques buissons éparpillés sur la nudité du désert accusaient, par leur immobilité, la léthargie des éléments, et se dessinaient à mes yeux sous mille formes fantastiques. Parfois un de ces fantômes que je n'avais point encore aperçu attirait tout à coup mon attention, comme si c'eût été l'apparition d'un objet nouveau ; mes yeux s'y attachaient avec une consciencieuse ténacité; fatigués, ils se fermaient enfin, où se détournaient un instant; et puis je ne retrouvais plus à l'horizon la tache sombre qui m'avait inquiété. Peut-être qu'un buisson m'en dérobait la vue ; peut-être l'ennemi, un instant invisible, arrivait-il en rampant jusqu'à nous; peut-être, au bout de quelques minutes, allais-je le voir reparaître plus grand d'une coudée ! — Fallait-il éveiller la caravane, au risque de divertir nos Arabes par le spectacle d'une terreur panique ? ou bien, cédant à une mauvaise honte, devais-je attendre l'imminence du danger, et compromettre ainsi une sécurité dont j'étais seul gardien ? — Je puis le dire à ma louange, dans ces occasions, la lutte qui se passait au for intérieur n'était point établie entre l'amour-propre et la peur, mais bien entre la conscience et l'amour-propre. Du reste, ce dernier sentiment fut toujours victorieux. — Plus d'une fois aussi, je fus vivement tenté de me donner le spectacle d'une fausse alerte, non point pour jouer à mes compagnons un tour d'écolier, mais pour observer leur contenance en face du danger. Il y aurait eu matière pour une étude morale et physiologique dont je regrette l'occasion favorable.

La nuit est le temps des sublimes entretiens entre la terre, où veillent de radieuses intelligences, et le ciel, où brillent d'innombrables étoiles. Ma pensée n'était pas toujours errante à mes pieds; elle remontait plus haut, elle courait d'un soleil à un autre soleil, d'un monde à un autre monde; puis elle s'abîmait au sein de cet océan dont chaque goutte est un soleil, et que nous appelons misérablement la voie lactée.

Ce spectacle des cieux, en confondant par son immensité mes étroites idées d'étendue et de distance, rendait service à mon cœur; il me mettait, pour ainsi dire, face à face avec ma famille absente. Je me disais : « Ce magnifique appareil dont je jouis, comme si Dieu l'eût déroulé pour moi seul, a, bien loin d'ici, par delà les mers et les montagnes, d'innombrables témoins. A cette heure même, qui sait si sa contemplation n'éveille pas aussi de saintes pensées dans l'âme de mes amis de là-bas ! » Et plein de cette idée, je voyais dans la voûte du ciel le plafond d'un vaste édifice, où la divine magnificence nous conviait tous ensemble au plus imposant des spectacles.

O ciel, que tu es grand ! O homme, que tu es petit ! Petit par le corps, mais grand par l'intelligence, puisque ton âme est le miroir où se réfléchissent les œuvres de Dieu et Dieu lui-même. Puisse son image rencontrer toujours en moi une glace polie et sans tache, qu'aucune passion n'agite, qu'aucun doute n'obscurcisse !

Quelquefois je m'affectionnais à une étoile isolée ou d'une clarté plus douce que les autres. Je lui disais : « Que vois-tu là-haut ? La limite de l'espace est-elle près de toi ? ou bien d'autres mondes, invisibles à mes yeux, t'apparaissent-ils dans des profondeurs infinies ? Es-tu l'astre vivifiant autour duquel tourbillonnent des sphères populeuses, ou bien ne serais-tu qu'une lampe suspendue sur ma tête pour illuminer doucement mes nuits? » — Je comprenais, pour ainsi dire, alors ces mystérieuses harmonies que l'imagination s'est plu à établir entre nos destinées et les astres qui nous regardent du haut du ciel. Je comprenais parfaitement les veilles des solitaires et leurs divins ravissements; mais ce que je ne pouvais comprendre, c'était la science humaine mesurant ces sphères, traçant leur itinéraire dans l'espace, annonçant après combien de siècles d'absence reparaîtra l'astre chevelu qui poursuit son aventureuse carrière dans l'immensité; la science, en un mot, s'élevant à la connaissance des lois de l'univers visible, et méconnaissant ou dédaignant le législateur qui les a faites et qui en maintient à toute heure l'exécution. Ont-ils donc, dans ces divines lois, constaté l'œuvre de l'ineptie ou du caprice? Ou bien, parce que, dans le plan infini de la création, leur vue débile a su discerner quelques linéaments rapprochés de leurs yeux, vont-ils se croire seuls créateurs et se prodiguer à eux-mêmes l'admiration qu'ils refusent à Dieu? O ignorance! que tu es belle à mes yeux, que tu es sage, que tu es respectable, lorsque je te compare à une telle science!

## VI.

Le kamsinn. — Halte et prostration. — Fuyards massacrés. — Aspect de la caravane. — Nouveau massacre. — Amabilité. — Le tamarise.

Ce matin, à notre réveil, le thermomètre centigrade accuse seulement onze degrés; aussi la fraîcheur de la nuit s'est-elle fait sentir à travers nos manteaux. — Nous sommes en route avant le lever du soleil; à sept heures et demie nous faisons une première halte, qui dure jusqu'à neuf heures. — Bientôt après, une brise s'élève du sud-ouest et vient nous souffler au visage. Assez fraîche d'abord, elle s'échauffe rapidement et devient fort incommode. La marche de la caravane est pesante et silencieuse; nos guides ont interrompu leur chant monotone. J'avais fait, comme de coutume, peu d'attention à ce chant, ou plutôt à cette psalmodie maigre et nazillarde; elle était pour moi comme le cri de la cigale, que l'oreille perçoit sans le redire au cerveau; mais, lorsque ces chants s'interrompirent tout à coup pour ne plus renaître, l'effet fut singulier. Il me sembla qu'une fibre se détendait en moi, ou bien que l'air perdait sa sonorité. Mes pensées, qui avaient divagué jusque-là avec leur indiscipline accoutumée, prirent subitement un cours nouveau et régulier. J'interrogeai le visage de nos guides, il était soucieux; j'interrogeai l'atroce figure de nos chameaux, et il me sembla que j'y lisais un surcroît d'aride mélancolie; je m'interrogeai moi-même, et je sentis qu'il y avait dans l'air que je respirais du délire et de la fièvre. La brise était devenue une véritable bourrasque, chaude comme le souffle de l'incendie, mais d'une chaleur sèche. L'air avait soif et s'emparait en fuyant de tous les sucs répandus à la surface des corps. — La poudre que le vent soulevait en rasant le sol ne nous arrivait point par tourbillons, mais elle formait un torrent continu qui fatiguait horriblement nos yeux et nos poitrines. — L'horizon, terne d'abord, avait fini par s'effacer complétement, et cependant aucun nuage, aucune vapeur ne le dérobait à nos regards; il semblait que nous marchions vers un chaos dont la limite, vaguement indiquée, était près de nous. Les premiers plans, seuls visibles à nos yeux, formaient une arène circulaire de peu d'étendue, qui semblait nager au sein de ce chaos. — Plus de formes, plus de couleurs arrêtées; partout la fusion des teintes et l'ondulation des lignes. — Le disque du soleil ne nous apparaissait plus que comme une tache indécise derrière ce voile de sable et de feu qui avait tout envahi, et cependant jamais le tyran ne nous fit sentir plus cruellement sa poignante suprématie ; il était là, comme le général d'armée dont le casque apparaît derrière la poudre des bataillons qu'il a lancés sur l'ennemi. — Le sable, devenu mobile, rampait comme un serpent dont la progression rapide ne laisse dans l'air, au lieu d'une forme arrêtée, que l'apparence d'une vapeur fugitive, ou bien encore comme la flamme qui court à la surface de l'alcool embrasé ; puis s'élevant par une courbe insensible, il formait tout autour de nous ce milieu qui nous cachait le ciel et la terre.

Nous avions machinalement rapproché nos montures et nous marchions plus serrés, comme il arrive toujours dans un commun péril. Un seul mot prononcé brièvement circulait dans la caravane : *El kamsinn !* disaient nos Arabes ; *le kamsinn !* répétions-nous en nous regardant l'un l'autre.—Augustin, déjà atteint d'une toux opiniâtre, semblait à demi vaincu : « Pensez-vous que cela dure ? » nous disait-il. — M. Rovina avait clos son bréviaire, et la projection de son épine dorsale accusait un accablement inusité. — Les lèvres minces de M. Coupechêne étaient plus étroitement serrées entre sa moustache et la barbe du menton ; sa paupière abaissée, son sourcil froncé, n'admettaient que le faisceau de lumière indispensable pour éclairer sa marche. — Lucien, toujours impassible comme la statue camelesque de l'intrépidité, attendait, pour admettre l'inquiétude dans son âme et sur ses traits, que le vent balayât nos chameaux et que la poussière ardente incendiât notre barbe. — Je ne sais quelles remarques mes compagnons, de leur côté, purent faire sur ma physionomie. Ils durent y lire, à travers des yeux écarlates et une peau sonore comme le parchemin, une expression bien caractérisée de donquichotisme satisfait, de ce donquichotisme qui cherche aventure, non point à l'encontre de magiciens et de pourfendeurs de géants, mais contre les volcans, les bourrasques et les avalanches. J'étais charmé de faire connaissance avec cette grande célébrité, dont les voyageurs nous ont laissé de si effrayantes descriptions : le kamsinn.

Cependant la fougue de l'air croissait à tout moment; le thermomètre s'était rapidement élevé à quarante degrés, nos chameaux haletants faisaient entendre un cri plaintif, d'autant plus éloquent que c'était le gémissement d'une nature éprouvée par une longue pratique de l'adversité ; ils ne marchaient plus que par l'effet de cette résignation courageuse, qui est un des traits distinctifs de leur caractère et qui rend leur agonie semblable à leurs beaux jours. — L'Arabe et son chameau, aussi sobres l'un que l'autre, sont accoutumés à ne tenir aucun compte de la fatigue.

Mais le terme de la lutte était arrivé; il ne fallait plus songer à chercher un abri ailleurs que sur la plaine rase où nous venions d'être assaillis. — Les guides, par un mouvement unanime et spontané, saisirent les licous de nos montures, et tous ensemble, hommes et dromadaires, nous tombâmes la poitrine contre terre pour laisser passer l'ennemi. Morts, nous n'aurions pas offert un autre spectacle ; mais il y avait de rudes angoisses sous ces manteaux et ces burnous qui se teignaient peu à peu de la couleur du sable.

D'abord je voulus relever la tête pour donner un coup d'œil à l'ensemble du tableau ; mais Ibrahim, qui était près de moi, me sentant remuer, foula rudement sur mon cou et rejeta sur mes yeux la draperie dont j'étais affublé. Convaincu par ce brusque procédé que le danger était réel, je ne songeai plus qu'à épaissir autour de ma tête les replis de mon manteau, car l'étoffe imperméable à la pluie ne l'était pas suffisamment à cette poussière subtilisée qui semblait avoir fait alliance avec l'air, et pénétrait partout ou le vide n'était pas. — J'eus le bonheur de m'endormir, et de passer ainsi une ou deux heures dans l'ignorance de mes propres maux. Le reste du temps fut employé à former des conjectures sur ce qui allait suivre et à détruire d'innombrables puces qui couraient effarées sur mes vêtements, comme si elles avaient fui le contact d'un cadavre. J'avais peine à m'expliquer cette répugnance subite de l'insecte vorace pour un mets dont il s'était jusque-là montré friand. J'en demeurai fort humilié et même épouvanté. Je connaissais en effet, par l'histoire de tous les temps et surtout par de récents exemples, cet instinct ou cette politique infaillible commune à toute la grande famille des sangsues, instinct qui avertit ces estimables animaux, insectes, mollusques ou bipèdes, de courir à une nouvelle proie lorsque celle qu'ils exploitaient va tomber en dissolution.

Ennuyé, fatigué de répandre le sang, et surtout d'étouffer sous mon manteau, je voulus m'assurer que je partageais le sort commun, et voici ce qu'un coup d'œil rapide, jeté sur la caravane, me permit d'apercevoir. — Les chameaux agenouillés formaient, à notre profit, une sorte de rempart pareil à ces digues naturelles que des roches bossues présentent quelquefois aux abords d'une rade; l'expression plus que jamais diabolique de leurs figures les faisait aussi ressembler, lorsqu'ils dressaient la tête, à des démons rangés en bataille pour tenir tête à ces autres démons qui soufflaient sur nous du fond du désert, invisibles derrière le torrent de leurs haleines embrasées. — La digue vivante était renforcée de tout notre équipage de campagne; battue avec violence par l'ouragan, elle résistait avec d'autant plus d'avantage qu'elle avait été de bonne heure protégée par une contre-digue dont la formation mérite d'être décrite. — Le sable, après avoir frappé le rempart, n'était pas en totalité emporté par delà; mais, repoussé par la violence du choc, il s'en allait former, à plus d'un mètre de distance en avant, une contrescarpe d'une hauteur presque égale à l'obstacle contre lequel il avait rebondi. Quant aux voyageurs, ils s'effaçaient de plus en plus, et les saillies de leurs profils conservaient seules quelques traces de la forme et de la couleur primitives.

Pendant quatre heures d'immobilité, pas un mot ne fut échangé entre nous. La vie couvait sous nos manteaux poudreux, comme le feu sous la cendre. Chacun étouffait pour son propre compte, sachant qu'il ne pouvait donner ou attendre aucun soulagement. Je commençais à trouver la position horriblement fastidieuse, lorsque j'entendis distinctement la voix d'Augustin qui m'appelait par mon nom. N'y pouvant plus tenir, il avait secoué son linceul, et il m'apparaissait dominant la caravane, comme le blessé du champ de bataille qui se replace péniblement sur ses bases naturelles, pour se persuader à lui-même qu'il a été abusivement laissé parmi les morts. — L'ennemi n'avait pas encore entièrement disparu, mais il était moins redoutable. Notre vue embrassait un hémisphère plus étendu. L'exemple d'Augustin fut suivi; on rechargea les chameaux, et nous cherchâmes, pour la nuit, un autre campement.

Le soleil se couchait quand nous y arrivâmes. On mit à profit un de ces accidents de terrain assez fréquents dans les lieux où la base rocheuse a peu de consistance. Le sol déprimé, au pied d'un escarpement perpendiculaire, semblait avoir été violemment partagé en deux niveaux très-distincts. Sur le plateau supérieur croissaient des tamarises, qui, se penchant en avant, projetaient sur nos têtes des masses de verdure. Cette place était parfaitement choisie; le vent, qui d'ailleurs s'était beaucoup modéré, s'y faisait bien moins sentir que dans la plaine; mais la poussière nous incommodait encore. — Un talus de sable fin, apporté là par la dernière bourrasque, formait au pied de l'escarpement une espèce de lit de camp, sur lequel nous étendîmes nos matelas. Mais ce poste nous fut chaudement disputé par une nuée de scarabées gros comme des hannetons, qui couraient en écervelés à la surface du sable. Ces animaux, « qui rôtissaient, sans doute, au fond de « leurs souterrains, se rapprochaient par milliers de « la surface de la terre pour y chercher une tempé- « rature moins étouffante. Ils se croisaient sur nos « habits, sur nos matelas, et jusque sur nos aliments, « qu'ils souillaient comme de nouvelles harpies. Nous « avions beau en exterminer des bataillons entiers, « de nouvelles recrues sortaient, comme du sein « d'une fourmilière, et marchaient à l'assaut sur les « corps bronzés de leurs frères que nous venions d'oc- « cire (1). »

Un triste spectacle nous fut offert lorsque nous vînmes à constater l'état de nos provisions, le sable s'y était mêlé, et le vent avait tout desséché ou raccorni. — Le bréviaire de M. Rovina, dont la forme primitive était celle d'un parrallélipipède rectangle, offrait maintenant l'aspect d'un cylindre parfait ; tous les feuillets, hérissés autour de leur axe, repoussaient les deux battants de la reliure, forcés ainsi de s'embrasser dos à dos. Le sable, par son interposition, avait produit cet écartement des feuilles. Nous craignîmes un instant que le vent n'eût épuisé nos outres, comme il avait rendu aride notre peau ; mais, heureusement, il se trouva encore de quoi nous désaltérer. Nous étions chaque jour moins exigeants sur la qualité du liquide. Pour moi, j'avais appris à former avec ma langue une dalle qui versait l'eau dans le gosier, sans que le palais ou les lèvres en fussent souillés.

(1) Rome et Jérusalem.

Le sable forma, ce soir-là, un des éléments de notre souper, car il s'était introduit jusque dans les sacs où étaient contenues notre semoule et nos lentilles, et le vent, quoique fort mitigé, saupoudrait encore d'une poussière fine tout ce qui était à sa portée. — Pour nous rassurer contre les effets sanitaires de cette innovation, nous prêtâmes force sottises à Hippocrate et à ses disciples. M. Coupechêne lui-même ne fut pas étranger à ce divertissement, qui lui fournissait une occasion telle quelle de satisfaire son penchant pour les langues mortes.

Après une heure de nuit, le vent cessa tout à fait, et le sable reprit sa fixité. Les scarabées, n'éprouvant plus le besoin d'un mouvement perpétuel pour se maintenir à la surface d'un sol sans cesse exhaussé, se livrèrent au repos, et nous suivîmes en cela leur exemple. — La lune sembla vouloir nous dédommager de tout le mal que le soleil nous avait fait. Écartant les voiles funèbres que l'astre disparu laissait derrière lui, elle parut prendre plaisir à briller pour nous de son plus doux éclat.

Les tamarises, qui projettent leur ombre sur notre couche de sable, seraient de jolis arbres même sur nos coteaux. Leur verdure a beaucoup de fraîcheur; la feuille, assez semblable à celle du cyprès, est plus souple et plus divisée; leur port est pittoresque et tout à fait exempt de régularité; ils se jettent en tous sens et n'ont pas moins de propension à descendre sur le flanc des rochers escarpés qu'à se dresser en plein air.

## VII.

Considérations artistiques. — Mouia ! Mouia ! — Longue halte. — Rapport de notre commissaire à l'aiguade. — Paysage — La chemise neuve. — Costume de nos guides. — Leurs armes. — Considérations générales. — Le *leben*. — Effet de nuit. — Nuages étranges.

Le vendredi 3 mai, à quatre heures du matin, nous sommes sur nos chameaux. Nous traversons une plaine hérissée de cailloux, puis on s'engage peu à peu dans la région montagneuse; d'étroites vallées serpentent entre des monticules aux sommets aplatis. Nous rencontrons en abondance cette pierre blanchâtre, feuilletée et très-brillante, qui, suivant son degré de solidité, se nomme talc ou mica. L'aridité est complète; mais les teintes sont harmonieuses et les rochers d'un beau caractère, quoiqu'ils n'atteignent pas encore une grande hauteur. — Mon imagination est presque constamment occupée à disposer, dans ces vallées et sur ces rochers, les diverses scènes racontées dans l'Exode, et qui signalèrent la marche d'Israël à travers le désert. — Il est à regretter que les grands peintres qui sentirent la beauté des sujets bibliques n'eussent pas visité ces contrées. N'en déplaise aux esprits faux, il n'est point sous le pinceau de l'artiste, de beau idéal qui puisse parler à nos yeux un langage aussi saisissant que les œuvres mêmes de Dieu, quel que soit le cachet de majesté sauvage ou d'harmonieuse beauté dont il les a marquées. Les sites d'Orient, surtout ceux du désert, peuvent d'autant moins être suppléés par l'imagination, qu'ils ont mieux conservé leur empreinte originelle. Les pasteurs habitants de ces contrées, de tout temps respectueux envers la terre qui les reçoit dans son sein, ne déchirent point ses flancs et ne défigurent point sa surface, eux-mêmes sont encore de nos jours l'image peu altérée de leurs pères, qui vivaient aux mêmes lieux il y a trois mille ans. C'est donc ici, mieux que partout ailleurs, qu'il faut venir chercher la couleur et l'habitude antiques.

Poursuivons notre route. — Deux palmiers debout sur un plateau signalent une fontaine. Nos guides passent outre sans tenir compte de cette indication ; mais Augustin, que la soif aiguillonne, se jette à l'encontre de notre capitaine, et, lui barrant le chemin avec son dromadaire, s'efforce de lui faire comprendre que passer près d'une fontaine sans remplir les outres, c'est trahir la caravane, c'est braver le courroux des voyageurs. Après un pourparler qui, de notre part, se réduit à répéter avec une énergie progressive : *Mouia! Mouia! (de l'eau! de l'eau!)* nous poursuivons notre route, avec l'assurance que nous serons bientôt satisfaits.

Nous traversons deux grandes mares desséchées, dont le fond est hérissé de plantes basses rôties au soleil. Enfin nous descendons dans une vallée sinueuse d'un niveau régulier, où croissent le palmier, le tamarise et quelques buissons ; mais il n'y a point d'eau. Dans cette vallée, qui est pour nous un bosquet délicieux, la végétation est loin de former un entrelacement continu ; à grand'peine jette-t-elle çà et là sur le sable quelques ombres transparentes. — La chaleur est excessive ; notre tente, dressée sous l'ombre suffisante d'un palmier, nous sert de refuge, tandis que deux Arabes, auxquels s'est joint bravement Augustin, vont au loin remplir nos outres. — Cette halte m'a été fort utile pour mettre mes notes au courant. M. Coupechêne, assis près de moi, se livrait au même passe-temps, et nous puisions au même encrier. Mais l'encre, en passant par la plume de M. Coupechêne, devenait sur le papier de solides pensées allemandes, destinées probablement à renforcer quelque savant commentaire, quelque robuste in-folio, délices de l'homme studieux, tandis que sous ma main elle se répandait, d'une manière plus ou moins française, en vaines descriptions de lieux, en panoramas incolores, qui ne suffisent plus aujourd'hui pour rendre la vie à mes souvenirs.

On comprend que la dégustation de l'eau des outres n'était pas pour nous-mêmes une affaire médiocrement intéressante. — Augustin, qui précédait nos pourvoyeurs dans leur retour vers le camp, ne fut pas plutôt à la portée de la voix, que nous lui criâmes: « Eh bien! est-elle buvable? » La réponse, quoique muette, fut significative; elle ressemblait parfaitement à la grimace qui se fait en avalant une médecine. Cela ne nous empêcha pas de remplir nos gobelets à pleins bords, et d'en verser le contenu dans nos estomacs; mais, quelques précautions que je prisse en vidant le mien, pour ne pas recommencer une dégustation que je tenais pour bien faite, je ne pus pas m'empêcher de reconnaître, au rapport de mon propre palais, qu'Augustin s'était montré appréciateur délicat et impartial. Il nous raconta qu'après une marche de cinq quarts de lieue, il avait rencontré courant sur l'arène, avec l'épaisseur et la transparence d'une glace, un petit ruisseau alimenté par plusieurs fontaines creusées dans le sable même de son lit: qu'éclairé par un examen scrupuleux, il s'était arrêté à celle des fontaines qui présentait le plus de fraîcheur et de limpidité; quant à la saveur, il l'avait trouvée partout peu satisfaisante. « A plusieurs reprises, ajouta-t-il, et pendant longtemps nous avons agité dans les outres de l'eau mêlée de gravier pour les purifier; et je puis attester que la sueur ruisselait sur le front de mes Arabes pendant qu'ils se livraient à cet exercice. Enfin, lorsqu'il s'est agi de remplir définitivement les vases, les plus grandes précautions ont été prises pour ne point troubler le liquide peu profond dont nous opérions le déplacement. Mon guide Joussouf, cédant à l'entraînement d'un zèle inconsidéré, voulait puiser avec le tarbouch quelque peu suranné qui lui enveloppe la tête ; mais je l'ai arrêté à temps, et j'ai prescrit l'usage exclusif d'une coquille que j'avais apportée à cet effet. — Il me reste, Messieurs, à vous signaler un acte d'insubordination fanatique, dont je laisse l'appréciation à vos consciences. — Abdallah, ce zélé musulman que nous voyons chaque soir se lessiver avec du sable lorsque nos outres lui sont interdites, Abdallah n'eut pas plutôt aperçu les fontaines, que, malgré mes cris et l'énergie désespérée de mes gestes, il courut y pratiquer ses ablutions, sans omettre le moindre détail de cet acte religieux. (Frisson dans l'auditoire.) Toutefois, Messieurs, rassurez-vous : l'eau ne remonte pas vers sa source. Il restait heureusement en amont du ruisseau plusieurs réservoirs intacts, et j'ai limité à ceux-là seuls l'exercice de mon droit d'aiguade. »

Ce rapport fut accueilli avec une faveur marquée, et l'on prononça par acclamation qu'Augustin avait bien mérité de la caravane. Saisissant l'occasion favorable de servir mon ami, je proposai aussitôt de créer en sa faveur l'emploi d'inspecteur général des outres et citernes.

A trois heures du soir, nous disons adieu à l'aimable vallée, pour nous replonger au sein d'une nature morte et pétrifiée. Les rochers, presque blancs, présentent un aspect gypseux. Le sol, généralement enfoncé, est dominé par des laisses en forme de cônes tronqués, demeurés là comme pour indiquer un ancien niveau. Nous cheminons sur une espèce de pavé naturel, affectant des formes variées ; quelquefois on croit marcher sur ces blocs aux contours irréguliers, dont la juxtaposition forme les voies romaines. En d'autres endroits, on dirait une matière congelée tout à coup, après avoir été versée sur le sol, dans un état de liquéfaction incomplète. Souvent aussi, la pierre d'un gris blanc nuancé de rose, est brodée de veines très-minces qui font saillie à sa surface. Aux endroits où le sol paraît avoir conservé son niveau primitif et son ancien état, il est semé des pierres noires, siliceuses, brisées, qui répandent au loin, sur le passage, une teinte sombre et violacée. Nous nous avançons à travers des crevasses profondes, des ravins où les torrents ont marqué leur passage, des vallées plus profondes que spacieuses. Le paysage acquiert de la majesté; les montagnes lointaines s'escarpent et se dessinent à l'œil par de belles et larges anfractuosités, leur nuance varie entre le gris roussâtre et le gris de perle. Ces teintes sont ravissantes lorsqu'elles apparaissent ainsi dans les hautes régions de l'air, revêtues de ce voile vaporeux et transparent que donne la distance. L'on est tenté de se demander si ces sommets azurés appartiennent au ciel ou à la terre, s'ils sont réels ou fantastiques. On s'arrête dans une contemplation muette, qui a toute la magie d'un rêve et toute la consistance d'une perception véritable.

La grande chaleur que nous éprouvons rend la marche lourde et la conversation languissante. — Je ne sais si cette impression m'est particulière, mais je trouve que rien ne donne autant de solennité à une scène, à un paysage, que ce rayonnement d'un soleil immense, cette ardeur dont il embrase la terre et ses habitants, et cette stupeur silencieuse qu'il semble imposer à toute la nature. — Cette journée nous préparait convenablement aux émotions du Sinaï; cette route était digne de nous y conduire.

J'étais sous l'influence que je tâche ici de faire partager au lecteur. L'essor de ma pensée, favorisé, il faut le dire, par la position éminente que Zénon m'avait faite, m'emportait délicieusement à travers des espaces infinis, lorsque je fus rappelé aux affaires de ce monde par le geste animé et la joie bruyante d'Ibrahim, dont le dromadaire cheminait côte à côte avec le mien. — Lorsqu'il m'arrive de tomber ainsi des hauteurs du ciel, je suis tellement étourdi de ma chute, qu'au lieu de ressaisir les rênes pour diriger de nouveau mes pensées dans la sublime carrière, je demeure fracassé sur l'arène, comme un cavalier dont le coursier s'est enfui sans laisser de trace. Dans cette triste position, j'aurais pu bouder Ibrahim et chercher, loin de lui, la solitude en avant ou en arrière de la caravane. Mais, grâce à Dieu, l'essor de mon *génie* n'est jamais assez élevé pour me faire mépriser le terre-à-terre des hommes positifs qui agissent raisonnablement autour de moi, et pour exciter mon courroux contre leurs interruptions. — M'étant donc retourné vers Ibrahim, je vis que, du haut de son dromadaire, il venait de confectionner, chemin faisant, une chemise neuve; il s'en couvrait à l'instant même, et son regard me disait assez qu'il attendait de ma bouche un *Tahieb*, ou du moins un sourire approbateur. L'un et l'autre lui furent immédiatement accordés. *Tahieb* est un mot arabe qu'il est impossible de ne pas se graver dans la mémoire, d'abord, parce qu'il est fort usité; ensuite, parce que ce mot, qui veut dire *bien*, est toujours accompagné par les Arabes d'un mouvement de la tête et de l'avant-bras, qui en explique la signification mieux qu'aucun dictionnaire.

Ibrahim, donc, goûtait dans sa chemise neuve un bonheur d'autant plus grand, qu'en se dépouillant de la vieille, il avait fait divorce avec une légion de parasites appartenant à deux tribus distinctes, fort incommodes l'une et l'autre, non-seulement pour le Bédouin, mais aussi pour le voyageur européen, malgré ses prétentions à l'inviolabilité. — Je puis dire ici à ma louange, que je m'associai au bien-être matériel d'Ibrahim d'aussi bon cœur que si sa joie ne m'eût pas privé, moi, d'un bien-être moral infiniment plus précieux. Avouons-le cependant, j'eus la sotte vanité de mettre mes jouissances en parallèle avec celles de mon guide; et il me sembla que celles-ci étaient dignes de pitié; ma pitié, toutefois, était chrétienne; encore bien qu'il s'y mêlât un peu de fatuité, elle avait son principe dans une dilection toute fraternelle. « Serait-il vrai, me disais-je à moi-même, que pour cet être simple et bon, dont je reçois les services, le présent et l'avenir n'eussent pas de joies plus nobles et plus intimes que celles dont je viens d'être témoin? » Alors, du fond de mon cœur, je recommandai Ibrahim à la divine miséricorde, et j'évitai par là de sentir un trop grand poids d'accablante tristesse s'appesantir sur mon âme.

Le costume de nos guides, auquel je fis alors attention pour la première fois, consiste en une simple chemise blanche fort ample, serrée à la taille par une ceinture de cuir, et qui descend un peu au-dessous du genou; les manches, larges et pendantes, sont taillées en biais et se terminent en pointe. La coiffure est le tarbouch simple, ou bien entouré d'un mouchoir blanc en guise de turban. Ceux qui sont chaussés portent des sandales informes faites d'un cuir grossier. A leur baudrier, qui soutient une espèce de giberne, sont attachées, sur la poitrine, des cornes de chèvre tronquées faisant office d'étui pour mettre des aiguilles, du fil, de l'amadou et autres petits objets d'un usage habituel. Une de ces cornes sert aussi de capsule pour mesurer la charge du fusil; tout Bédouin a le sien. Mais tandis que, chez nous, le fusil à pierre a trouvé une honorable retraite dans les cabinets d'antiques, son règne n'a pas encore commencé chez les tribus de la presqu'île du Sinaï. Une mèche de corde, qu'on place, après l'avoir allumée, dans un chien ou pince de fer, telle est encore, chez ces braves gens, la rivale préférée du silex et de la poudre fulminante. La bassinet consiste en un petit appendice de tôle, incapable de contenir la poudre, de telle sorte, qu'il faut toujours amorcer à l'instant même où l'on va faire feu. Je soupçonne nos Bédouins d'être eux-mêmes les auteurs de leurs fusils, dont ils ont seulement acheté le canon. Leur armure se complète d'un grand couteau ou petit sabre recourbé, dont la lame peut avoir deux fois et demie la longueur de la poignée, et qui est soutenue par la ceinture dont j'ai parlé ; son fourreau, terminé en pointe, est invariablement orné d'un lambeau de cuir tailladé, qui pend en forme d'aigrette à son extrémité. C'est la seule trace de luxe ou d'ornementation que j'aie remarquée dans l'accoutrement de nos Bédouins. Aussi dirai-je qu'il y a, contre l'ordinaire, plus d'enfantillage dans leur caractère que dans leur toilette. Ils rient volontiers et s'amusent à répéter les paroles qu'ils nous entendent prononcer. Leur chant est triste, sans être grave ; c'est tout ce qui se peut imaginer de plus lugubre et de plus monotone. Je suppose qu'ils se lamentent ainsi pour condescendre au goût bizarre de leurs chameaux, qui paraissent gens à se délecter d'une harmonie de cette espèce. J'ai lu, du moins, dans divers voyageurs que ces animaux aiment la musique et le chant, qu'on siffle, qu'on joue des instruments pour hâter leur marche.

Je n'ai jamais envié le sort des rois sur leurs trônes, encore moins celui de leurs puissants serviteurs. Jamais, non plus, ma jalousie ne s'est attaquée aux heureux du siècle qui habitent de somptueux hôtels, entourés de laquais avilis, vivant d'une vie fausse, s'amusant de plaisirs factices et n'admettant trop souvent, avec le commun des hommes, d'autre conformité que celle du vice. — Mais j'ai envié quelquefois l'existence nomade du Bédouin. On ne peut pas nier, du moins, que cette existence ait quelque chose de séduisant pour l'imagination. Le Bédouin, par ses mœurs, nous fait remonter à l'enfance du monde. Lui seul, au milieu des transformations d'une société nouvelle, perpétuera longtemps encore les traditions bibliques et patriarcales. Son existence civile satisfait pleinement au goût d'indépendance qui est en nous. Le Bédouin, philosophe par la pratique, est campé sur la terre et n'y jette aucune racine; ses villes sont des tentes qu'il déroule le soir, qu'il replie le matin et qu'il charge sur ses chameaux; ses affections sont toutes pour sa famille et pour les animaux domestiques dont il reçoit les services; son domaine est partout où croit un peu d'herbe, où surgit une fontaine, pourvu que l'égoïsme légal ne s'y soit point impatronisé. Les contrats et leurs garanties ombrageuses, les procédures, les évictions, et tout cet ennuyeux fatras inventé par la manie d'appropriation, qui constitue chez nous une idolâtrie plus damnable que l'islamisme, les convoitises homicides et les joies cruelles de l'héritier applaudissant aux coups que la mort a frappés dans sa propre maison, tout cela est inconnu du Bédouin; pour lui, la fortune est une grande dame dont il méprise les capricieuses faveurs, et dont le courroux ne peut que l'effleurer. — Entre son chef et lui, point de distinctions avilissantes, point de distances orgueilleusement maintenues, qui placent l'un dans le soleil et l'autre dans la boue. — Parcourez son immense patrie, vous n'y rencontrerez point ces murs jaloux, ces fossés profonds, ces haies déchirantes, par lesquels le pauvre, forclos du domaine commun, est rejeté sur la voie publique, son unique refuge, s'il n'en trouvait un autre dans les cœurs religieux. La constitution physique du Bédouin est régulière et exempte de tout élément superflu; ses maladies sont peu nombreuses et simples comme sa vie. Vous ne verrez point, dans la tribu, ces existences débiles et valétudinaires, industrieusement entretenues, en dépit de la nature et de la mort, qui a toujours une main posée sur la proie qu'on prétend lui ravir. La vieillesse n'est point goutteuse, paralytique, apoplectique, asthmatique ou catarrheuse ; on meurt sans l'aide de la médecine, sans s'être fait petit sous le joug d'une science qui emprunte la plus forte part de son crédit à la peur que nous avons de mourir. La diète est le grand moyen curatif employé par les Bédouins dans leurs maladies.

S'il est exact de dire que l'homme véritablement riche est celui qui sait le mieux mettre ses appétits en rapport avec ses facultés, qui sera plus riche que le Bédouin ? Vêtu de la laine de ses troupeaux, nourri de leur chair et de leur lait, logé sous un toit qu'il a tissu lui-même, et dont ses chèvres et ses chameaux ont fourni la matière ; trouvant dans la location de ses chameaux et de ses ânes le motif d'un salaire suffisant pour acheter ailleurs ce que le désert ne peut lui fournir, il ne rêve point d'autre bonheur que celui qu'il partage avec toute la tribu ; sa convoitise n'est point excitée par le spectacle du luxe d'autrui ; son aisance n'est point dévorée par son propre luxe ; sa compagne, il est vrai, pour rappeler qu'elle est femme, porte au cou des colliers de verre, aux pieds des anneaux d'argent ou de cuivre ; mais ces ornements ne changent point d'une saison à la saison suivante, ni même d'un siècle à un autre siècle.

Les Bédouins de la presqu'île du Sinaï trouvent un moyen permanent d'utiliser leurs chameaux dans les transports des marchandises qui se font de Suez au Caire, et du Caire à Suez ; ils ont encore une autre industrie, qui consiste à réduire en charbon les arbres et les arbustes disséminés dans leurs vallées et sur quelques-unes de leurs montagnes. Ce combustible rendu au Caire se vend à un prix qui doit paraître fort élevé aux acheteurs, et que le vendeur doit trouver bien minime, puisqu'il représente non-seulement la valeur intrinsèque de la marchandise, mais encore le salaire de dix ou quinze journées employées à voyager dans le désert. Dix ou quinze journées d'un homme et d'un chameau pour vendre quoi? Les six ou huit cents livres de charbon que le pauvre animal peut porter sur son dos.

Au coucher du soleil nous faisons notre seconde halte dans un vallon où sont épars quelques palmiers. Au pied d'un de ces arbres stationne une petite caravane composée de quatre chameaux. Nous sommes ralliés par deux de nos Arabes qui s'étaient éloignés ce matin. Je suppose qu'ils ont voulu visiter, en passant, leur famille campée dans quelque vallée voisine de notre route. Un vase de *leben*, offert par la petite caravane, réjouit nos guides, qui s'empressent de nous faire partager le bienfait. — En tous lieux dans tous les temps l'homme s'est montré ingénieux à dénaturer sottement les dons du créateur; heureux s'il avait su borner son industrie aux objets matériels, sans l'exercer sur les bienfaits d'un ordre supérieur dont Dieu avait généreusement gratifié l'esprit et le cœur de sa créature! Le *leben* est, dans l'ordre matériel, un des résultats les plus révoltants de la manie que je signale. Le *leben* me ferait presque pardonner le fromage de Livaro. Le *leben* est un mets aussi aigre, aussi désagréable au palais que le lait est doux et flatteur. Eh bien! le *leben* n'est autre chose que le lait perfectionné par les Arabes. On m'a dit que ce perfectionnement s'obtenait avec l'urine des jeunes chèvres. Ne comptant point l'introduire dans mon ménage, je n'ai point demandé de plus amples explications.

Après un sommeil de peu de durée, je rouvre les yeux sur la scène que le soleil couchant éclairait au moment où je me suis endormi, et qui est devenue une scène nocturne. Nos guides, réunis aux hommes de la petite caravane, ont allumé un grand feu. Dans le tableau circulaire que ce foyer central illumine, on distingue les formes sèches et le geste saccadé des Bédouins debout ou accroupis, qui racontent, fument, ou jettent au brasier un nouvel aliment. Les silhouettes interposées se détachant en noir sur la flamme seraient bien capable de faire naître des terreurs superstitieuses dans l'âme d'un spectateur poltron; et le frisson serait loin de se calmer à l'aspect de ces longs cous et de ces têtes camelesques rudement accusées que nous voyons s'agiter dans la demi-teinte, et qui semblent plutôt appartenir à des habitants de l'enfer qu'à d'honnêtes animaux domestiques. La sombre tête d'un palmier, éclairée à l'envers d'une lueur rougeâtre, étend sur ce tableau un dais majestueux.

Cependant nos guides se séparèrent de leurs amis, et mettant à profit la beauté de la soirée, nous remontons sur nos dromadaires. L'air est tiède, les étoiles sont bienveillantes, la lune verse sur nous une lumière rafraîchissante tandis que des ombres mystérieuses sommeillent au pied des rochers et dans les profondes vallées. — Les nuages blancs qui sont au ciel affectent une disposition assez étrange pour mériter d'être décrits. Partagés en longues bandes ou écharpes équidistantes, ils tracent des arcs de cercle qui vont se réunir, par leurs extrémités, aux deux points opposés de l'horizon, comme les méridiens marqués sur une sphère. Un arrangement aussi régulier doit reconnaître une cause qu'il pourra paraître intéressant de rechercher.

A onze heures du soir, nous établissons notre bivouac dans une vallée où sont épars quelques arbustes. Nos chameaux, qui n'ont pas bu depuis Bir-Suez, ont bientôt épuisés deux ou trois petits réservoirs creusés dans le sable humide d'un ruisseau qui vient de tarir.

## VIII.

Le réveil du désert. — Cuisine arabe. — Dévouement courageux. — Rochers naissants. — Apologie des Arabes. — Leur portrait par Diodore de Sicile. — Station agréable. — Rencontre d'un Bédouin industriel. — Bédouine et son enfant — L'homme est bon !!! — Isolement. — Lecture de la Bible. — L'homme d'autrui.

Autant le réveil du collége m'apportait jadis de tristesse glaciale, autant je trouve de charme au réveil du désert. Ici, point d'amers souvenirs du jour écoulé, point d'appréhensions ou d'invincibles répugnances pour les devoirs et les labeurs du jour qui va commencer. — A coup sûr, je ne rencontrerai point aujourd'hui dans mon chemin la face injurieuse du pédant, ou du fat, ou du richard infatué, ni l'ingrate figure des suppôts du fisc et de la chicane. Aujourd'hui, du moins, mes démarches ou mon inaction, mes paroles ou mon silence, passeront sans exercer la langue venimeuse de cet insigne bavard qu'on nomme le public, de cet argus au regard multiple, pour qui pas une seule vie n'est obscure. — Ici la mollesse n'a aucune prise sur moi : je ne laisse point un vide profond dans le duvet de ma couche; ma tête ne s'était point identifiée avec son oreiller; point de toilette importune et comprimante, point de rasoir à promener sur ma joue, point de compte à régler avec mon hôte, point d'industries parasites à éconduire ou à satisfaire. — Dormir sans interruption pendant les cinq ou six heures que dure le bivouac, m'éveiller doucement au bruit que font nos guides en rechargeant les chameaux, dire à Dieu que je l'aime, que j'espère en lui; implorer humblement sa miséricorde pour l'atome humain abîmé sous cette voûte céleste qui me raconte sa puissance, sa majesté, tel est mon unique soin.

Il était cinq heures du matin, le samedi 4 mai, lorsque nous commençâmes notre septième journée de marche à travers le désert. Les étoiles, infatigables dans leur veille, comme dit l'Ecclésiaste, brillaient encore sur nos têtes, et, près de s'effacer devant l'astre jaloux, semblaient nous adresser un doux adieu. On eût dit qu'elles s'apitoyaient sur nous, à cause de l'écrasante tyrannie dont l'avénement s'annonçait déjà à l'horizon oriental par une lueur rougeâtre.

Nous sommes désormais engagés dans les innombrables circonvolutions des montagnes et des vallées; le paysage prend un caractère de plus en plus âpre et formidable. Aisément pourrions-nous supposer que pas un homme avant nous n'a troublé cette solitude : tant ici la nature se montre sauvage et primitive, tant sa rébellion contre le joug de l'homme est facile et triomphante. Le Bédouin est comme la bête fauve, il promène une vie libre sur un sol libre, et cette indépendance du sol réagit sur l'indépendance de l'homme.

Deux Arabes voyageurs que nous rencontrons font hommage à nos guides d'une sébile pleine de lait aigre (*leben*); il n'en faut pas davantage pour déterminer notre escorte à faire halte, quoique deux heures au plus se soient écoulées depuis le départ. — J'ai peu parlé jusqu'ici de la cuisine du désert; il convient, je pense, d'en dire quelques mots. Toute simple qu'elle est, elle ne se fait point à froid; car le Bédouin aime le pain frais, ou, pour mieux dire, il ne se soucie point de manger sa farine au naturel. De son côté, le voyageur étranger sent le besoin de livrer à son estomac des mets préalablement domptés par le feu, pour que l'assimilation en soit plus prompte et plus facile. De dangereuses affections gastriques, la dysenterie, par exemple, pourraient résulter d'une alimentation trop négligée. — Pour vaquer à la préparation du repas, nos guides ont soin de faire halte dans les lieux le moins privés de végétation; alors chacun de son côté court à la recherche du combustible, et rapporte pour tribut, tantôt un arbuste sec, tantôt un faisceau de broussailles, et souvent aussi, faute de mieux, une collection de crottes de chameau desséchées, et semblables à des noix de noyer. — Tandis que la braise se fait, on pétrit dans un vase de bois une pâte sans levain, qu'on étend en forme de galette épaisse d'un ou deux centimètres; puis quand le feu ne jette plus de flamme, on fait une place nette au milieu du brasier; on y dépose la pâte, qu'elle se nomme pain, galette ou gâteau, peu importe; on la recouvre de cendre et de charbon. Enfin, après quelques minutes, on la retire, non pas cuite, mais chaude et tout à fait semblable à elle-même, si ce n'est qu'elle s'est approprié une couche de cendre qui la colore en gris. Le procédé ne change point lorsqu'il arrive, comme je viens de le dire, que le combustible a été préalablement digéré par les chameaux. — Nos guides, réunis autour de la sébile de lait aigre, achevèrent de la remplir avec leur détestable pain mis en morceaux, ayant soin d'y mêler des oignons, du sel, et je ne sais quelles autres incompatibilités. On voyait les mains noires d'Ismaël, les mains terreuses du Bédouin se rencontrer dans le liquide, travaillant de concert à la manipulation et à l'amalgame de ces substances hétérogènes. Le pain, pris à grandes poignées et fortement comprimé, s'échappait entre tous les doigts de la main comme un mortier bien délayé, puis était repêché par une autre main, enfin, satisfaits de leur ouvrage, nos guides nous en offrirent les prémices. — Dans toute réunion d'hommes, formée sous d'honorables auspices, il se trouve des cœurs intrépides, prêts à se dévouer pour la chose publique. — Tandis que, consternés de la politesse qui nous était faite, nous nous regardions l'un l'autre, M. Coupechêne, fidèle à son principe d'être Bédouin avec les Bédouins, retirait du vase banal sa main arrondie en forme de cuiller, et la portait toute pleine à ses lèvres, qui accomplissaient leur tâche sans qu'un seul muscle, une seule fibre de ce visage héroïque, sur lequel nos yeux étaient démesurément ouverts, trahît la révolte intérieure qui dut être le résultat de cette absorption (1).

M. Rovina était bouleversé de surprise, et je ne sais lequel du dégoût ou de l'admiration se lisait le plus distinctement sur son visage. — Pour moi, recueillant mes souvenirs, je ne me rappelai pas que jamais mon appétit, aux heures de son énergie, se fût cabré contre un mets adopté par d'autres animaux raisonnables. D'ailleurs notre intrépide compagnon, après trois ou quatre récidives, avait essuyé sa moustache avec tant de candeur et de simplicité, qu'il était difficile de reconnaître en lui l'homme qui vient d'accomplir un acte supérieur aux forces ordinaires de l'humanité. Dévoré d'ambition, j'essayai donc de me poser en rival de M. Coupechène; mais la première phalange de mon index, plongée dans le brouet arabe, en retira tout autant qu'il en fallait pour me révéler mon impuissance. De ma vie je n'éprouvai pour le régal d'autrui un dégoût aussi prononcé. Quant aux consommateurs de *leben*, ils devaient naturellement se délecter de cette nouvelle absurdité culinaire; c'était pour eux du lait deux fois perfectionné.

Tandis que nos Arabes, contempteurs intrépides de toute saine doctrine gastronomique, se gaudissaient autour de l'incomparable déjeuner, gravissant les rochers qui nous cachaient le soleil levant, j'atteignis un plateau où je vis se passer un phénomène minéral nou-

---

(1) J'ai négligé, jusqu'ici, de faire amende honorable à mes compagnons pour les choses que je leur fais dire ou faire dans mon récit. On conçoit que je n'ai pas pris note des gestes et paroles de chacun, pas plus que les historiens de l'antiquité n'avaient placé des sténographes auprès de leurs héros, pour recueillir les longs discours qu'ils leur font tenir.

veau pour moi. Des rochers naissaient à la surface du sol et s'y développaient en formant plusieurs tranches distinctes et d'inégale dureté. Déjà la couche inférieure se présentait sous l'aspect d'un superbe albâtre blanc comme la neige et dur comme le marbre. Sur cette première couche se dressait une cristallisation formée assez régulièrement de prismes perpendiculaires, à plusieurs rangs superposés. C'est le même arrangement qu'on remarque en temps de gelée dans les mares vaseuses, où l'eau n'est pas assez pure pour former une glace transparente et continue ; cette cristallisation, maintenant peu solide, me sembla destinée à épaissir la couche inférieure, en acquérant peu à peu la consistance pierreuse. — On rencontre en abondance l'espèce de marbre ou d'albâtre qui parait être le résultat de cette pétrification.

A dix heures, la caravane se remet en marche. Le paysage se rembrunit, les rochers bouleversés se colorent d'une teinte sombre ; çà et là ils sont noirs comme la houille, et leurs ruines encombrent les vallées ; on dirait que la foudre, à coups redoublés, a déchiré leurs flancs. Notre route se poursuit au fond d'étroites vallées et sous la menace de rocs arides qui laissent entre eux des défilés impraticables. La tristesse domine au sein de cette nature ravagée.

Cependant les rencontres d'hommes et de dromadaires deviennent plus fréquentes. Le salut arabe est encore une fois échangé avec deux nouveaux voyageurs qui descendent vers le nord. *Salam aleikum* (la paix soit avec vous), disent nos guides ; *Aleikum essalam*, (avec vous soit la paix), leur répond-on. — Il faut décidément que la paix ait soufflé sa douce influence dans l'atmosphère d'Arabie comme dans celle des Gaules. Est-ce l'âge d'or qui va renaître ? Est-il dans la destinée des peuples, comme dans celle des individus, de revenir à l'enfance avant de terminer leur carrière? Je m'adressais à moi-même ces questions réconfortantes, me rappelant de quelle manière formidable les choses se passent dans les récits des voyageurs nos devanciers, comment on s'aborde le pistolet au poing et la lance en arrêt; comment on évite d'allumer le feu du bivouac et de dresser la tente, de peur d'attirer l'ennemi. — Pockoke lui-même ne fait pas difficulté d'affirmer que la presqu'île de Sinaï est de tout l'Orient le pays le plus dangereux à parcourir; aussi se montre-t-il prodigue d'épithètes injurieuses envers la plupart des tribus qui l'habitent; et pour donner plus de poids à ses accusations, il a soin de varier l'injure dont chaque tribu est nominativement flétrie. — Je me suis senti de très-mauvaise humeur en lisant la relation d'un certain chanoine de Bar-le-Duc, qui fit, en 1697, le voyage du Sinaï avec une caravane composée de deux cents chameaux et deux cents Arabes, « qui, dit le narrateur, faisaient à peu près quatre « cents bêtes, y ayant, à mon sens, très-peu de diffé- « rence entre la vie animale d'un chameau et la vie « brutale d'un Arabe. » Inutile d'enregistrer ici d'autres injures; nous n'eûmes, pour notre part, aucune occasion de les ratifier. Les Bédouins de Sinaï sont, à mes yeux, des gazelles, comparés aux ours que j'ai rencontrés depuis à Damas.

Niebuhr me semble avoir apprécié d'une manière assez judicieuse la plupart des détracteurs de la nation arabe; il avoue que dans les occasions où la générosité des voyageurs qu'ils supposent riches ne répond pas à leur attente, les Arabes sont d'autant plus portés à les voler, qu'ils veulent s'indemniser des peines dont le salaire ne leur est pas suffisamment payé; puis il explique la mauvaise disposition des voyageurs par le déplaisir qu'ils éprouvent lorsqu'il faut délier la bourse. « M. de Breidenbach, ajoute-t-il en forme d'exemple, « parle avec chagrin des Arabes chaque fois qu'il

« lui a fallu payer un péage ou donner pour boire. »

Il me semble qu'un voyageur grave doit s'abstenir de qualifier, avec une injurieuse suffisance, le caractère moral des peuples sur lesquels il a pu, tout au plus, recueillir en courant quelques témoignages dénués de garantie. — Je pourrais, en me fondant sur d'autres allégations, affirmer que les Bédouins de l'Arabie Pétrée sont riches de qualités morales ; ils témoignent une vive tendresse pour leurs enfants, un respect profond pour les auteurs de leurs jours. L'amour de l'indépendance est la grande passion de leurs âmes ; c'est elle qui les attache à leur austère patrie. L'hospitalité antique vit toujours parmi eux, et leur repas, tout insuffisant qu'il nous paraît être, ne leur semble jamais assez pauvre pour ne pouvoir pas être partagé ; c'est le cœur qui parle lorsque, sur le point de prendre leur nourriture, ils répètent selon l'usage : « Que celui qui « a faim s'approche pour être rassasié. » Le parjure est inconnu parmi eux : « Je n'ai point lu dans l'histoire, « dit Savary *(Lettres sur l'Égypte)*, je n'ai point ap- « pris sur les lieux qu'aucun Arabe ait jamais violé la « foi jurée. » Mais, comme il n'y a rien de neuf dans les mœurs de ce peuple étranger à toute innovation, on peut invoquer ici une plus vieille autorité. « De tous « les peuples, dit Hérodote, les Arabes sont ceux qui « gardent leur serment avec le plus de fidélité. »

Je sais que les Arabes comprennent autrement que nous la délicatesse, et que le pillage fut de tout temps leur spécialité, quoiqu'il y ait à cet égard des distinctions à établir entre les diverses tribus. Mais nous sied-il bien de leur contester ce moyen d'existence, à nous qui respectons la fortune du corsaire, du négrier, du télégraphe agioteur, du faussaire, de l'écrivain immonde, etc., etc. ? Au moins, les Arabes voleurs peuvent alléguer pour excuse leur dénûment. D'ailleurs, issus d'Abraham par Ismaël, ils trouvent dans leur histoire un argument spécieux pour légitimer les rapines qu'ils se permettent, et tranquilliser les consciences raisonneuses. Voler les étrangers, c'est, à leurs yeux, reprendre sur les enfants d'Isaac quelques lambeaux de l'héritage paternel, que ceux-ci ont intégralement recueilli au préjudice d'Ismaël et de sa postérité.

Le portrait des Arabes a été tracé par Diodore de Sicile ; il est curieux de le comparer avec son modèle et de constater, après dix-neuf siècles, une ressemblance qui, pour nous autres Européens, gens *ondoyants et divers*, est un véritable phénomène.

Les Arabes errants habitent en pleine campagne, sans aucun toit. Eux-mêmes appellent leur patrie une solitude. Les lieux abondamment pourvus de sources et de ruisseaux ne sont point préférés par eux, dans la crainte que cet appât même n'attire des ennemis dans leur voisinage. Leur loi ou leur coutume ne leur permet ni de semer du blé, ni de planter des arbres fruitiers, ni d'user de vin, ni d'habiter dans les maisons. Celui qui enfreindrait cet usage n'échapperait point à la mort, parce qu'ils sont persuadés que quiconque peut s'assujettir à de telles commodités se soumettra bientôt à des maîtres pour les conserver. Les uns font paître des chameaux, les autres des brebis.

Extrêmement jaloux de leur liberté, à la nouvelle de l'approche d'une armée, ils s'enfoncent dans les déserts, dont l'étendue leur sert de rempart. En effet, les ennemis, ne rencontrant point d'eau, n'oseraient les traverser, tandis que les Arabes s'en étant pourvus dans des vaisseaux cachés sous terre, et dont eux seuls ont la connaissance, se mettent à l'abri de ce besoin. . . . . . . . . . . . . . . . . . . . . . . . . .

Ils accoutument leurs troupeaux à ne boire que tous les trois jours, afin que, dans le cas où il faudrait fuir à travers des sables arides, ils soient habitués à supporter la soif. Pour eux, ils vivent de chair, de lait et de fruits communs et ordinaires. Ils ont dans leurs champs l'arbre qui porte le poivre et beaucoup de miel sauvage, qu'ils boivent avec de l'eau.

Au sortir des défilés, nous voyons s'étendre devant nous une vaste plaine qui s'élève en pente douce. Elle est couverte d'un sable très-fin, auquel ne se mêle aucune pierre; et des genêts, plus élancés que touffus, sont disséminés à la surface. A deux heures après midi, nous faisons halte sur un plateau qui en forme le centre. La station est merveilleuse et très-habilement choisie par nos guides, qui semblent avoir résolu de nous y tenir longtemps; l'air est d'une admirable transparence. Les rocs, qui servent de rempart à la plaine, semblent se dresser à l'envi l'un de l'autre, pour avoir part égale à cette clarté ravissante que le soleil couchant fait ruisseler sur leurs fronts. Ils laissent traîner derrière eux de grandes ombres pareilles aux vêtements de deuil qu'une femme saintement belle a rejetés en arrière, pour livrer à la brise du soir les boucles de ses cheveux blonds et l'harmonieuse pâleur de son visage. Trois chameaux, avec leurs maîtres, stationnent en même temps que nous sur la plaine. Un des guides qui nous avait quittés ce matin reparaît, chargé d'un sac de maïs pour la nourriture des chameaux. Déjà, près des Sources de Moïse, nous avions remarqué une semblable manœuvre; peut-être nos guides ont-ils, comme les Arabes dont parle Diodore de Sicile, des entrepôts souterrains dans le désert.

Un jeune Bédouin paraît sur la plaine, escorté de deux ânes et d'une chèvre aux mamelles arides. Son projet est de nous vendre cette triste pécore, digne veuve du bouc émissaire. Ismaël, notre capitaine, à qui la proposition semble avantageuse, nous fait signe par un geste atroce, accompagné d'une grimace non moins effrayante, qu'il est tout prêt à lui trancher la tête; mais le souvenir de la décoction de peau de bouc nous rend sourds à toute transaction. — Nous fîmes une faute, j'en conviens, en négligeant d'offrir cette proie à nos guides. Il eût été curieux de les voir décapiter la pauvre bête, lui ouvrir le ventre, et lui créer un embonpoint posthume avec le riz, les dattes, la semoule et tous les autres ingrédients qu'il nous était possible de leur livrer, la coudre ensuite et la faire cuire entière sur la braise, puis la dépecer avec les doigts. — La femelle du bouc étant bien et dûment éconduite, son propriétaire essaya sur nous une autre séduction : comprimant entre ses deux mains une outre noire, sale et flasque, il fit sortir par son étroit goulot un liquide épais, visqueux, mal odorant, que l'un de nous reconnut comme devant être du beurre fondu au soleil. Entre ce liquide équivoque, avec son étrange manière de se produire, et les disques jaunes comme la primevère et chargés d'une élégante empreinte que l'on voit, chez nos restaurateurs, nager à la surface d'une eau limpide, la différence était grande. L'un n'est pas plus semblable à l'autre qu'une gracieuse Parisienne ne ressemble à la pauvre Bédouine que nous aperçûmes accroupie au pied d'un buisson, où elle s'était cachée pour attendre le résultat de la négociation, dont elle suivait d'un œil inquiet les péripéties. — Nous abordâmes avec affabilité ce nouveau personnage, dont le costume consistait en une longue tunique de toile bleue, avec de très-larges manches fendues jusqu'au coude, et un caleçon de même étoffe, descendant sur les talons et fort ample, ainsi que la robe. Cette pauvre créature, noire, petite, sans galbe ni animation, donnerait une triste idée de la beauté arabe si elle en était le type, ce que je suis loin de supposer. La tumeur anormale que nous remarquâmes sous son vêtement nous fit croire d'abord qu'il allait en sortir quelque produit appétissant de la cuisine arabe, quelque séduction nouvelle offerte à notre appétit vorace et pourtant dédaigneux ; mais il ne s'en échappa qu'un cri plaintif qui voulait dire : « J'ai soif ; de grâce, quelques gouttes de lait, si par hasard la source n'est pas encore tarie. » — Pour le coup, il nous fut impossible d'y tenir ; et quoique, depuis le Caire, nous eussions laissé reposer nos bourses, chacun de nous sut retrouver la sienne pour contribuer à l'aumône de la pauvre Bédouine. Augustin ajouta aux *paras* (1) quelques morceaux de sucre pour l'enfant invisible, dont il réclama avec instance l'exhibition. La pauvre mère ne put résister, quoiqu'elle semblât envier au sarigue la faculté de faire rentrer son enfant dans son sein. Nous vîmes alors une petite créature maigre, ridée, et qui pouvait avoir quinze jours d'existence. Le nouveau citoyen du désert semblait prendre peu de goût à la vie et devenir Bédouin en réchignant. — L'enfance a le privilége de rendre bienveillant tout regard qui lui est adressé. M. Rovina, en particulier, possédait une de ces âmes tendres sur lesquelles est tout-puissant l'empire de la faiblesse et de l'innocence. Il attachait des yeux humides de larmes sur le sectateur futur de Mahomet, comme sur une proie qu'il serait beau de ravir à l'islamisme. Nous étions sous l'influence d'une pensée semblable, de telle sorte qu'à l'instant où la Bédouine fit rentrer sous sa tunique le maigre nourrisson, il nous sembla qu'elle cachait un larcin fait à notre Dieu.

« L'homme est bon! » me disait, il y a quelque temps, un ami auquel je venais de raconter un trait d'humanité qui honorait un pauvre ouvrier. Il y avait tant de sensibilité chaleureuse, une si grande foi d'homme de bien dans le jet de cette sentence, qu'elle ne sortira jamais de ma mémoire. Puisse la pauvre Bédouine s'être dit à elle-même, en voyant s'éloigner les cinq pèlerins étrangers · « L'homme est bon! » ces mots auront été un tonique pour son âme, et pour nous le plus bel éloge que l'on doive ambitionner.

Les heures s'écoulaient sur la plaine, sans qu'il fût question de départ. Nos deux compagnons ecclésiastiques vaquaient à la prière ou à l'étude; Augustin goû-

---

(1) Petite pièce de monnaie.

tait un sommeil qui était un véritable don du ciel; Lucien faisait cuire le riz pour notre repas du soir et donnait à nos armes des soins affectueux. — Plaçant ma Bible sous mon bras, je cherchai un buisson à l'abri duquel je pusse jouir d'un isolement parfait et d'une belle perspective. Alors je pris plaisir à me persuader que le monde n'existait plus pour moi. Je me souvins de cette magnifique soirée où, seul sur la plus haute cime du Vésuve, à genoux dans la cendre, je récitais ma prière du soir, tandis que le soleil se noyait dans les flots voisins du cap Misène. J'avais, cette fois, un horizon moins vaste. Je ne voyais point s'élancer la gigantesque colonne de fumée qui s'épanouit en nuage épais sous la voûte du ciel. Je n'entendais point les rocs, arrachés aux entrailles de la terre, retomber en pluie dans l'abîme qui les avait vomis; mais j'étais sur la terre où tomba la manne, où fut promenée l'arche sainte. La multitude des enfants d'Israël avait probablement campé sur cette plaine, en s'éloignant de la montagne redoutable; la nuée miraculeuse avait étendu son ombre sur ce sable; la colonne de feu avait rougi le front de ces rochers, et je pouvais me dire : « Tels ces lieux parurent aux enfants de Jacob, tels je les retrouve aujourd'hui. » Ayant ouvert ma Bible au livre des Nombres, mes yeux tombèrent sur le chapitre XXIV, où le faux prophète Balaam, appelé par le roi de Moab pour maudire Israël, tourne sa face du côté du désert.

Et levant les yeux, il vit Israël en ses tentes campé par tribus, et l'esprit de Dieu se saisissant de lui,

Il commença à parler en parabole : Balaam, fils de Béor, a dit : il a dit, l'homme dont les yeux étaient fermés;

Il a dit, celui qui entend les paroles de Dieu, qui a vu la vision du Tout-Puissant, qui est tombé et dont les yeux se sont ouverts :

Que tes pavillons sont beaux, ô Jacob! que tes tentes sont

belles, ô Israël! Elles sont comme des vallées qui s'entendent au loin, comme des jardins le long des fleuves, comme des tentes dressées par Jéhova, comme des cèdres arrosés par les eaux.

L'eau coulera de ses vases, et sa postérité croîtra comme les grandes eaux; son roi prévaudra contre Agag, et son empire sera élevé en gloire.

Dieu l'a tiré d'Égypte, sa force est semblable à celle du rhinocéros. Il dévore les peuples qui lui font la guerre; il brise leurs os et les perce de flèches.

Il se couche pour dormir comme le lion et la lionne; qui osera le réveiller?

Je ne sais combien de temps je passai ainsi, dans une communication intime et délicieuse avec l'historien sacré; car on ne saurait lire la Bible sur le théâtre des événements qu'elle raconte sans être vivement ému, sans rendre hommage, par un ravissement involontaire, à la candeur, à la vérité saisissante de ses récits et de ses tableaux. — Peu de voyageurs ont vu l'Arabie avec d'aussi bons yeux que M. Léon de Laborde; voici comme il s'exprime : « C'est au récit de la Bible qu'il faut « recourir chaque fois qu'on veut remonter à une épo-« que reculée de l'histoire de l'Arabie. Bien qu'elle ne « désigne pas ce pays par son nom et qu'elle ne lui as-« signe pas de limites précises, cependant elle le dé-« peint sous des couleurs plus nettes que ne l'a fait « depuis aucun autre livre. »

Le soleil couchant nous laissa sur la plaine, comme si là eût été le terme du voyage. Nos guides s'étaient successivement éloignés pour visiter leur tribu, campée à quelques milles de distance. Deux d'entre eux n'avaient point encore reparu. Ils s'oubliaient, sans doute, au sein de leur famille. Notre cœur nous disait assez qu'en pareil cas nous n'aurions pas agi mieux. Ismaël seul, n'ayant point de patrie à visiter, nous resta constamment fidèle. C'était une de ces pauvres créatures qui, pour avoir été volées à la société et à leurs familles, ne s'appartiennent plus à elles-mêmes, et cela de par la loi qui garantit à chacun sa propriété. En effet, tout comme le vol s'ennoblit et se recommande à la publique estime, lorsque le voleur est un personnage élevé en considération ou en dignité, il devient pareillement recommandable et digne de la protection des lois, lorsque l'objet ravi est d'une valeur inappréciable; lorsque c'est un homme, par exemple!!! Enlevé comme par la serre d'un oiseau de proie, jeté dans le pêle-mêle de l'infernale caravane qui roule vers le Caire ses vagues noires et fauves, éprouvé par toutes les angoisses du désert, pour passer de la condition humaine à l'état de marchandises, Ismaël avait eu pour première hôtellerie, dans la capitale de l'Égypte, ce hideux bazar où l'on voit, entre le brocanteur qui surfait et le consommateur qui marchande et déprécie, un homme noir de peau qui est surfait, marchandé, palpé, essayé, avec la même convenance, les mêmes égards, que s'il s'appelait bœuf, mouton, chèvre ou taureau.

A neuf heures du soir, nos guides étant de retour, la caravane se remit en marche pour faire halte à onze heures, en un lieu où croissaient quelques genêts de haute taille.

## IX.

Rencontre. — Un cimetière arabe. — Dessins sur un rocher. — Les cailles. — La manne. — Panorama. — Découverte d'un village étrangement situé. — Squelette. — Confession. — Autre cimetière. — Plantes du désert. — La coloquinte. — Le dimanche. — Épanchement. — Un rêve. — Esclandre.

Le dimanche 5 mai, départ à cinq heures du matin. — Après une marche tortueuse entre des montagnes rougeâtres, nous commençâmes à fouler le sable jaune d'une plaine spacieuse. En la parcourant dans toute son étendue, nos yeux distinguèrent, à une assez grande distance, deux chameaux se dirigeant vers nous. L'un portait un Bédouin, l'autre était surmonté d'un objet nouveau, dont la forme étrange nous causa quelque surprise. Cependant, aidé par le souvenir de la gravure dont l'archevêque du Caire nous avait gratifiés, je ne tardai pas à reconnaître, dans cet objet, un moine du Sinaï. Peu accoutumés à nous exprimer en grec, soit ancien, soit moderne, nous nous contentâmes d'échanger, en passant, avec le voyageur, quelques formules de politesse bien légitimement dues à l'homme chez lequel on va s'établir en qualité d'hôte. Quoique nous fussions encore à vingt lieues environ du monastère, un projet de visite de notre part était aussi évident pour les moines qu'il l'est ailleurs pour le châtelain qui voit une voiture entrer dans sa cour. Depuis Suez, nous étions dans les avenues du couvent. Quelques chameaux en liberté, surveillés par deux hommes, s'élevaient aussi sur la plaine, abaissant çà et là leur maigre cou, lorsqu'il leur arrivait de rencontrer une herbe ou un buisson. — Plus loin, nous étant engagés de nouveau dans les montagnes, nous eûmes le plaisir de rencontrer une femme conduisant des brebis d'une blancheur remarquable et des chèvres suivies de leurs nourrissons; puis, bientôt après, s'offrit à nos yeux le premier village arabe que nous eussions encore rencontré; mais il n'avait que des morts pour habitants. C'était un cimetière réfugié dans une étroite vallée. J'en ai traversé depuis plusieurs autres, avant d'avoir pu découvrir la moindre trace d'habitations humaines. Tels sont les peuples nomades : on peut rencontrer chez eux le village des morts, mais on y cherche en vain la cité des vivants. Chaque sépulture était indiquée par une pierre fichée dans le sable, d'où résultait un éparpillement désordonné, sans aucune clôture ou limite précise. Quelle joie j'aurais éprouvée si, sur le rocher voisin, j'avais pu graver, pour épitaphe commune de tous ces morts, quelques textes consolants de nos livres saints; ceux-ci, par exemple :

J'ouvrirai vos tombeaux, je vous tirerai de vos sépulcres, et je vous conduirai dans la terre d'Israël (*Ézéchiel*).

Les morts que vous pleurez vivront, les forts d'Israël ressusciteront ; reveillez-vous, louez le Seigneur, vous qui habitez dans la poussière : votre rosée, Seigneur, est une rosée de lumière et de vie (*Isaïe*).

Vous m'appellerez, Seigneur, et je vous répondrai ; vous tendrez votre droite à l'ouvrage de vos mains...

Cette espérance repose en mon sein (*Job*).

Hélas! je n'y pouvais inscrire que ce triste souhait, formé dans l'amertume de mon cœur : « Qui vous donnera d'être sourds à la trompette du dernier jugement, ô vous qui vécûtes dans l'ombre de la mort! »

— Mais, loin de nous ces lugubres pensées! invoquons plutôt la toute-puissante bonté de Dieu, qui peut faire des chrétiens dans le secret des cœurs et les révélations de l'agonie, comme il sait en faire dans la congrégation des fidèles et dans la cécité du berceau.

Notre première halte de ce jour eut un théâtre assez remarquable : c'était une vallée qui voyait le ciel par-dessus un rempart de rochers abrupts, aux teintes rouges. La base de ces rochers, formée de couches très-distinctes et diversement colorées, ayant été minée par le temps à une assez grande profondeur, a laissé comme une galerie couverte où nous cherchâmes un abri contre l'ardeur du soleil. Près de nous gisaient, sur le sol, des blocs énormes qui, s'étant détachés de la masse, avaient retrouvé là, pour toujours, leur immobilité première. D'autres blocs, déjà déjoints et indépendants, n'attendent, pour se ruer sur les premiers, que la défaillance de leur base, ou la secousse d'un tremblement de terre. Ils sont formés d'une sorte de granit friable, qui s'égraine aisément par le frottement de deux pierres l'une contre l'autre. Les couches inférieures, encore plus incohérentes que les supérieures, causent, en se dégradant, l'écroulement successif de la masse. — Nous ne fûmes pas peu surpris de rencontrer sur le rocher des noms écrits et des dessins d'animaux grossiers, il est vrai, mais qui laissent deviner le chameau, la gazelle et autres habitants du désert. Les dessins, en particulier, me firent éprouver un saisissement pareil à celui de Robinson apercevant l'empreinte d'un pied humain sur le sable de son île. S'ils étaient l'œuvre d'un voyageur européen, ils faisaient, je l'avoue, peu d'honneur à son talent; mais s'ils étaient, comme je le suppose, l'essai d'un Bédouin, ils avaient de quoi surprendre, ce peuple étant étranger aux arts d'imitation.

Je vis courir sur les rochers un assez grand nombre de cailles, qui auraient fait battre le cœur d'un chasseur, et qui me rappelèrent le miracle opéré, en faveur des Israélites, au lieu nommé les Sépulcres de Concupiscence, sépulcres dont nous ne devions pas être fort éloignés. Le récit de la Bible est remarquable.

Une multitude d'hommes d'entre le peuple venu de l'Égypte, tourmentée d'un grand désir, s'assit et pleura, et les enfants d'Israël s'étant joints à eux dirent : Qui nous donnera de la viande à manger?

Il nous souvient des poissons que nous mangions gratuitement en Égypte; nous n'avons point oublié les concombres, et les melons, et les poireaux, et les oignons et l'ail.

(Tels sont aujourd'hui les mets favoris des Égyptiens.)

Notre âme est desséchée, nos yeux ne voient que la manne.

Or, la manne était comme une plante de coriandre de la couleur du bdellium.

Et le peuple allait autour du camp, la recueillait, et la brisait avec la meule, ou la pilait dans un mortier, la cuisait dans un vase de fer, et en faisait des gâteaux qui avaient la saveur du pain cuit à l'huile...

(Telle est encore à peu près la pratique des Arabes dans la préparation de leurs aliments.)

Moïse entendit donc le peuple pleurer dans chaque famille, chacun à la porte de sa tente; et la colère du Seigneur s'alluma; mais ces murmures parurent insupportables à Moïse lui-même;

Et il dit au Seigneur : Pourquoi avez-vous affligé votre serviteur? Pourquoi ne trouvais-je pas grâce devant vous, et pourquoi avez-vous mis sur moi le fardeau de tout ce peuple?

Est-ce moi qui ai conçu toute cette multitude ou qui l'ai engendrée, pour que vous me disiez : Porte-les en ton sein, comme la nourrice porte l'enfant à la mamelle?

**Dieu répond à Moïse, et lui promet que le peuple aura de la viande à manger jusqu'à ce qu'elle lui soit à dégoût.**

Or un vent s'élevant par l'ordre du Seigneur, apporta de la mer des cailles, et les répandit autour du camp dans l'espace d'une journée de chemin; et de tous côtés elles volaient à la hauteur de deux coudées au-dessus de la terre.

Le peuple, se levant donc durant tout le jour et toute la nuit, et tout le jour suivant, recueillit des cailles en si grande abondance, que celui qui en avait peu en avait dix mesures; et ils les firent sécher autour du camp.

Et ces viandes étaient encore en leur bouche, et ils n'avaient pas achevé de les manger; et voilà que la fureur du Seigneur s'émut contre le peuple, et il le frappa d'une très-grande plaie.

Et ce lieu fut nommé Sépulcre de Concupiscence, car on y ensevelit le peuple qui avait désiré la chair.

Comme on le voit, la manne, sous le rapport de sa forme, de sa consistance et de sa préparation, devait ressembler assez exactement à notre orge mondé. On ne peut douter que ce ne fût un aliment parfaitement sain, et qu'il n'y eût tout avantage à s'en nourrir uniquement. Mais les Israélites veulent faire bonne chère, et leur sensualité trouve son châtiment dans la satisfaction même qui lui est accordée, comme il arrive tous les jours à ceux qui font un dieu de leur ventre. — Le

Poussin a exprimé dans son tableau de la manne une idée profonde, lorsqu'il a représenté la lutte acharnée de deux Israélites qui, recueillant la manne l'un près de l'autre, ne sont occupés qu'à se la ravir mutuellement, comme si la terre n'en était pas toute couverte. Le peintre a-t-il voulu donner une leçon aux gens querelleurs et jaloux, ou bien aux riches de la terre qui, pourvus de plus de biens que les appétits d'un seul homme n'en sauraient jamais consommer, allongent néanmoins une griffe mauvaise vers le champ de leur voisin pauvre ou riche ?

Les cailles, auxquelles je reviens enfin, me parurent être d'un gris plus pâle que dans notre pays. Je remarquai plusieurs petits oiseaux dont le plumage avait la même apparence. Il semble donc que les couleurs des animaux du désert tendent au gris, comme pour se mettre en harmonie avec le sable. J'observai aussi un lézard dont la nuance, également grise, était singulièrement agréable à l'œil. C'est, à coup sûr, le même animal auquel M. Dauzats a donné des mamelles et une attitude de sphinx. A la vérité, il est très-difforme, ayant le cou menu, avec une fort grosse tête et un corps épais. J'ai cru reconnaître en lui l'agame variable, plus changeant que le caméléon lui-même. Quant aux serpents à tête de chien, dont le voyageur ci-dessus mentionné a vu une grande multitude, je n'ai pu les reconnaître, n'ayant aperçu aucun serpent pendant tout le cours de mon voyage au désert.

Quoique la chaleur fût excessive sous le reflet des rochers, le lieu de notre station était trop remarquable pour que je négligeasse d'en parcourir les alentours. Me cramponnant aux rochers comme une salamandre incombustible, j'atteignis une vallée plus élevée et plus aride encore que les autres, et de là une sommité prédominante servant de centre à un panorama montagneux, qui a pris place sur mon album. — Au nord, la vaste plaine que nous traversions ce matin, et plus loin la longue chaîne de montagnes derrière lesquelles nous avons passé la nuit précédente; puis, en tournant vers l'est, une autre plaine colorée de teintes noirâtres et ferrugineuses; puis, en continuant de tourner peu à peu sur soi-même, on a devant les yeux une vaste esplanade formée par des cimes de rochers tronqués, qui toutes viennent s'aplatir au même niveau, comme si le frottement d'une planète fourvoyée eût, en passant, limé leurs pitons. Çà et là l'œil peut étudier leur structure et suivre les sections de leurs couches horizontales. Par delà ces rocs décapités apparaissent, dans un magnifique lointain, ces majestueux élancements de la terre vers le ciel qui composent le Sinaï et son cortége. On voit serpenter au premier plan l'étroite vallée que nous allons suivre.

Enfin, si l'on se tourne vers l'ouest, la vue est attristée par une vallée aride, tantôt rousse comme la brique, tantôt noirâtre comme le fer brûlé, et qui a pour lisière une série de montagnes exactement semblables à d'énormes tas de laves, avec leur noirceur cendrée, diversifiée de jaune chaleureux. Ce paysage, coupé d'ailleurs par des gorges profondes et fortement ombrées, offre toutes les nuances que la peinture reproduit avec les couleurs chaudes et bitumineuses, glacées de tons mats, gris ou bleuâtres. J'ai cru que ce panorama, naïvement tracé, satisferait autant et ferait mieux connaître les sites d'Arabie qu'une description en forme, où la phrase se serait arrondie aux dépens de la vérité locale.

En redescendant, ou plutôt en me précipitant par la brusque cassure qui sépare la vallée supérieure de celle où nous étions campés, je découvris, à diverses hauteurs, des habitations qui m'eussent semblé inaccessibles si je les avais d'abord observées d'en bas. La différence de solidité des zones horizontales dont ces montagnes sont formées, ayant déterminé çà et là la ruine et l'éparpillement d'une couche intermédiaire, tandis que l'inférieure et la supérieure sont demeurées intactes, il en résulte, entre un plafond et un pavé naturels, un espace vide ouvert seulement en avant, qui, déblayé et rectifié par un travail facile, forme un gîte bien plus habitable que ne l'est, en Égypte, la cabane du fellah. Pour achever la clôture, des murs assez régulièrement établis forment à ces grottes des façades percées d'une ouverture haute de deux pieds et demi environ. Enfin des saillies naturelles présentent, sur le flanc du rocher, des entablements irréguliers, saccadés, à l'aide desquels, comme de corridors extérieurs, toutes ces grottes étaient rendues plus ou moins accessibles. Plusieurs se trouvaient à l'état de ruine par la rupture de la paroi supérieure ou l'écroulement de la façade ; toutes étaient abandonnées. Ayant pénétré dans quelques-unes de ces demeures, j'y trouvai des ossements, entre autres un squelette humain, auquel j'enlevai le crâne pour le faire voir à mes compagnons, car j'étais frappé de son poids et de son épaisseur extraordinaires, et, tout en regagnant notre quartier, j'édifiai sur ce squelette la charpente d'un roman bédouin, où seraient venus, comme sur le rocher de notre station, se dessiner les principaux habitants du désert. — A qui avais-je volé cette solide enveloppe d'un cerveau dissous ? était-ce le crâne d'un pèlerin comme moi, frappé de mort au moment où il allait envisager la sainte montagne ; d'un explorateur aventureux trahi par la pierre à laquelle il se suspendait, brisé dans sa chute, puis déposé par ses compagnons dans cette sépulture biblique ? Ce pouvait être aussi la tête dure d'un santon ou d'un philosophe fataliste, obstiné à vivre et à mourir seul, pour conquérir un vain renom parmi les hommes ; ou bien encore, le front chauve d'un bon vieillard qui, voyant sa tribu s'acheminer vers d'autres contrées, la supplia d'oublier le moribond et de ne point se charger d'un fardeau incommode, qu'il faudrait bientôt ensevelir dans la poussière du chemin ; ou bien enfin le front maudit d'un scélérat chargé de l'anathème et de la proscription universels. Quel qu'ait été celui qui le porta, sa mort fut-elle tragique ou naturelle, et pourquoi ne repose-t-il pas dans la vallée, sous une pierre semblable aux autres ?

Les voyages rendent l'homme mauvais et oublieux de ses convictions ; se peut-il que le goût du bizarre, de l'extraordinaire conduise quelquefois à des actions perverses des hommes faits et suffisamment désinfectés du collége ? — Je respecte la majesté de la mort, je hais la profanation du cadavre, je suis persuadé que notre siècle, avec ses autopsies et ses investigations putrides, a inauguré, dans l'ordre moral, un abus cent fois plus déplorable que l'ignorance complète de l'anatomie ; et néanmoins j'ai trouvé un jour de la volupté à boire l'eau du Nil dans le crâne d'une jeune fille dérobé aux sépultures de Memphis ; et, cette fois encore, non content d'avoir privé de son crâne le squelette d'un homme, je jetai ce crâne au milieu de notre camp, je le brisai en morceaux, pour en serrer plus facilement les débris ; mais, pour le coup, nos guides, moins sauvages qu'un Français du XIXe siècle, ne purent soutenir cette méchante action. J'entendis murmurer leur groupe indigné : *râhs Bedouinn* (c'est une tête de Bédouin), disaient-ils ; *mous tahieb* (pas bien). Alors, rentrant en moi-même, j'employai mes mains et mon couteau à creuser une petite fosse dans le sable, j'y déposai le crâne brisé, ayant soin pourtant d'en réserver quelques débris ; et j'élevai, sur cette sépulture, une pyramide de pierres informes. *Tahieb ! tahieb !* dirent alors les Bédouins satisfaits.

A onze heures du matin, nous quittâmes cette station intéressante ; nous passâmes près d'un second cimetière semblable au précédent, si ce n'est que les tombes étaient plus nombreuses et que quelques-unes avaient un petit entourage en maçonnerie, haut de deux pieds environ. Il y avait une tombe toute fraîche, que n'avaient point encore vue les yeux de nos guides. — Deux d'entre eux s'arrêtèrent pour remplir un devoir pieux ; ces morts étaient les leurs, je le suppose du moins; ils étaient donc au sein de leur ville capiale, du seul établissement stable que leur tribu eût fondé sur la terre. — A quelque distance du cimetière, deux troupeaux de chèvres paissaient sous la garde de quatre femmes. — Niebuhr, se trouvant dans les parages où nous sommes, eut occasion d'admirer le respect profond des femmes arabes pour le maître sexe. — « Une « dame arabe qui nous rencontra, dit-il, dans une « grande vallée du désert, sortit du chemin, fit conduire « son chameau par le domestique, et continua sa route « à pied, jusqu'à ce que nous fussions passés. Une au-« tre qui nous rencontra dans un chemin étroit, et qui « était à pied, s'assit et nous tourna le dos.» Le tout, en signe de respect pour la dignité masculine.

La caravane s'engage dans une longue vallée ascendante, assez unie d'abord, puis âpre, rocailleuse et resserrée entre les rochers informes, ou, pour mieux dire, entre des masses de montagnes ruinées qui ne plaisent ni par leur disposition, ni par l'ampleur des matériaux. Le désert commence à varier ses productions végétales; presque toutes ont quelque chose de sec, d'ardu, de crispé; ce sont en général des buissons aigres et revêches. On rencontre abondamment cet acacia aux feuilles petites, aux rameaux légers et multipliés à l'infini, aux dards blancs, longs et vigoureux, qui produit la gomme. Il acquiert ici une assez grande hauteur. La perfide coloquinte, abusant de sa ressemblance avec le melon, s'arrondit çà et là sur le sable, et nous sollicite de descendre pour la cueillir. Le fruit est beau et d'un effet remarquable sur le sable aride qui le produit ; je fus séduit, j'en ramassai plusieurs ; mais leur vanité était suffisamment manifestée par le bruit que faisaient les pépins, en se choquant dans le vide. La coloquinte, cependant, n'est pas plus creuse que bien des joies recherchées par le monde ; sa saveur n'est pas plus amère que le retour de l'homme sur lui-même, après qu'il a dévoré ces joies trompeuses. Jurons-le donc à notre conscience : lorsque nous rencontrerons, sur notre route, ce fruit insidieux du désert, que ses charmes ne nous fassent point descendre de nos dromadaires ; ne nous laissons point glisser de la position élevée qu'assure à l'homme moral un généreux empire sur lui-même. Rappelons-nous l'auteur des Proverbes parlant de la femme étrangère :

Ses lèvres distillent le miel le plus doux, ses paroles sont onctueuses comme l'huile.

Mais à la fin elle est amère comme l'absinthe, elle blesse comme l'épée à deux tranchants.

Ses pas descendent dans la mort, ses pieds pénètrent jusqu'aux enfers.

— Et ailleurs :

Sa demeure penche sur l'abîme, et ses voies mènent à l'enfer.

Tous ceux qui entrent chez elle ne reviendront pas, ils ne suivront plus les sentiers de la vie.

Le dimanche, pour un chrétien, ne saurait ressembler absolument aux autres jours de la semaine : or nous étions au dimanche : nos chameaux, il est vrai, cheminaient avec leur persévérance accoutumée : notre tenue et celle de nos guides n'avaient rien qui rappelât un jour de fête ; rien, dans l'aspect de la caravane, ne trahissait expressément une préoccupation religieuse ; et pourtant cette pensée que nous étions au dimanche demeurait fixe dans mon esprit, comme le fond sur lequel se dessinent et se colorent, en passant, toutes les autres pensées. Ce fond n'était point radieux comme il l'est au pays natal en un beau jour d'été, mais il se voilait d'une certaine mélancolie qui me rendait rêveur. Dans ces instants, où les sens, inattentifs aux émotions du dehors, semblent se replier vers le foyer intime où l'âme fait sa demeure, il me semblait entendre, comme un bruissement lointain, le son des cloches villageoises, et voir défiler, sous l'aubépine des sentiers, les paysans endimanchés, se rendant à l'appel du clocher paroissial. — M'approchant d'Augustin, qui subissait en ce moment l'action soporifique d'une écrasante chaleur : « Quelle heure est-il ? lui demandai-je.

Trois heures environ, » répondit-il en m'adressant un regard semblable à ceux que devaient échanger les compagnons de saint Louis, sous le ciel funeste de l'Égypte.

« Trois heures, dis-tu ? eh bien ! je sais parfaitement ce qui se passe en ce moment dans nos familles. Ta mère et tes sœurs viennent d'arriver à l'église ; je les vois d'ici, dans une humble attitude, comme les statues saintes que l'on taillait dans le bois ou dans la pierre, au temps où la foi était vive parmi les hommes. Elles donnent à l'humble congrégation l'exemple de la prière fervente, après lui avoir montré, tous les jours de la semaine, comment on pratique la charité, en visitant, en servant les pauvres, en instruisant leurs enfants. Dans quelques instants, elles vont reprendre le chemin du manoir, après avoir dit à Dieu de toute leur âme : *Nunc dimittis...* Alors, n'en doute pas, on va s'entretenir de toi, et jamais le cœur n'aura mieux parlé ni mieux écouté. Ah ! mon ami, réjouissons-nous, avec une sainte reconnaissance, d'appartenir à des familles où l'on sait ce que l'on doit à Dieu et aux hommes. »

Augustin, pour première réponse, me tendit une main

que je serrai cordialement. « Tu dis bien, ajouta-t-il ; mais si, de leur côté, nos parents s'inquiètent de savoir quelle est, à cet instant, la position des voyageurs, ils gémiront de penser que peut-être il n'y a point pour eux de dimanche aujourd'hui, point de réunion au pied de la chaire et de l'autel.

— Eh bien! repris-je, qui nous empêche de faire ici ce qui se fait là-bas à cette heure même? Unissons nos voix à celles de nos pieux parents; n'importe la distance, lorsque les cœurs et les pensées s'élèvent à l'unisson vers le centre commun de toute existence. Je pense que nous sommes en état l'un et l'autre de réciter les Vêpres du Dimanche. »

Alors nous approchâmes nos dromadaires, nous découvrîmes nos têtes, et, du fond de la vallée déserte, nous fîmes monter vers le ciel les mêmes cantiques qui, de tous les points du monde catholique, s'élevaient alors jusqu'au trône de Dieu. Notre ton n'était point un chant ni une psalmodie ; c'était un débit animé et tout empreint de l'émotion la plus vive. Ainsi notre voix s'élevait et devenait intéressante lorsque nous disions :

Il jugera les nations, il multipliera la mort, il brisera la tête de celui qui a dominé la terre.

Elle s'abaissait, comme pour une communication amicale, à ce verset :

Heureux l'homme qui craint le Seigneur et qui met ses délices à accomplir sa loi !

Mais nous étions transportés de joie et nous bondissions, pour ainsi dire, sur nos selles, à chaque verset du psaume 113, où sont retracés les miracles dont le théâtre était sous nos yeux. Elles étaient là près de nous, les montagnes auxquelles nous disions :

Montagnes, pourquoi avez-vous tressailli comme le bélier? et vous, collines, comme l'agneau?

Et cette mer à laquelle je demandais :

Mer, pourquoi as-tu fui ?

il me semblait entendre, de l'occident, ses flots me répondre :

C'est que la terre avait été émue à la présence du Seigneur, à l'aspect du Dieu de Jacob.

Puis nous reprenions :

Il a changé la pierre en un torrent et le rocher en une source d'eau.

Et alors la secousse que, dans un transport de joie, nous imprimions spontanément à nos montures, les poussait en avant, comme si elles eussent été complices de l'empressement qui nous entraînait vers cette pierre, vers ce rocher miraculeux que nous savions devoir rencontrer au pied du Sinaï, avec la marque incontestable du doigt de Dieu. — Les jours passés au désert composent, si je puis ainsi parler, la couronne de mes souvenirs, et cette soirée est un des fleurons les plus précieux.

Après avoir atteint péniblement le sommet de la longue vallée dont j'ai parlé, et fait par delà un court trajet en descendant, on s'arrête, à six heures du soir, au bas d'une autre vallée ascendante. — Souper à la manière d'Esaü, griffonner quelques notes, chercher pour mon matelas un lieu convenable sur le sable fin de la vallée, en ayant soin de placer en amont mon havresac pour oreiller, puis m'endormir en regardant s'illuminer la voûte du ciel, telle fut pour moi la fin de cette journée.

Mon sommeil était profond et partagé par toute la caravane. Les émotions du jour écoulé se résumaient pour moi en un rêve bizarre : mon squelette de la grotte venait à pas précipités redemander son crâne, et l'ayant saisi à l'instant où je le tirais de mon havresac, il le frottait convulsivement contre sa cuisse aride pour le purger de la rouille dont il était couvert; ce qu'ayant effectué, il me faisait voir dessus une tache blanche et pure comme l'argent, en signe du baptême qu'il avait reçu. Alors les Bédouins accouraient apportant du mont Liban un cercueil en bois de cèdre; le son des cloches se faisait entendre, le rocher de notre station se couronnait d'une flèche aiguë et devenait une église : la foule des fidèles, s'écoulant en silence, disparaissait sous des bosquets de palmiers, de chênes-verts, de sycomores; le clergé sortait à son tour, revêtu d'ornements de deuil. A cet instant, le squelette, me frappant rudement sur l'épaule et me montrant son crâne démonté, exigeait que je lui en fisse la remise solennelle, et que ma propre main le réintégrât aux lieu et place d'où je l'avais détaché. Je m'empressais d'obéir; puis il s'enveloppait de son burnou blanc et se couchait de lui-même dans la bière. Une immobilité subite annonçait alors qu'il avait repris son long sommeil, et le cortége funèbre s'avançait aussitôt vers le cimetière de la vallée déserte. Mais l'asile mortuaire était gardé par le squelette d'un chameau, au sommet duquel un santon momifié brandissait contre le cortége sa redoutable masse d'armes. La procession, sans s'effrayer aucunement, poursuivait sa marche; un prêtre répandait l'eau bénite, et aussitôt le sable du cimetière entrait en effervescence, bouillonnait comme le liquide dans la chaudière, et les ossements des morts, émergeant du sein de la terre, flottaient comme une écume à sa surface; le santon se jetait à la nage avec sa monture et gagnait l'autre bord; un vent violent, s'élevant du midi, balayait les ossements vers un même point; recueillis alors par les Bédouins dans un immense filet, ils étaient placés en équilibre sur le squelette du dromadaire, qui, prenant sa course par le désert de l'Égarement, allait se décharger dans la vallée de Josaphat...

J'en étais là de mon rêve, lorsqu'un vacarme épouvantable vint me rappeler à la vie réelle. Tout le monde s'éveillant à la fois criait à tue-tête : « Qu'y a-t-il donc ? — Où sont-ils ? — Qui a donné l'alarme ? — Ibrahim ! — Joussouf ! — Ismaël ! — Modérez-vous, Lucien ! point d'imprudence. — Quoi ? quoi ? — Parlez ; mais parlez donc ! — Personne ne répond. — Qui donc les a vus ? sont-ils nombreux ? — Rampent-ils ? marchent-ils sur deux pieds ou sur quatre ? — Les a-t-on du moins entendus ? — Ont-ils parlé ? — Ont-ils rugi ? — Ont-ils hurlé ! » — M. Coupechène, incertain de l'ennemi auquel il avait affaire, lui lançait provisoirement des menaces allemandes empruntées à l'idiome de Soleure, sa patrie, idiome plus rauque encore et plus formidable que l'allemand des universités. — Le désordre était surtout infernal parmi les chameaux ; ils se relevaient en bondissant et comme lancés par des ressorts d'acier ; on eût dit que la terre, révoltée de leur difformité, repoussait un contact odieux ; leurs carcasses se choquaient l'une l'autre avec un retentissement effroyable. Zénon lui-même donnait à la philosophie stoïcienne un éclatant démenti. Il fit si bien, qu'en retombant sur ses pieds, il creva une outre pleine, dont le contenu vint inonder le visage de l'un de nous. Complétement réveillé par cette douche imprévue : « Qui diable prétend ici nous mystifier ? » s'écria celui-ci. Au même instant on vit, à la faveur de la lune, se mouvoir un objet étrange, blanchâtre, dont la forme variait à chaque mouvement, et qui me rappela l'animal sphérique aperçu, il y a quelques années, dans la lune, par sir Herschell, au moment où il se laissait rouler du haut d'un rocher dans la mer. — En effet, le mode de locomotion adopté par notre singulier adversaire ressemblait plutôt à une rotation qu'à l'allure d'aucun animal connu dans notre planète. — La curiosité arrêta subitement les hostilités près d'éclater. Nous restions immobiles et dans une stupéfaction muette, ayant soin, toutefois, de nous tenir à une distance raisonnable de l'inconnu, quel qu'il fût. Les chameaux, ayant réussi à l'expulser de leur société, redevenaient plus calmes et reprenaient peu à peu leur austère maintien. Mais l'inconnu, sur qui réagissait en ce moment l'épouvante générale, se livrait aux plus étranges évolutions, tournait sur lui-même, se jetait en avant, en arrière, sur les côtés, comme fait un canard auquel on vient de trancher la tête. — Désireux d'un dénoûment quelconque, j'armai enfin l'un de mes pistolets chargé à poudre, et j'ajustai, pour la forme, l'imprudent phénomène. — *Lah! lah!* ( c'est-à-dire non! non!) fit aussitôt Abdallah; et prenant l'ennemi à deux mains, il mit fin à son rôle en le chargeant sur ses épaules, comme on charge un sac de blé. C'était effectivement un sac, dans lequel notre homme avait enfermé une chèvre destinée à faire route avec nous vers le Sinaï. Révoltée de la torture arbitraire qui lui était infligée, elle avait fait rage de tous ses membres, se heurtant contre un chameau, puis contre un autre. Soit aversion instinctive, soit frayeur, soit susceptibilité, les chameaux, vivement émus, avaient donné l'alarme en se livrant aux extravagances que nous venons de dire.

## X.

Susceptibilité d'un dromadaire. — Paysage. — Djebel-Mouza! — Souvenirs d'enfance. — Le désert du Sinaï. — Coup d'œil sur les événements dont il fut le théâtre. — Le monastère. — Ascension. — Accueil cordial. — Le signor Pietro della Valle. — Les moines du Sinaï. — Réclamation.

Il était environ minuit et demi, le lundi 6 mai, lorsque nous commençâmes à monter la pente au pied de laquelle nous venions de bivouaquer. Le froid de la nuit était assez vif pour gâter le plaisir de cette campagne nocturne. — La chèvre dont j'ai raconté les extravagances avait été maintenue dans le sac, en dépit de sa rébellion, et suspendue au flanc d'un des chameaux portefaix. Les choses allèrent au mieux tant qu'elle eut le bon esprit de se tenir coite; mais sitôt qu'elle voulut renouveler du geste et de la voix ses réclamations, la fureur du chameau se réveilla; il se précipitait en avant, se jetait à terre et donnait les plus grands embarras à son cavalier; venait-il à se calmer, la chèvre reprenait sa partie, et lui de se livrer sur nouveaux frais à toute sa frénésie. Cet incident, qui mettait fort mal à l'aise un homme et deux animaux estimables chacun en son genre, égaya beaucoup la caravane et fit une agréable diversion à l'incommodité que nous causait la rigueur du froid. Je dois dire que je juge ici les impressions des autres sur les miennes propres, au risque de les calomnier.

Arrivés au sommet de la vallée, nous la voyons s'élargir considérablement et former un plateau à l'extrémité duquel s'ouvre pour nous une autre vallée. Sa surface plane, sablonneuse, et qui descend en pente douce, les rochers qui la serrent des deux côtés laissant entre eux une distance toujours égale, la font ressembler à une vaste route encaissée entre deux immenses talus. Des sommets occidentaux descendent de grandes ombres dessinant au naturel sur le sable un paysage montagneux, avec de larges dentelures, qui font passer la caravane de la lumière aux ténèbres et des ténèbres à la lumière. — Nous arrivions au bas de la vallée au moment où le soleil se leva; deux jeunes filles qui conduisaient un âne s'empressèrent de fuir à notre aspect, en grimpant comme des chamois sur les rochers, sans s'inquiéter du baudet ni de son fardeau. A notre gauche se dressait un massif de rochers d'un effet tel, que nous crûmes apercevoir le Sinaï; mais le groupe auquel appartient la sainte montagne est plus loin devant nous, formant un front imposant qui nous sert d'horizon. — Un petit cimetière de Bédouins est encore réfugié au fond de cette vallée. — Je suis porté à croire que Strabon a calomnié les anciens habitants du pays que nous parcourons, en leur attribuant l'ignoble usage de jeter dans un bourbier la dépouille mortelle de leurs parents, ou de la couvrir de fumier. Une telle dépravation est trop opposée à la pratique de tous les peuples et de tous les siècles.

Encore une plaine spacieuse sur laquelle nous prenons un peu de repos. En avançant toujours on découvre deux magnifiques saillies derrière lesquelles se cache le terme de notre voyage. Il est à remarquer que les rocs de cette contrée sont généralement formés d'une pierre grise peu solide, mais renforcée d'une charpente ou, pour ainsi parler, d'une épine dorsale de basalte noir qui dessine leurs crêtes.

Après nous être arrachés d'une série de passages étroits et difficiles, nous rencontrâmes une esplanade médiocrement étendue. Là commence cette agrégation de montagne à grand effet que j'appellerai la famille ou, si l'on aime mieux, la tribu du Sinaï. Elles sont ici d'un ton brun, triste et sévère; leur forme s'est altérée par les éboulements qui ont fait rouler alentour les énormes blocs dont leurs abords sont encombrés. L'œil ne s'arrête pas sans effroi sur une sommité prédominante qui s'élève à notre droite, sombre et terrible comme un monument de réprobation; on dirait un squelette déshabillé et noirci par les coups incessants du tonnerre. Arrivés au pied de cette montagne, nous croyions toucher au monastère, quoique nous ne le vissions pas encore. Mais nous ne devions y être que cinq heures plus tard, après une marche excessivement pénible, à travers des sentiers tellement impraticables, qu'il fallut mettre pied à terre, autant par prudence que par considération pour les chameaux. A tout moment on se heurtait à des blocs de granit détachés de leur base, ou bien on côtoyait un précipice; mais, du moins, il y avait de la joie mêlée à cette fatigue. Çà et là l'eau ruisselait sur le sable, et, tombant dans des réservoirs de granit, formait des fontaines dont l'invitation muette n'était pas, cette fois, une perfidie. Le palmier croissait dans les réduits, concurremment avec le figuier, le baguenaudier et autres arbustes. Les plantes aromatiques que nous foulions aux pieds nous donnaient leurs parfums fortifiants.

Il n'est pas rare de voir les rochers présenter, ainsi que les nuages, des formes qui laissent peu d'effort à faire à l'imagination pour reconstruire des figures d'hommes, de plantes ou d'animaux; mais je crois n'avoir rien vu de plus remarquable en ce genre, ni de plus imposant, que le lion de porphyre qui, du sommet de son piédestal aérien, nous regarda longtemps poursuivre notre laborieuse campagne. Les Israélites seraient à mes yeux moins stupides, s'ils avaient adoré cette imposante figure, au lieu de se faire de leurs propres mains une ignoble divinité. Cependant le défilé s'élargit, le sol se découvre, s'aplanit: nous foulons le sable fin d'une spacieuse vallée qui descend vers le sud, comme une magnifique avenue, entre deux remparts de rochers.... Mais arrêtons-nous ici; descendons de nos dromadaires et découvrons nos fronts; nous voilà face à face de la montagne sainte. — *Djebel Mouza!* (montagne de Moïse!) disent nos Arabes, fiers de nous montrer enfin la grande illustration de leur sauvage patrie; et ils veulent lire sur nos visages l'effet de ce nom auguste; car, si leur simplicité ne sait point se mettre en harmonie avec la curiosité du voyageur savant, artiste ou désœuvré, ils comprennent parfaitement le pèlerin, l'homme qui croit en Dieu et qui court vers les lieux où cette croyance peut se retremper et s'exalter.

Et maintenant venez sympathiser avec nous, parents, amis et concitoyens, qui attendiez le retour du voyageur, pour entendre une fois de plus raconter les magnificences des lieux élus du Ciel. — La voilà devant nous la glorieuse montagne ; sa saillie est haute et forte; elle baigne la sérénité de son front dans les régions voisines du ciel; on dirait un massif d'obélisques gigantesques, s'appuyant l'un l'autre pour monter vers le firmament. Le soleil se plaît à l'inonder de sa plus vive lumière, et vous diriez, tant elle vous paraît belle, que c'est elle seule qui rayonne et qui jette à vos yeux l'éclat dont vous êtes ravi. — Le voilà, ce magnifique faisceau d'architecture divine, plongeant ses racines de granit dans la base que la terre, tumultueusement soulevée à vingt lieues alentour, lui a préparée. Les montagnes voisines s'écartent et se tiennent à une juste distance, de peur que nos hommages n'hésitent entre elles et lui. — La voilà, cette tribune inébranlable où s'est fait entendre la voix qui disait à Moïse : *Je suis celui qui est,* cette voix qui dissipe comme une poussière les vains discours des hommes et qui retentit parmi les rugissements de la foudre, comme au sein du plus profond silence. — Vous ne pensiez pas, sans doute, ô ma mère, lorsque, petit enfant sur vos genoux, j'apprenais à connaître Dieu et sa loi, vous ne pensiez pas que la puissance des noms sacrés que vous graviez alors dans ma mémoire me ferait un jour abandonner ma patrie pour venir ici me souvenir de vos leçons et bénir votre mémoire! On ne saurait douter que la plaine où nous voilà parvenus ne soit le lieu appelé dans l'Écriture désert de Sinaï.

Partis de Raphidim, ils parvinrent au désert de Sinaï et campèrent dans ce désert, et là Israël établit ses tentes, vis-à-vis de la montagne.

Nous aussi, nous sommes vis-à-vis de la montagne; car c'est ici, et non ailleurs, qu'il faut se placer pour l'envisager dans son ensemble, pour la regarder en face, c'est-à-dire sous son aspect le plus imposant et le mieux dessiné. Mais rappelons quelques unes des merveilles dont furent témoins les Israélites dont la multitude couvrait la plaine où nous sommes maintenant. Dieu, parlant à Moïse sur la montagne, lui ordonne de sanctifier le peuple et d'être prêt pour le troisième jour.

Et déjà le troisième jour était venu, et l'aube paraissait; et voilà que les tonnerres commencèrent à se faire entendre et les éclairs à briller, et une nuée très-épaisse à couvrir la montagne, et le son de la trompette éclatait avec force, et tout le peuple qui était dans le camp trembla.

Et lorsque Moïse les fit sortir du camp pour aller à la rencontre de Dieu, ils s'arrêtèrent au pied de la montagne.

Et tout le mont Sinaï fumait, parce que le Seigneur y était descendu au milieu du feu, et la fumée de ce feu montait comme d'une fournaise, et toute la montagne était d'un aspect terrible.

Et le son de la trompette augmentait de plus en plus et devenait plus bruyant. Moïse parlait, et Dieu lui répondait.

Ce n'étaient pas pourtant des lois de colère, des préceptes durs qui se proclamaient avec un si redoutable appareil. Quel est le cœur mauvais qui ne se sent porté à aimer Dieu, entendant ces paroles sortir de la fournaise du Sinaï?

Vous ne contristerez ni n'opprimerez l'étranger, car vous-même avez été étrangers dans la terre d'Égypte.

Vous ne nuirez ni à la veuve ni à l'orphelin.

Si vous les offensez, ils crieront vers moi, et j'entendrai leur cri;

Et ma fureur s'enflammera, et je vous frapperai du glaive, et vos femmes seront veuves et vos enfants orphelins.

Si vous prêtez de l'argent aux pauvres de mon peuple qui habitent avec vous, vous ne les opprimerez point comme un exacteur, et ne les accablerez pas par l'usure.

Si vous prenez en gage le manteau de votre prochain, vous le lui rendrez avant le coucher du soleil ;

Car c'est le seul vêtement dont il se couvre, et il n'en a pas d'autre quand il dort...

Si tu rencontres le bœuf de ton ennemi ou son âne égaré, ramène-le-lui.

Tu n'affaibliras point le droit du pauvre.

Si quelqu'un frappe l'œil de son serviteur ou de sa servante, et qu'ils soient privés de leur œil, il les laissera aller libres pour l'œil qu'ils auront perdu.

Et s'il fait tomber la dent de son serviteur ou de sa servante, il les laissera aussi aller libres.

Mais la perversité humaine apparaît ici non moins étonnante que la majesté de Dieu. C'est ici, sur cette plaine, que les femmes et les filles des Israélites, sacriléges jusqu'à l'héroïsme, détachèrent les bijoux de leurs oreilles pour être jetés en fonte et servir d'objet à la plus monstrueuse des idolâtries ; c'est ici que tout le peuple dansait autour du veau d'or ; c'est là-bas, contre ces rochers, que Moïse indigné brisa les tables de la loi ; c'est ici que le glaive des enfants de Lévi, passant et repassant au travers du camp, par ordre de Moïse, laissa trois mille morts sur l'arène, exerçant ainsi les vengeances de Dieu, sans que le frère, ou le fils, ou l'ami fût épargné ; c'est ici qu'Aaron, frère de Moïse, vit périr ses deux fils dans les flammes.

Et un feu sorti de devant le Seigneur les dévora, et ils moururent devant le Seigneur.

Or Moïse, ayant appelé Misaël et Élisaphan, fils d'Oziel, oncle d'Aaron, leur dit : Allez et emportez vos frères de devant le lieu saint et mettez-les hors du camp.

Et aussitôt allant, ils les trouvèrent prosternés et morts, vêtus de leurs tuniques de lin, et ils les emportèrent hors du camp, selon qu'il leur avait été ordonné.

Ayant atteint l'extrémité de la plaine, nous entrâmes dans la vallée ascendante qui sépare l'Horeb des rochers situés à notre gauche. Deux cimetières arabes et quelques cabanes du plus pauvre aspect sont gisants au pied de la montagne. Le sentier redevient un instant difficile, au fond d'une gorge encombrée de rochers. Mais enfin des cyprès se démasquent, des constructions se dessinent nous touchons au terme du voyage.

Difficilement on pourrait se figurer l'effet que produisent sur l'imagination, au milieu de cette rude et imposante nature, les sombres murailles du couvent de la Transfiguration. Si complet est son abandon, si profond est le silence autour de lui, que toute idée de vie se retire, et que l'on croit rencontrer, en y pénétrant, des hommes endormis depuis des siècles, ou bien des moines desséchés et tombant en poussière dans les stalles vermoulues de leur antique sanctuaire. Les portes sont murées, comme celles de ces tombeaux où l'on enfermait autrefois les vestales criminelles. Que sommes-nous venus faire sous les murs de ce sépulcre? Il n'en faut plus douter, les bons vieillards du cloître ont cessé de vivre, et personne n'est venu prendre leur place, non plus que celles des solitaires qui peuplaient autrefois ces montagnes et dont il ne reste aucun vestige.

— Cependant nos chameaux étaient agenouillés, et nous regardions en haut, vers l'ouverture unique, située à trente pieds de hauteur, par laquelle le couvent semblait accessible, sinon à des hommes comme nous, du moins aux oiseaux de l'air et aux visiteurs célestes. « Voilà bien, me disais-je à moi-même, la confirmation de mes conjectures : une porte pour passer de cette prison terrestre à la liberté des purs esprits, mais aucune issue pour communiquer avec le monde. — Cependant, un cri aigre retentit au-dessus de nos têtes, semblable à la voix rauque d'un sourd-muet, que l'on ne saurait entendre sans tressaillir; c'est le couvent qui rompt enfin le silence par l'organe de son portail aérien roulant sur des gonds rouillés. Une figure maigre, ridée, étrangement expressive, se penche vers nous, avec cette inquiétude d'un homme qui interroge le fond d'un précipice. Nous essayons de faire monter jusqu'à lui quelques formules de politesse, quelques salutations modifiées par les exigences de notre position respective, c'est-à-dire qu'au lieu de s'incliner en avant, nos têtes se renversent en arrière, et que nos chapeaux vont se heurter aux vertèbres lombaires. — M. Rovina agite la lettre de l'archevêque, qui est ici notre carte d'entrée, et l'élevant en l'air, semble attendre qu'une colombe la vienne prendre en son bec; une corbeille est alors expédiée vers nous, au moyen d'une longue corde; comme elle n'apporte rien, nous en inférons qu'elle vient chercher quelque chose, et la lettre y est par nous déposée. — Plusieurs religieux sont maintenant réunis sur le seuil; nous sommes évidemment l'objet de leurs observations. Mais que prescrit ici la civilité? Je livre ce point de controverse aux esprits contentieux. Devons-nous, conservant notre attitude naturelle, présenter aux observateurs le sommet de nos têtes et de nos oreilles, ou bien, conformément à la théorie poétique :

> Os homini sublime dedit, cœlumque tueri
> Jussit et erectos ad sidera tollere vultus!

convient-il de livrer, comme un récipient, notre visage renversé à leur regard vertical? Il me sembla pour mon compte, que cette dernière attitude était de beaucoup la plus civile, bien qu'elle ne fût pas moins incommode que ridicule; je la conservai donc aussi longtemps qu'il me fut possible. Fort heureusement, la corde qui avait enlevé la corbeille étant redescendue, m'offrit un prétexte pour faire redescendre aussi mes regards vers le sol. Elle avait pour mission, cette fois, d'enlever nos effets. Ils lui furent livrés immédiatement, y compris la coulevrine de M. Coupechêne, dont le canon fut respectueusement incliné vers la terre, en signe de déférence et de paix. Le soupirail d'en haut ne les eut pas plutôt avalés, que nous entendîmes grincer une manivelle; et une corde plus grosse que la première vint gravement à notre rencontre. Elle se terminait par une espèce de maille simple ou de boucle, dans laquelle chacun de nous dut prendre place alternativement. M. Coupechêne s'y plaça le premier; et le câble s'enroula sur l'axe d'un cabestan, qui fonctionnait à l'intérieur; notre compagnon fut enlevé comme l'ancre d'un navire, ou comme le poisson suffoqué par un habile pêcheur. Toutefois, appréhendant un mouvement d'oscillation qui l'eût réduit à battre la mesure contre la muraille, il eut soin d'allonger ses jambes en garantie du côté où était le danger et de leur imprimer le mouvement d'une marche accélérée, de sorte que, abstraction faite de la corde, il semblait courir miraculeusement sur un plan vertical. — L'ascension d'Augustin fut calme et digne. Celle de M. Rovina fut dramatique et angoisseuse; car les meilleures têtes, placées à une trop grande hauteur, ne sont point à l'abri du vertige. — Lucien fut héroïque comme à l'ordinaire. — Quant à l'auteur du présent récit, il regrettait en lui-même, pendant le trajet, que les jouissances de l'homme sur la terre et dans l'air fussent de si courte durée, et que le câble du couvent n'eût pas la longueur de cette chaine qui, suivant un ancien système cosmographique, suspendait la terre au ciel; auquel cas, cependant, j'aurais désiré qu'un coussin moelleux le rendit moins tranchant pour les chairs mises en contact avec lui.

Les cinq voyageurs ayant pris pied sur le pallier, et le monastère se disposant à refermer son étrange guichet, nous adressâmes à nos guides et à nos dromadaires un dernier regard et un dernier adieu qui n'était pas sans tristesse. Ismaël seul devait se retrouver, dans quelques jours, sous les murs du couvent, pour servir de capitaine à la nouvelle caravane qui nous ramènerait au Caire. Je ne crains pas de le dire : honte à l'homme qui peut voyager, huit jours durant, dans le désert avec un bon serviteur, et puis s'en sépare avec un cœur joyeux !

La nouvelle de notre arrivée fut bientôt répandue dans le couvent, et les religieux nous entourèrent, comme les messagers d'un monde auquel ils n'avaient pas cessé de porter intérêt quoiqu'ils en fussent oubliés. A leurs questions sur la situation des affaires d'ici-bas, nous répondimes par la nouvelle de la paix conclue entre le sultan et le pacha d'Égypte, par le tableau des fêtes dont le Caire nous avait présenté l'intéressant spectacle. Mais pour satisfaire la curiosité rétrospective de l'auditoire, il fallut fouiller plus profondément nos souvenirs et rappeler des événements passés, de l'*actualité palpitante*, à l'état de rapsodies.

Après cette satisfaction donnée brièvement à l'empressement général, nous fûmes conduits dans une petite chambre, où le supérieur et quelques-uns de ses religieux nous firent asseoir près d'eux, sur le divan. On nous versa, avec une cordialité non équivoque, le café et l'eau-de-vie de dattes, en attendant un fort bon souper, qui nous fut servi par les Pères eux-mêmes. Il se composait, si j'ai bonne mémoire, d'œufs, de riz et de poisson salé très-convenablement assaisonné. Les Pères ne faisant usage d'aucune sorte de viande, il ne s'en trouvait point dans le couvent ; mais rien ne nous charma autant que l'excellente eau fraîche, dont tout cela fut arrosé. Je doute que l'eau miraculeuse de la pierre d'Horeb ait paru meilleure aux Israélites. Depuis longtemps la fraîcheur, la limpidité et la saveur négative n'étaient plus pour nous les attributs de ce liquide ; aussi nous parut-elle plus bril-

lante que le diamant, plus bienfaisante que le vin de
Chypre et de Malaga. En réalité, elle était bien supérieure à l'eau du Nil, et pour le moins égale à celle de
nos meilleures sources. Nous en versions des rasades
qui disparaissaient incontinent, comme les ruisseaux
dans le sable du désert. Ce souper fit de nous des
hommes nouveaux, physiquement du moins; et pour
nous confirmer dans notre béatitude, un religieux, je
ne sais si ce n'était pas le supérieur lui-même, nous
annonça que, par une protection spéciale de la Madone, le couvent était inaccessible aux divers insectes
qui exercent ailleurs sur le corps humain un fâcheux
usufruit. Au moment où cette assurance nous était
donnée, mon regard, tombant sur la manche de ma
veste, y découvrit un être doué de mouvement et fort
laid, tout à fait étranger à mes connaissances en histoire naturelle. Comme il avait environ la grosseur d'un
grain de chènevis, et que sa fuite était très-lente, je
craignis qu'il ne fût aperçu de nos vénérables hôtes, et
qu'il ne leur fît l'effet d'un démenti doublement impertinent. — Les observations auxquelles je me suis livré
dans la suite me portent à croire que ce désagréable
promeneur avait fait fausse route, et que sa véritable
patrie était la bosse de mon chameau.

Nous fûmes invités à demeurer au monastère aussi
longtemps que nos projets ultérieurs pourraient nous
le permettre. Deux petites chambres, ayant chacune un
divan alentour et un tapis au milieu, furent mises à
notre disposition pour la nuit; elles communiquaient
ensemble par une galerie extérieure, où nous pouvions
nous réunir pour converser et jouir de la fraîcheur de
l'air. Un Sybarite eût été, je l'avoue, médiocrement
satisfait d'un tel gîte; car le divan qui nous tenait lieu
de lit avait une élasticité proportionnée à son épaisseur, c'est à-dire très-minime; et quant aux draps,
couvertures, etc., c'était à nous d'y suppléer par notre

industrie. Il était temps, néanmoins, de nous assurer que nos vêtements, par l'effet d'un contact chronique, n'étaient pas devenus partie intégrante de nous-mêmes. Nous éprouvâmes, à nous en dépouiller, un véritable plaisir; et nous prîmes la résolution d'imiter désormais, pour nos campagnes du désert, l'excellente précaution de signor Pietro della Valle. — Un heureux hasard m'avait fait rencontrer, chez un bouquiniste de Rome, la relation de cet estimable voyageur, que la savante et courageuse mère des Gracques, s'il faut en croire le traducteur français, aurait été glorieuse d'adopter pour relever l'honneur de sa famille éteinte. J'avais acheté le bouquin, et mis à part, à titre de *vade mecum*, les pages consacrées aux pays que j'espérais parcourir. Ayant retrouvé ces pages au fond de mon havresac, au moment où j'en retirais une chemise blanche, j'y lus avec admiration ce qui suit. (L'auteur parle des nuits qu'il a passées dans le désert.) « Chacun dor-
« mait sur son matelas avec de bonnes couvertures;
« pour moi j'avais des draps; aussi je me déshabillais
« et changeais même de chemise tous les soirs. Je me
« repens de n'avoir pas fait apporter la bassinoire, dont
« il ne me souvint pas, parce qu'au Caire je ne m'en
« étais point servi. Mais une autre fois je ne l'oublierai
« pas, je vous assure, et ferai bonne provision de pe-
« tits charbons, seulement pour cet effet. Toutefois,
« on n'a jamais manqué de chauffer ma chemise, non
« plus que mes habits, quand je m'habillais le matin.
« L'eau chaude, non plus, ne manquait pas pour me
« laver le visage. » L'homme qui ménageait ainsi sa peau devait avoir une nourriture à l'avenant et se soucier peu d'être pourfendu par l'échine d'un drodamadaire aux allures brutales; aussi nous apprend-il que son bagage se composait, entre autres choses, de grandes cages d'osier pleines de poulets vifs, quantité d'orge mondé et de riz, « desquels, dit-il, je me trouve

« parfaitement bien en mon particulier, principale-
« ment quand ils sont assaisonnés de sucre et d'épices,
« ou qu'ils sont cuits avec les amandes; le lait et le
« beurre. » Il n'enfourchait point, comme nous, le dromadaire; mais il se tenait assis dans un panier suspendu aux flancs de l'animal. « Ce panier était doré,
« bien peint, et orné de plusieurs galanteries. » Les malles du voyageur lui faisaient équilibre sur le flanc opposé. Il eut plus tard pour contre-poids non plus des des valises, mais une superbe femme bien et dûment épousée à Bagdad, et qui dut compléter son bien-être. On voit que la savante et courageuse mère des Gracques, en admettant l'adoption ci-dessus proposée, aurait pu, à bon droit, se rassurer sur la santé et la bonne vie de son cher enfant. Je rapporte ceci, afin que l'on sache qu'il y a plusieurs manières de voyager dans le désert, et que la nôtre est la plus vulgaire.

Le couvent de la Transfiguration, où nous voici installés, fut, dit-on, fondé par sainte Hélène et amplifié par Justinien; mais, comme les chrétiens d'Orient ne manquent guère de faire intervenir sainte Hélène dans toutes les fondations pieuses dont l'origine est obscure, il est présumable qu'on lui a faussement fait honneur de celle-ci, comme de plusieurs autres. Ce serait en 527 que Justinien aurait jeté les fondements du monastère. Les religieux qui l'habitent sont du rit grec schismatique; ils reconnaissent, comme presque tous les moines d'Orient, saint Basile pour leur fondateur. Cette filiation spirituelle est belle et glorieuse sans doute; mais ceux qui s'en glorifient devraient apprendre de leur admirable patron, comment on résiste aux puissances de la terre lorsqu'elles usurpent le domaine spirituel. Il y a un grand nombre de Russes parmi les Pères du Sinaï, et le couvent est placé sous la protection spéciale du gouvernement moscovite, comme les religieux de la Terre-Sainte sous le patronage de la

France. Il nous sembla que les moines du Sinaï n'étaient nullement entêtés dans l'erreur qui les sépare de notre communion. On conçoit, en effet, que des hommes graves pratiquant toutes les austérités de la vie monastique éprouvent plus de sympathie pour le successeur de saint Pierre, pour le vieillard vénérable exclusivement occupé de conduire dans les divins pâturages le troupeau commis à ses soins, que pour l'autocrate jaloux, placé à la tête des agitations politiques, exposé, plus que nul autre, dans sa vie publique et privée, à l'assaut de toutes les passions mauvaises, homme aujourd'hui, femme demain, et qui prétend ajouter à tous les sceptres dont sa main est chargée le sceptre sacré des consciences.

## XI.

Séjour. — Intérieur du monastère. — Église. — Le buisson ardent. — Reliques de sainte Catherine. — Le chemin de la vie est sur les hauteurs. — Bibliothèque. — Jardin. — Promenade délicieuse. — Tribut aux Arabes. — Régime intérieur du couvent. — Invitations cordiales. — Firman de Mahomet. — Le registre des voyageurs.

Les jours peuvent s'écouler agréablement, même entre les murs d'une prison, d'une forteresse ou d'un couvent.—Le lendemain de notre arrivée fut employé à prendre un peu de repos, à faire des visites, à en recevoir, et à parcourir l'intérieur du monastère. Le Père Jean de Céphalonie, qui, seul de tous les moines, savait un peu d'italien, fut mis à notre disposition et nous servit de guide. — Il existe encore sur plusieurs points de l'Europe, et notamment en Italie, un assez grand nombre de petites villes qui ont conservé leurs hautes murailles du moyen âge et qui s'y tiennent tristement enfermées, cette enceinte étroite suffisant à une population stationnaire où décroissante. Tel est à peu près le monastère du Sinaï. A qui voudrait des images riantes, je dirais : Figurez-vous un ample paravent, que des enfants ont disposé en forme de forteresse carrée, pour jouir dans ce réduit d'une séquestration parfaite. Mais l'aspect intérieur est complexe et singulier. C'est un pêle-mêle de cours élevées ou profondes, de puits, de fontaines, de maisonnettes rustiques, d'ateliers, de cellules, d'escaliers de pierre accollés aux murs des édifices, d'encorbellements soutenant des corridors ou galeries extérieures, montant, descendant, pour lier entre eux tous ces habitacles incohérents qui se jouent du niveau et de l'équerre. Ajoutons à tout cela une église, vingt-cinq chapelles éparpillées, un moulin, des cyprès et autres arbres sortant du milieu des pavés, et nous aurons décrit en peu de mots ce hameau singulier, dans lequel un peintre amateur de sites restreints pourrait s'occuper pendant plusieurs mois, sans épuiser l'élément pittoresque. Il peindrait avec amour les petites fenêtres aux vitres diversement coloriées, dont le bariolage et la forme capricieuse contrastent avec la couleur grise des murailles, formées de blocs informes de granit ou de sable étendu de ciment.

L'église, moins remarquable par son architecture que par les ornements prodigués à l'intérieur, se partage en trois nefs séparées par deux rangs de colonnes de granit mal assorties. Son pavé se compose d'une mosaïque en marbre de diverses couleurs. De toutes parts sont appendues des images saintes et des tableaux tels, qu'il ne s'en voit point de semblables dans nos musées. Plusieurs de ces tableaux qui m'avaient semblé fort anciens, n'ont pas plus de cinquante ans d'existence; d'où je fus induit à conclure que la peinture byzantine, dont il offrent le spécimen, est restée complétement stationnaire dans son genre sec et roide. Il se peut qu'il y ait de grandes beautés latentes sous cette apparences sévère; mais mon œil était trop accoutumé à la peinture moelleuse des écoles occidentales, pour bien apprécier un genre complétement différent.— Des ouvrages de marqueterie incrustés de nacre, des lampes nombreuses aux formes élégantes et très-richement travaillées concourent, avec les tableaux, à l'ornement de cette basilique, où l'on ne voit aucune statue, conformément à la prohibition du rit grec, qui interdit la présence, dans les églises, de toute figure taillée, soit en ronde-bosse, soit en bas-relief.

Ici, comme dans les autres églises d'Orient, le sanctuaire est séparé de la nef par une cloison chargée d'ornements, au milieu de laquelle s'ouvre, vis-à-vis de l'autel, une porte en arcade, tendue d'un simple rideau. Cette cloison et ce rideau, qui ne sont point de fantaisies nouvelles, rappellent ce voile qui cachait le Saint des saints dans le temple de Jérusalem. — Au fond de l'abside et derrière l'autel, se cache l'entrée d'une petite chapelle... Mais avant d'y entrer, nous quittâmes nos chaussures, à l'imitation de Moïse, lorsque Dieu l'ayant appelé lui dit : « N'approche point d'ici, ôte ta chaus- « sure, car la terre sur laquelle tu t'arrêtes est une « terre sainte. » Nous étions à l'endroit où l'on place l'apparition du buisson ardent. Le lieu précis de sa situation est marqué par un autel retiré dans une niche demi-circulaire. Sous cet autel, des lampes toujours allumées perpétuent la mémoire du miracle. — Que le buisson ardent ait réellement occupé cette place ou qu'il ait apparu quelques centaines de pas en deçà ou au delà, c'est chose peu importante à mon avis. Je suis même très-porté à croire que, dans le principe, le lieu où nous sommes fut arbitrairement choisi pour y commémorer le miracle de la vocation de Moïse, qui eut lieu dans cette vallée. — Mais de quelle satisfaction le voyageur n'est-il pas pénétré, en retrouvant ici, dans leur vérité primitive, les lieux et les mœurs décrits au plus ancien de tous les monuments historiques! ouvrons la Bible au troisième chapitre de l'Exode :

> Or Moïse paissait les brebis de Jéthro, son beau-père, prêtre de Madian ; et un jour qu'il avait conduit le troupeau au fond du désert, il vint à la montagne de Dieu en Horeb.
>
> Et le Seigneur lui apparut dans la flamme d'un feu au milieu d'un buisson ; et il voyait que le buisson brûlait et ne se consumait point.
>
> Moïse dit donc : J'irai, et je verrai cette grande vision, et pourquoi le buisson ne se consume point.

Rien de plus naïvement exact que ce tableau. — Le loisir du pasteur qui promène ses regards sur la campagne, le fond du désert, le buisson, les troupeaux, tout cela est encore présent devant mes yeux à l'heure où j'écris. Les buissons sont presque la seule végétation de ces déserts parcourus aujourd'hui, comme autrefois, par des troupeaux et des pasteurs ; la vallée du couvent peut bien s'appeler aussi le fond du désert, puisque nous sommes au pied des plus hautes montagnes de cette contrée.

Une châsse de marbre, placée dans le sanctuaire, renferme les reliques de sainte Catherine, vierge d'Alexandrie, qui souffrit le martyre sous l'empereur Maximin II. Une confusion de mots a donné lieu à la pieuse tradition suivant laquelle le corps de cette sainte aurait été déposé par les anges sur la haute montagne voisine du Sinaï, et gardé par eux pendant trois cent soixante ans, puis transporté solennellement par les religieux dans leur église, après que l'un d'eux eut appris, par révélation, en quel lieu gisait cette précieuse relique. Suivant un commentaire adopté par Godescard dans la *Vie des Saints*, il faut interpréter cette légende en se rappelant que les moines étaient anciennement appelés anges, à cause de leurs fonctions toutes spirituelles, et rapporter aux moines ce qui est attribué aux esprits célestes. Ces saintes reliques ne nous furent point montrées ; mais le R. P. de Géramb, qui les vit à découvert peu de temps avant notre voyage, en donne une description détaillée.

« A dix heures du matin, dit-il, on vint me chercher en grande cérémonie pour me conduire vers la châsse, que l'on devait ouvrir. Les supérieurs et la communauté se trouvaient à l'église ; toutes les lampes étaient allumées. On m'avait prévenu que les reliques de la sainte avaient cela de merveilleux, qu'elles répandaient autour d'elles un parfum suave. En effet, à peine la châsse fut-elle ouverte qu'il s'en exhala l'odeur la plus agréable. Le supérieur prit d'abord respectueusement dans ses mains la tête, qui était enveloppée d'un drap d'or et surmontée d'une couronne aussi d'or, attachée avec beaucoup d'art. Cette tête était toute noire. Puis on tira la main, qui a conservé une extrême blancheur. Je remarquai aux doigts, dont les ongles paraissaient encore, plusieurs bagues précieuses, une entre autres en diamants d'une grande beauté. On me parla d'un anneau d'un bien plus grand prix, que la sainte, me dit-on, avait reçu de notre Seigneur lui même, et qu'elle avait au doigt lorsqu'on la découvrit sur la montagne qui porte son nom ; mais on ne me le montra point ; il est gardé très-religieusement et ne peut être touché que par le patriarche. »

On raconta au Père de Géramb, touchant cet anneau, l'aventure prodigieuse d'un certain archimandrite que l'impératrice Catherine avait envoyé au Sinaï pour porter des présents aux religieux et leur demander, au nom de l'impératrice, le précieux anneau. La négociation avait réussi, grâce au nom tout-puissant dont elle était appuyée ; mais tandis que l'archimandrite, revêtu d'ornements magnifiques, s'avançait vers la châsse, des flammes dévorantes s'en échappèrent soudain, brûlèrent les ornements et poursuivirent le téméraire, qui fut heureux de trouver son salut dans la fuite. Le merveilleux de cette histoire n'est pas un motif suffisant pour la rejeter absolument. Le feu de la châsse de sainte Catherine pourrait bien être proche parent du feu sacré dont la recette, comme l'on sait, appartient aux Grecs.

et qui déshonore chaque année les cérémonies de la Semaine sainte dans l'église du Saint-Sépulcre. L'artifice de cet autre feu *grégeois* serait justifié par le danger dont les Pères du Sinaï pouvaient se croire menacés s'ils se refusaient à l'ardent désir de leur auguste protectrice. La ruse fut de tout temps l'arme de la faiblesse aux prises avec la puissance.

Les reliques de sainte Catherine sont le trésor, le joyau spirituel de la presqu'île du Sinaï. L'anecdote suivante témoigne de l'affection jalouse dont la vierge d'Alexandrie est l'objet de la part de ses gardiens. Elle est racontée par don Juan de Castro, capitaine portugais, qui, conduisant en Asie une expédition nombreuse, relâcha à Tor, où existait une communauté succursale du Sinaï. « Les moines de Tor, est-il dit, « apprirent aux Portugais de la flotte que le mont « Sinaï était à peu de distance dans les terres ; mais « s'imaginant qu'ils ne venaient avec une armée nom- « breuse que pour enlever le corps de sainte Cathe- « rine, les religieux feignirent de l'avoir transporté au « Caire quatre mois auparavant, dans un chariot doré, « à la prière des chrétiens du pays, et de l'avoir mis « en dépôt dans un monastère de cette ville. » — Je ne sais si de nos jours une inquiétude semblable préoccuperait le couvent du Sinaï.

Une partie des reliques de sainte Catherine fut, au XIe siècle, transportée à Rouen par Siméon, moine du Sinaï, qui venait en cette ville pour recevoir l'offrande annuelle de Richard, duc de Normandie. Le signor Pietro della Valle, dont j'ai eu occasion de parler ci-dessus, fut très-aimable envers sainte Catherine ; il lui fit don de son portrait, peint tout exprès, et enrichi de fort belles basses-tailles.

Le monastère possède aussi les reliques de saint Jean Clymaque, qui fut élu, en 600, abbé du mont Sinaï et supérieur général des moines et anachorètes du pays; il avait alors soixante-quinze ans, dont cinquante-neuf s'étaient saintement écoulés dans les grottes de ces montagnes, toutes peuplées en ce temps-là de pieux ermites.

Le chemin de la vie est sur les hauteurs, dit Salomon. On éprouve sur le Sinaï la vérité de ces paroles; jamais je ne sentis en moi tant de séve juvénile, jamais je n'offris à l'infusion des nobles pensées une âme plus altérée de vérité et de vertu; jamais je ne compris mieux l'exaltation magnanime qui donna jadis des hôtes nombreux aux ermitages de cette âpre Thébaïde. — Heureux les hommes qui s'approchent ainsi du divin séjour pour prêter l'oreille aux harmonies célestes, pour vivre à l'avance de la vie des anges! Ne les jugeons point avec nos idées étroites; mais que la grandeur d'âme dont ils eurent besoin pour immoler eux-mêmes, au début de la carrière, leur humanité terrestre, nous serve à mesurer toute la majesté d'une vie qui fut comme la tige et les rameaux de ce sacrifice radical.

De l'église, nous fûmes conduits à la bibliothèque. C'est un cabinet étroit où reposent, dans une paix profonde et un entassement confus, des manuscrits, grecs pour la plupart. Notre savant compagnon, M. Coupechêne, dont le cœur battait bien fort en pénétrant dans ce sanctuaire de la science, en sortit très-calme et très-peu satisfait. Les choses se passent ici, du moins je le suppose, comme dans les nécropoles de la haute Égypte, où chaque voyageur s'est emparé de ce qui était à sa convenance, c'est-à-dire des objets les plus précieux.

Après que nous eûmes suffisamment visité l'intérieur de la forteresse, le Père Jean, nous ayant fait signe de le suivre pas à pas, s'engagea dans une galerie basse, étroite, ténébreuse, protégée à ses deux extrémités par des portes épaisses, garnies d'une armure de fer. — Nous descendions en silence cette sombre avenue, sans pouvoir deviner où le bon religieux prétendait nous conduire, et convaincus qu'il nous menait à de lugubres catacombes, ou bien à quelque charnier dans le genre de ceux des Pères capucins de Sicile; mais, à l'instant où je croyais être à trente pieds sous terre, une porte s'ouvrit, et nous sentîmes la chaleur d'un beau soleil qui se jouait dans la verdure diversifiée d'un charmant bosquet; nous entrions dans le jardin du couvent. — Il faut être dans la disposition où le désert nous avait mis pour comprendre l'effet de cette vision inattendue. C'étaient les arbres de France et ceux d'Italie, le figuier, le poirier, l'amandier, l'olivier, le citronnier, le pommier, le grenadier, tous frais et vigoureux, enfonçant leurs racines dans une véritable terre végétale, tandis que leurs rameaux inclinés se miraient dans l'onde fugitive d'un ruisseau, ou dans la nappe transparente d'un bassin creusé dans le roc. Çà et là, des blocs de granit restés debout au milieu de la verdure, semblaient protester contre l'invasion de l'industrie dans cet antique domaine de la nature sauvage. — Plusieurs terrasses en amphithéâtre composent l'ensemble du jardin, qui, par l'abondance des eaux, par un air tout à la fois sauvage et bien ordonné, par l'inégalité de son niveau, par les efforts de l'art et la rébellion de la nature, me rappela la vallée de Roya, de gracieuse mémoire. On prétend que toute la terre de ce jardin, qui est très-spacieux, a été apportée à dos de chameau des bords du Nil. La chose est croyable, dans un pays où l'on peut, sans frais excessifs, mettre en mouvement des caravanes de trois ou quatre cents chameaux. Je ne crois pas cependant faire une part trop forte à l'exagération, qui se mêle partout, en supposant que les engrais seuls auront été apportés d'Égypte. — Les légumes sont cultivés à côté des arbres fruitiers. Le bas du jardin est occupé par un plan de vignes, qui donne chaque année au couvent cinq ou six barriques de vin d'assez bonne qualité. Les Pères le réservent pour le sacrifice de la messe. Cependant ils nous en versèrent plusieurs fois avec une cordialité si naïvement manifestée, que nous ne crûmes pas devoir résister à leurs instances. « Tout ce que possèdent « ces bons religieux, dit à ce sujet l'auteur de *Rome* « *et Jérusalem*, semble moins à eux qu'à ceux qui « les visitent. Saint Hilarion ne trouverait pas, à coup « sûr, un goût d'avarice à leurs fruits et à leurs lé- « gumes. »

Je parcourus à plusieurs reprises cet Éden du désert, tantôt côtoyant le ruisseau, tantôt m'élevant au sommet des terrasses étagées; puis je choisis, à l'ombre des oliviers, un rocher commode, sur lequel je m'assis pour ajouter une page ou deux à mon livre de notes, et laisser, du moins sur le papier, quelques vestiges des instants les plus heureux de ma vie. — J'aurais volontiers fait le sacrifice de mon souper pour que mon père et les autres parents, qui peut-être, en ce moment, s'inquiétaient en se souvenant de moi, eussent pu me voir ainsi occupé sur la base du Sinaï, dont la grande ombre s'avançait majestueusement pour m'envelopper.

Le jardin a une pente générale vers le nord; sa température est assez froide pour que le citronnier y souffre beaucoup dans les hivers rigoureux. De hautes murailles servant d'appui aux terrasses intérieures, forment une enceinte d'autant plus pittoresque qu'elles sont irrégulièrement construites de blocs informes. De magnifiques cyprès, s'échappant des profondeurs de cette prison par un élan majestueux, semblent, pour qui les voit du dehors, porter vers le ciel les vœux des humbles moines. A l'extrémité inférieure du jardin, le portier du couvent fait sentinelle sur une espèce de brèche, qui est, en temps de paix, la porte usuelle de cette résidence, celle par où nous entrâmes hier étant, à ce qu'il paraît, la porte d'honneur. Quoique la brèche soit loin d'avoir la hauteur imposante de l'entrée principale, elle est encore de dix-huit pieds plus élevée que le sol du désert. On monte et l'on descend en se tenant fortement à une corde, tandis que les pieds cherchent un appui sur la saillie des grosses pierres mal jointes dont est formé le parement extérieur de la muraille. C'est ce chemin que nous avons suivi chaque fois qu'il nous a plu de sortir du couvent et d'y rentrer; et je m'applaudissais fort de pouvoir en user, car la nécessité de recourir au cabestan et d'implorer l'assistance des religieux eût été pour moi équivalente à l'entière prohibition de sortir. — Si l'on était menacé de quelque danger, la porte usuelle se fermerait, la corde serait retirée, et le jardin, fût-il même envahi, les moines seraient encore suffisamment défendus par les deux énormes guichets garnis d'acier qui ferment l'étroite galerie. Les moyens d'attaque du Bédouin sont si misérables, et les religieux sont si bien retranchés dans leurs murailles qu'ils peuvent, à bon droit, se croire inexpugnables, comme l'aigle qui a placé son nid entre le ciel et la terre.

Il existe bien une porte au niveau du sol, mais elle est murée et ne s'ouvre que pour livrer passage à l'archevêque, c'est-à-dire presque jamais.

Lorsque Thévenot visita le Sinaï, les religieux s'étaient retirés à Tor pour punir les Bédouins d'avoir volé un convoi qui apportait des provisions à la communauté. Cette retraite dut avoir toute l'efficacité d'un blocus rigoureux : les Arabes voisins du Sinaï recevant habituellement du monastère leur principale subsistance. Suivant Thévenot, ils se présentaient en ce temps-là au nombre de cent cinquante, deux cents et même quatre cents par jour, pour réclamer la contribution accoutumée. Il m'a semblé que le nombre de ces dispendieux visiteurs avait beaucoup diminué depuis le dénombrement de Thévenot. Chaque homme reçoit en tribut quatre petits pains, les femmes et les enfants n'en reçoivent que deux. Naguère encore, la communauté était tenue d'y ajouter de l'huile et quelques *paras*; mais les Bédouins ayant pillé une caravane du vice-roi qui traversait leur territoire, Méhémet-Ali, par représailles, déchargea les Pères de cette dernière contribution.

J'ai considéré les pains préparés par les Arabes. Ce sont des tourteaux assez semblables, pour la couleur et le volume, aux mottes à brûler dont se chauffe le menu peuple; et je pense que, dans un ménage français, ces rudes pains, tout remplis de paillettes, ne pourraient guère être utilisés que comme combustibles. Je suis loin d'en reprocher la qualité aux bons Pères, puisque les Arabes s'en contentent, et que d'ailleurs la contribution serait intolérable, s'il fallait l'acquitter en bon pain de pure farine.

Les Arabes, de leur côté, apportent aux moines, mais non pas gratuitement, le lait, le beurre et les œufs, dont il se fait une grande consommation dans le couvent; ils se chargent de la correspondance avec le Caire, qui est assez active, car le monastère tire de cette ville tout ce que son jardin et ses indolents voisins ne peuvent lui fournir; il y envoie aussi quelques-uns de ses produits, de l'huile, par exemple, et une assez grande quantité de fruits. « Si peu qu'on mange « de bons fruits au Caire, dit Thévenot, ils viennent « du Sinaï. »

Il paraît que, dans l'origine, le monastère fut doté de deux cents familles chrétiennes consacrées à son service, et qui plus tard, pensant améliorer leur sort, se firent musulmanes. Il existe encore quelques relations de patronage entre le couvent et les rejetons de ces familles qui campent alentour. Un jeune Bédouin que nous questionnâmes à ce sujet, ne fit aucune difficulté de répondre en italien qu'il était esclave *(Schiavo)*. Y avait-il quiproquo de part ou d'autre? Je n'en sais rien; s'il était esclave, il ne l'était que de nom.

L'air est ici parfaitement sain; les religieux jouissent d'une santé robuste et atteignent généralement un âge avancé, ce qu'ils doivent aussi à la régularité de leur vie. Leurs visages sont empreints d'une gravité austère; je ne me souviens point d'avoir observé chez aucun d'eux cette surabondance d'embonpoint qui, souvent, comme une accusation calomnieuse, s'attache à des corps réduits en esclavage et châtiés par toutes les rigueurs de la pénitence. Je dois dire, cependant, que j'ai vu depuis, au couvent grec de Saint-Sabas, des visages plus profondément stigmatisés par la lutte victorieuse de l'esprit contre la chair.

Vingt-cinq religieux formaient, au moment de notre séjour, la population chrétienne du Sinaï. Il me sembla que les prêtres, au nombre de cinq, étaient avec les religieux laïques sur le pied d'une égalité parfaite. Nos repas étaient apprêtés et nous étions servis à table par un religieux prêtre. — La communauté s'éveille journellement à minuit, pour assister à un office nocturne qui dure près de deux heures. Je n'eus pas assez de courage ou de curiosité pour être témoin de cette pratique, dont j'apprécie l'héroïsme bien au delà de la privation de viande et de vin à laquelle se condamnent aussi les religieux. L'abstinence de vin n'est point de rigueur, mais elle s'observe de fait, la communauté étant réduite, sous ce rapport, au produit de sa récolte. Elle y supplée par l'excellente eau-de-vie de dattes qu'elle sait fabriquer. — Les religieux portent ici la barbe et les cheveux longs; ils ont sur la tête un bonnet de laine brune et sont vêtus d'une tunique bleue, sur laquelle ils portent un surtout ou capote de laine à larges rayures blanches ou brunes. — L'aisance règne au monastère : la dévotion à sainte Catherine, dont les

Russes en particulier sont animés, lui procuré de grandes ressources. « Nos murailles, disait avec chaleur « le Père supérieur à M. de Géramb, nos murailles « pourraient être d'or, si nous avions tout ce que la « piété de nos frères nous a envoyé et que la violence « des Arabes nous a ravi. » Méhémet-Ali, dont le bras est puissant même au désert, a su mettre un terme aux vexations journalières dont, avant lui, les religieux avaient tant à se plaindre, et qui allaient parfois jusqu'à leur procurer des martyrs; c'est ainsi, du moins, qu'ils considéraient leurs confrères morts victimes de leur dévouement aux intérêts de la communauté.

« Le cœur content est un perpétuel festin, » lisons-nous dans l'Écriture. Ce festin nous fut littéralement offert au pied du Sinaï; mais les bons religieux ne jugèrent pas que nous dussions nous en contenter. En attendant un fort bon dîner, le Père supérieur, ayant témoigné le désir de nous recevoir dans sa chambre, nous força d'accepter l'eau-de-vie et le café, avec assaisonnement de dattes, d'amandes, etc.; puis un instant après, semblable violence nous fut faite par l'un des Pères, auquel sa fortune et son désintéressement assuraient une large part d'influence et de considération. A l'inévitable café et aux fruits secs il ajouta des douceurs nouvelles, qu'il semblait tenir en réserve pour les grandes occasions. Ne pouvant témoigner notre gratitude dans un idiome qui fût compris de cet excellent homme, chacun de nous s'évertuait à inventer les signes les mieux appropriés à la reconnaissance dont nous étions imbus. Pour moi, outre le sourire approbateur, le coup de tête en avant (*nutus*), dont je fis un usage immodéré, j'imprimai constamment à mes mâchoires un mouvement rapide et chaleureux, qui signifiait évidemment: « O mortel généreux, on ne peut rien manger de meilleur que vos confitures! » La joie de notre hôte, en me regardant, prouva que j'étais parfaitement compris; et ses instances réitérées pour fournir, malgré moi, de nouveaux aliments à mon activité, me firent regretter amèrement d'avoir donné une si favorable opinion de mes facultés digestives.

Nous reçûmes en présent, tant du supérieur que des autres religieux, des croix en bois rose façonnées par eux-mêmes et des madrépores de la mer Rouge, exactement semblables à des champignons pétrifiés, et qui se nomment *fungites* pour cette raison. — On nous fit voir le firman accordé par Mahomet, non pas seulement aux religieux du Sinaï, mais à tous les chrétiens. Le couvent de la Transfiguration fut longtemps dépositaire du manuscrit original écrit en caractères koufiques sur peau de gazelle et revêtu de la signature du prophète; c'est-à-dire que l'ignorant législateur des Arabes y a déposé l'empreinte de sa main trempée dans l'encre, cette main ne sachant point tenir la plume. Le précieux document fut, en 1517, revendiqué comme chose sainte par Sélim 1er et déposé dans le trésor de son palais; les religieux en obtinrent une copie sur parchemin, certifiée par le sultan lui-même, et qu'ils conservent avec soin; elle leur sert de porte-respect dans leurs voyages.

Voici les dispositions les plus remarquables de ce firman diffus et obscur :

Pour ma nation et pour ceux qui sont dans le christianisme, au levant et au couchant, de près et de loin; pour tout ce qu'il y a d'éloquent et de non éloquent, de connu et d'inconnu...

Si un prêtre ou un ermite se retire dans une montagne, grotte, plaine, désert, ville, village ou église, je serai derrière lui, comme son protecteur contre tout ennemi, moi-même en personne, mes forces et mes sujets.

Il est défendu de charger de contributions les prêtres, les évêques et les dévots. Je conserverai leurs prérogatives partout où ils seront, par terre et par mer, dans le levant et dans le couchant, au sud ou au nord; ils jouiront de mes priviléges et de ma sauvegarde contre toutes choses désagréables. Ceux qui sòmeront et planteront dans les montagnes et dans les lieux écartés ne payeront ni dîmes ni contributions, pas même volontairement, quand cela est destiné pour leur nourriture. Si le blé vient à manquer, on les aidera d'une mesure par chaque maison, et ils ne seront pas obligés de sortir pour aller à la guerre, ni de payer des impôts...

Les chrétiens seront aidés à conserver leurs églises et leurs maisons, ce qui les aidera à conserver leur religion ; ils ne seront pas obligé de porter les armes ; mais les musulmans les porteront pour eux, et ils ne désobéiront point à cette ordonnance jusqu'à la fin de ce monde.

Ce décret fut rendu le 1er août 622.

L'auteur d'un voyage au mont Sinaï, entrepris en 1697, s'exprime ainsi au sujet de Mahomet : « Je sais « bien que ce grand législateur des musulmans a eu « l'honneur d'être valet et conducteur de chameaux du « monastère de Sinaï. »

La même chose m'a été racontée sur les lieux ; mais je ne la répéterai pas avec la même assurance.

Chose singulière : les grands spectacles, les lieux qui racontent au voyageur les plus sublimes histoires ne lui inspirent fort souvent que des niaiseries pitoyables. J'en atteste le registre que les religieux du Sinaï ont coutume de présenter à leurs hôtes, en les priant d'inscrire leur nom et leur pensée. Les uns donnent un sommaire de leur voyage, avec les dates précices par jours et heures, comme si l'épouse ou la mère de ces précieux mortels devait, pleine d'inquiétudes, faire courir après eux, interrogeant partout leurs vestiges. D'autres vont chercher dans les replis de leur cerveau des étrangetés que le livre seul, et non le Sinaï, leur a inspirées. La plupart inscrivent intrépidement des banalités qui accusent une absence complète d'émotions. Il en est un qui s'est laissé préoccuper d'un singulier scrupule : tremblant d'être confondu avec les esprits étroits qui voient dans le Sinaï autre chose qu'une protubérance granitique du noyau terrestre, il a soin d'avertir que la sainte montagne n'est point le but de son voyage, auquel il assigne pour motif je ne sais quelles affaires ou quelles misérables études toutes matérielles. — Entre les noms inscrits sur le livre, j'ai remarqué beaucoup de Grecs, des Anglais assez nombreux et quelques Français, entre autres le baron Taylor et le général Guilleminot.

Après un travail d'esprit opiniâtre pour produire une pensée digne de la circonstance, je demeurai convaincu qu'il est des émotions plus facile à sentir qu'à manifester; et craignant d'ajouter un non-sens à tant d'autres, je me contentai d'inscrire mon nom, sans plus, pour ne pas me séparer en cette circonstance de mes compagnons. Quelqu'un prétendit que je voulais me singulariser et que ma réserve était prétentieuse; ainsi le silence lui-même n'échappe point à la critique; si elle ne l'appelle sottise, elle le nommera fierté ou perfidie. Cependant Salomon a dit avec sagesse : « Le fou même, s'il se tait, passe pour sage, et pour prudent s'il ferme la bouche. »

## XII.

Ascension sur la montagne. — Grotte du prophète Élie. — Sommet du Sinaï. — Recueillement. — Lecture de la Bible. — Pierre de Moïse. — Reproches aux voyageurs trop crédules. — Couvent des Quarante-Martyrs. — Collation. — Physionomie intéressante d'un jeune Arabe. — Réponse éloquente. — Mont Sainte-Catherine. — Pierres arborisées. — Souvenir de sainte Catherine. — Contradiction. — Panorama. — Pietro della Valle. — Danger sérieux. — Pierre d'Horeb. — Moule du veau d'or.

Le mercredi 8 mai, le Père Jean de Céphalonie vint de bonne heure nous avertir qu'il était à notre disposition pour toute la journée; il nous trouva tout prêts et disposés à le suivre avec empressement. Ne voyant point de bâton dans ma main, il me fit observer que je ne pouvais m'en passer, et m'en présenta un aussi souple que robuste, fait avec la nervure d'une feuille de palmier. — A six heures du matin, nous étions sur le sentier qui conduit au sommet du Sinaï. Aux endroits où la pente est trop rapide, on a pratiqué des escaliers en rapprochant, sans aucun art, des quartiers de rochers. Ce travail, qui a exigé du temps et des forces, est fort ancien; il témoigne de l'empressement que l'on mettait autrefois à visiter cette cime sacrée, et du zèle pieux des populations qui vivaient sous son ombre. Des auteurs font monter jusqu'à quatorze mille le nombre des ermites répandus jadis autour de l'Horeb. — Après nous avoir conduits à une petite chapelle décorée de saintes images, le sentier, comprimé dans une fissure du rocher, passe sous une arcade de pierre d'antique construction. Là se tenait autrefois un religieux auquel se confessaient les pieux pèlerins; car ils ne se permettaient point, en ce temps-là, de passer outre avant d'avoir reçu l'absolution de leurs fautes, pour faire leurs dévotions au sommet de la montagne. — Le plateau que l'on rencontre un peu plus haut, est illustré par le nom du prophète Élie. C'est là que cet homme divin, fuyant la colère de Jézabel, se reposa enfin après avoir marché quarante jours et quarante nuits dans le désert.

Étant arrivé là, il demeura dans une caverne, et le Seigneur lui parla et lui dit : Que fais-tu ici, Élie?
Or Élie répondit : Je brûle de zèle pour vous, Seigneur Dieu des armées, parce que les enfants d'Israël ont abandonné votre alliance, qu'ils ont détruit vos autels, qu'ils ont tué vos prophètes par le glaive, et que je suis demeuré seul, et qu'ils cherchent encore à m'ôter la vie.

Un cyprès magnifique, un puits peu profond et jamais tari, qu'on appelle le puits du prophète Élie, une petite pièce d'eau très-limpide, interrompent seuls l'uniformité de ce plateau, que dominent plusieurs pics imposants. C'est à la sommité située au sud, qu'appartient proprement le nom de Sinaï, tandis que la montagne dans son ensemble s'appelle Horeb. Le Sinaï est donc une des cimes de l'Horeb. Mais, avant de la gravir, nous visitâmes l'ermitage du prophète Élie. Une masure délabrée sert de portique ou de vestibule à une chapelle à laquelle un autre sanctuaire est immédiatement appuyé; la première se nomme chapelle d'Élisée, l'autre, chapelle du prophète Élie. Au fond de celle-ci, on remarque, à gauche de l'autel, une niche basse, dont l'irrégularité se rapproche un peu de la forme ronde, et qui est creusée dans le roc, soit naturellement, soit de main d'homme. On ne saurait se tenir debout ni couché dans cette grotte, qui, suivant la tradition, n'est autre que la caverne habitée par le prophète Élie. Au lieu de laisser le roc former à découvert les parois de cette grotte, on les a sottement revêtues et barbouillées de je ne sais quelle couleur qui les fait ressembler à la voûte d'un four.

Tandis que notre ascension se poursuit, le Père Jean étend sa main vers une croupe étroite et déprimée qui se rattache au Sinaï : « C'est ici, nous dit-il, que Moïse, assis entre Aaron et Hur, élevait les mains vers Dieu, pendant qu'Israël triomphait d'Amalec. Le combat avait lieu dans la vallée de Raphidim, qui descend de cette hauteur. »

Tout homme qui a la foi sera vivement ému en atteignant le sommet du Sinaï. Pour moi, je demeurai anéanti et confondu en me trouvant sur cette cime sacrée avec le fardeau de mes iniquités et de mes innombrables misères. Prêtant l'oreille à la voix de ma conscience, je l'entendais qui me disait : « Comment, sous ce poids accablant, as-tu pu présumer de t'élever jusqu'à ce lieu? Non, ta place n'est point ici, près de

Dieu et de Moïse, son prophète. L'auréole de majesté qui couronne cette sainte montagne est trop éclatante pour ta faiblesse; les entretiens que ces rocs ont entendus sont trop élevés pour ton esprit rampant et pourtant orgueilleux. Ah! ta place est plutôt là-bas, au désert, dans les rangs de ce peuple à la tête dure, que le bras de Dieu soutient et châtie tour à tour : là, du moins, ton infirmité se sentirait appuyée par d'autres infirmités; de là, enhardi par la distance, tu pourrais lever les yeux vers la montagne en feu et prêter l'oreille aux bruits terribles qui en descendent. »

Nous ne sommes plus ici sur ces monts de Grèce et d'Italie tout peuplés de riants mensonges chers à l'enfance de l'homme. C'est l'austère vérité qui nous parle ici de Dieu et de nous-mêmes, de la grandeur de Dieu et de notre néant, des prérogatives de Dieu et des devoirs de l'homme. — Jéhovah! Moïse! Aaron! Élie! noms redoutables, noms arides comme le désert pour l'homme épris de lui-même et nourri de mensonges, mais plus magnifiques que le lever de l'aurore, mais plus vivifiants que l'air pur pour l'âme du juste. — Ah! sans doute, avant de monter ici, j'aurais dû imiter les pieux pèlerins des anciens âges, implorer humblement au pied de la montagne l'absolution de mes fautes, mais surtout la mériter par des années de saintes études, de combats victorieux : alors, peut-être, je serais descendu de la montagne plus satisfait de moi-même que je ne l'ai été.

Nous parlâmes fort peu sur le Sinaï, chacun de nous craignant de troubler le recueillement de son compagnon. Les bavards sont des fléaux en toute occasion; mais ici, il eût fallu une vertu suréminente pour se laisser torturer avec patience. Cet instant était solennel; il était de ceux dont le souvenir toujours récent revient plus vif et plus fréquent que tout autre. — Cependant nous priâmes M. Coupechêne, dont la voix était grave et la physionomie imposante, de lire, dans la Bible latine que nous avions apportée, les passages auxquels notre situation présente donnait un intérêt particulier. Appuyés contre la pierre de Moïse, nous écoutions en silence, tandis que nos regards parcouraient le théâtre des événements. — Le caractère sacerdotal du lecteur, sa prononciation italienne, c'est-à-dire vraie, son émotion, son accent empreint de la foi la plus vive, enfin la possession pleine et entière de nous-même qui nous était laissée par l'officieuse intervention de notre ami, tout concourait à rendre aussi complet que possible l'effet de cette lecture.

M. Coupechêne, qui possédait sa Bible comme un ami connaît la pensée de son ami, alla au delà de ce que nous lui avions demandé; après quelques secondes de silence, sa voix s'éleva de nouveau :

Interrogez les jours qui ont été avant vous, depuis le jour où Dieu a créé l'homme sur la terre, et depuis une extrémité du ciel jusqu'à l'autre, il s'est fait une chose semblable, ou si jamais on a ouï

Qu'un peuple ait entendu la voix du Seigneur, parlant du milieu du feu, comme vous l'avez entendue, et vous n'êtes pas morts. . . . . . . . . . . . . . . . . . .

Sachez donc aujourd'hui et pensez en votre cœur que le Seigneur est Dieu, et dans les hauteurs du ciel, et dans les profondeurs de la terre, et qu'il n'en est point d'autre. (Deutéronome, chap. IV.)

Après la lecture du Décalogue, il ajouta :

Or, ces commandements que je te donne aujourd'hui, seront dans ton cœur;

Et tu les rediras à tes enfants, et tu les méditeras assis en ta maison, et marchant dans le chemin, et avant de dormir et à ton réveil.

Et tu les liras comme un signe dans ta main, et tu les suspendras devant tes yeux.

Et tu les écriras sur le seuil de ta maison et sur tes portes. (Deutéronome, chap. VI.)

M. Coupechêne termina sa lecture par le chapitre IX du Deutéronome, ce testament magnanime, dans lequel Moïse, sur la rive du Jourdain qu'il ne doit point franchir, rappelle au peuple d'Israël les merveilles que Dieu opéra en sa faveur, et les prodiges de la montagne sainte, et ses propres sollicitudes.

La cime du Sinaï n'est point complétement anguleuse, comme elle le paraît à quelque distance. Sur la petite plate-forme qui termine la montagne, l'attention est attirée par un énorme bloc de granit, auquel s'appuie le mur en ruine d'un ermitage. Ce roc, brisé ou voûté naturellement à l'un des angles de sa base, présente une ouverture étroite, au moyen de laquelle on peut s'introduire, en rampant, dans une très-petite grotte. Si l'on s'agenouille alors et qu'on se tourne vers le sud, en inclinant la partie supérieure du corps, la tête et les épaules se trouvent, pour ainsi dire, enchâssées dans la paroi correspondante de la grotte, profondément creusée ou refoulée en forme de moule. — C'est ici, nous dit-on, que Dieu cacha Moïse lorsqu'il fut donné à celui-ci de voir passer devant lui la gloire du Tout-Puissant.

> Et le Seigneur ajouta : Voici un lieu près de moi : tu te tiendras là sur ce rocher.
> Lorsque ma gloire passera, je te placerai dans un creux du rocher, et je te couvrirai de ma main, jusqu'à ce que ma gloire soit passée.

L'empreinte qui se voit dans la pierre fut, dit-on, laissée par la tête et les épaules de Moïse; elle est un peu plus grande que nature et ne présente qu'une ébauche assez grossière. Avant qu'on eût bâti la muraille qui bouche l'ouverture principale de la grotte, la personne placée dans l'attitude que j'ai indiquée pouvait sans obstacle porter ses regards en avant. Entre le rocher que nous avons sous les yeux et l'indication donnée par Moïse, la conformité est assez satisfaisante. Quant à l'empreinte, il serait puéril d'en discuter l'authenticité; la nier formellement serait aussi peu philosophique que l'admettre de confiance.

Tout près de la pierre de Moïse et sur le bord d'un roc taillé en précipice, les chrétiens ont élevé un petit oratoire où l'on célèbre encore, de temps en temps, le sacrifice de la messe, à la requête des pèlerins. A quelques pas de celui-ci, les musulmans en ont édifié un autre, dans lequel sont suspendus, à titre d'offrande, quelques lambeaux des plus tristes haillons. Aussi délabrés, aussi insignifiants l'un que l'autre sous le rapport de l'art, ces deux petits édifices couronnent pauvrement la cime du Sinaï. Un éboulement survenu près de là a partagé en deux une ancienne citerne, dont une moitié est demeurée en sa place, tandis que l'autre se voit accrochée à une saillie de rocher. J'ai recueilli près de la pierre de Moïse quelques fragments des rocs dont se compose le Sinaï; c'est un granit roux et peu éclatant. Les plantes aromatiques, l'hysope en particulier, abondent sur l'Horeb et sur les montagnes voisines; j'y ai remarqué quelques buissons assez semblables à l'aubépine.

Nous descendîmes du Sinaï par une route opposée à celle qui nous avait conduits à son sommet, et nous arrivâmes ainsi au couvent des Quarante Martyrs. C'est une masure carrée, entourant une cour centrale et soutenant une galerie extérieure qui règne sans interruption au niveau du premier étage. J'aurais aimé à trouver là, de ces quarante jeunes hommes dont la mort fut si héroïque, autre chose que le nom et le souvenir. Compagnons d'armes dans la légion Fulminante, jeunes, bien faits, braves et distingués par leurs services, ces héros chrétiens refusèrent de sacrifier aux idoles. On était en hiver; il y avait près de la ville de Sébaste, où la légion se trouvait alors, un étang tellement glacé, que les chevaux pouvaient passer dessus. Le vent du nord soufflait avec violence. Les martyrs, déchirés déjà par divers supplices, furent exposés tout nus sur la glace; ils s'encourageaient mutuellement au combat, en disant qu'une mauvaise nuit leur vaudrait une éternité de bonheur. « Seigneur! disaient-ils dans « une commune prière, nous sommes entrés quarante « au combat, ne permettez pas qu'il y en ait moins de « quarante de couronnés. » Le jour étant venu, tous, morts ou mourants, furent placés sur des chariots pour être jetés dans le feu. Le plus jeune, encore plein de vie, avait seul été laissé, dans l'espérance qu'il changerait peut-être; mais sa mère, pauvre veuve de basse extraction, qui était présente, indignée de cette odieuse préférence, prit son enfant dans ses bras et le mit dans le chariot avec les autres martyrs. « Va, va, mon fils, « lui dit-elle, achève cet heureux voyage avec tes ca- « marades, afin que tu ne te présentes pas à Dieu le « dernier. » Puis elle accompagna le chariot jusqu'au bûcher, avec un visage plein de joie.

Le couvent des Quarante-Martyrs est une dépendance de celui de la Transfiguration. Les religieux n'y habitent point, mais ils font exploiter par des Arabes le vaste jardin qui en dépend. Dans ce domaine, plus sauvage encore que celui dont nous donnâmes hier la description, on cultive surtout des oliviers, arbres dont les vieux troncs grisâtres et la terne verdure forment une si parfaite harmonie avec toute cette nature sévère et granitique dont nous sommes environnés. De magnifiques cyprès s'élancent du milieu de ce bosquet monotone, plus mortuaire lui-même et plus lugubre que l'arbre des tombeaux.

Nous étant assis sur le bord d'un ruisseau, le dos appuyé au tronc des oliviers, nous fîmes une collation digne des anciens ermites du Sinaï: un peu de fromage s'égrainant comme du sable, des fragments de biscuits trempés à loisir dans l'eau limpide qui murmurait à nos pieds satisfirent pleinement et notre appétit et notre sensualité. Oh! le délicieux assaisonnement que l'appétit conquis au sommet des montagnes! Ce repas, qui semblerait ailleurs le dernier effort de la tempérance, ne laissa pas de paraître luxueux à un cercle de petits Bédouins formé autour de nous par la curiosité. Tandis que ces enfants nous observaient dans une immobilité parfaite, nous admirions de notre côté leur belle constitution, leurs figures régulières et intéressantes. L'un d'eux, en particulier, possédait une de ces physionomies calmes et dignes qui devraient être le partage des enfants des rois, et qui offrent aux yeux la négation permanente de tout penchant vicieux, de tout mouvement désordonné. Nous eûmes l'indiscrétion de demander au père de cet enfant s'il voulait permettre qu'il vînt en France avec nous. Sa réponse fut éloquente. «C'est mon unique enfant,» dit-il en élevant l'index de la main droite; puis il la porta à ses yeux, pour indiquer que son fils lui était aussi cher que la lumière du jour, et nous montra sa barbe blanche, indice de la vieillesse dont l'enfant serait un jour la consolation et l'appui.

De la plate-forme du Sinaï nous avions reconnu, non sans quelque déplaisir, qu'une sommité prédominante nous cachait une partie de l'horizon: c'était le mont Sainte-Catherine. Nous résolûmes d'en atteindre la cime ce jour même. Le Père Jean de Céphalonie, chez qui la fatigue n'était point combattue par le stimulant de la curiosité, nous donna pour guide un jeune Arabe, promettant de nous attendre au pied de la montagne. Des sentiers rapides, rocailleux, saccadés, ne nous découragèrent point. Je fus un instant épouvanté en voyant notre guide se serrer aux rochers comme une figure sculptée en bas-relief, pour arriver, par un sentier périlleux à peine saillant sur un plan vertical, à une fontaine étroite et profonde, dont l'eau avait toute la fraîcheur de la glace. En beaucoup d'endroits, les petits fragments détachés des rochers offraient des dendrites si bien dessinées, qu'au premier abord je pris ces dessins naturels pour l'ombre des plantes naines et grêles qui croissaient dans le voisinage; je ramassai un grand nombre de ces pierres, que je rejetais aussitôt qu'il s'en présentait d'autres plus nettes et plus portatives. J'en avais aussi recueilli sur le Sinaï, mais elles n'avaient pas la beauté de ces dernières; malheureusement les plus beaux dessins se rencontrent sur de gros fragments qui auraient trop aggravé notre bagage. En les brisant, on retrouve dans chaque fissure un dessin nouveau, et ces fissures sont extrêmement multipliées. Quelle innombrable quantité de lithographies originales sont enfouies de la sorte dans la masse énorme de ces montagnes!

Partout les chèvres arabes ont laissé des traces de leur passage; elles sont venues brouter cette végétation aromatique, dont l'éparpillement parcimonieux, qui s'appellerait ailleurs stérilité, est ici de l'abondance, relativement à l'aridité générale de ces contrées et à l'infertilité d'un sol dont la terre végétale est aussi rare que dans les décombres de nos édifices. J'ai reconnu que la teinte sulfureuse dont se colorent, en quelques endroits, les montagnes voisines, et qui les fait ressembler à des volcans couverts de leurs déjections, est due à la présence des plantes jaunâtres éparpillées à leur surface.

Après deux heures de marche et de fatigue, nous atteignîmes l'un des sommets du mont Sainte-Catherine, celui où reposa pendant plusieurs siècles le corps de la sainte. Un petit monument protége contre les injures de l'air le lieu sanctifié par cette sépulture. Le rocher élevé en bosse au centre du petit édifice présente une image assez semblable au coffre d'une momie, si ce n'est qu'un sillon longitudinal partage la poitrine en deux lobes distincts. La tradition veut que le rocher, en se soulevant à l'endroit même d'où venait d'être enlevée la sainte relique, ait pris spontanément cette forme, remplaçant ainsi la réalité par son image. —Chose assez singulière, cette figure, qui, pour nous, représentait en relief la partie antérieure du corps, a figuré pour d'autres yeux l'image inverse. « On l'y voit « encore marqué, dit Thévenot, en parlant du corps « de sainte Catherine, comme ayant été posé sur le « dos; car c'est la forme des reins qui y paraît. » Ainsi, ce ne serait plus le rocher qui se serait tuméfié sous l'apparence d'un corps de femme, ce serait le corps lui-même qui aurait creusé son empreinte dans la pierre. Qu'on prétende, après cela, fermer la bouche à un voyageur par cette fin de non-recevoir qui consiste à dire : « D'autres avant vous n'ont-ils pas visité et retracé les lieux dont vous nous faites subir la description ? » Il faut que l'œil soit un organe bien capricieux pour que la même image présente aux uns un relief, aux autres une dépression. « Il y a quelque « apparence, comme dit encore Thévenot, que cette « image a été faite de main d'homme. » Quelque ciseau inhabile aura entrepris d'incorporer au granit une tradition palpable et permanente aux lieux mêmes où s'était accompli un fait digne de mémoire, et les siècles suivants, qui n'avaient pas vu travailler l'obscur ouvrier, auront donné à son œuvre une origine miraculeuse.

Nous montâmes sur le toit aplati de la petite baraque habitée par l'image de sainte Catherine; et de cette position, comme d'un observatoire, nous laissâmes errer nos regards sur un panorama montagneux de la plus grande magnificence. M. Coupechêne ayant posé sa boussole à nos pieds, je m'en servis pour noter, suivant leur situation respective, les principaux détails de cet immense tableau.

Au nord, le lointain présente une agrégation montagneuse de médiocre hauteur, dont les sommets semblent s'être alignés tous suivant un plan horizontal; plus près de nous paraît une belle vallée, s'étendant de l'est à l'ouest, et en premier plan, un chaos de montagnes se surpassant graduellement les unes les autres, à mesure qu'elles se rapprochent du point où nous sommes. — Au nord-est, des hauteurs confusément sillonnées de gorges profondes forment le lointain et les plans intermédiaires, tandis que non loin de nous la tête sombre du Sinaï se dessine sous une forme pyramidale, dont l'angle supérieur peut avoir quatre-vingts degrés d'ouverture. — A l'est, par delà le golfe Élanitique ou bras oriental de la mer Rouge, aux limites extrêmes de l'horizon, se montrent, à travers un rideau d'harmonieuses vapeurs, les dentelures d'une chaîne fort élevée. Un amas désordonné d'ondulations montagneuses forme les plans intermédiaires. Mais, comme si le régulateur souverain eût voulu déposer une idée d'ordre au sein de ce chaos, il a tracé sur les rochers un long ruban rouge qui les coupe tous, suivant une même direction, comme la ligne idéale qu'un sculpteur fait passer à travers son bloc de marbre. L'œil qui suit ce ruban s'élève avec lui sur les crêtes les plus escarpées, redescend dans les vallées, et le retrouve inscrit au loin sur les cimes fugitives. Tout près de nous, gît une vallée ascendante semée de verdure. — Le sud-est nous présente l'Arabie-Heureuse se perdant dans les chaudes vapeurs de l'horizon, où elle dessine à peine l'apparence d'un léger nuage; en deçà, la mer Rouge déchirée par plusieurs promontoires et baignant de ses flots l'archipel des Pirates, ravissante apparition dont rien n'égale l'harmonieuse blancheur, adoucie par des tons chauds, comme le lait dans lequel on a versé quelques gouttes de moka. Des montagnes confusément entassées continuent d'occuper les premiers plans, dominés par une sommité rapprochée. — Dans le sud, la mer au loin, puis les montagnes, puis une grosse tête appartenant au massif sur lequel nous stationnons. — Au sud-ouest, les hauteurs vaporeuses de l'Égypte, la mer Rouge baignant du côté de l'Arabie une plage de sable jaune, et, pour premier plan, de noirs entassements de rochers.—A l'ouest, quelques cimes élevées dominant l'horizon égyptien, dont elles interrompent l'uniformité; puis la mer Rouge, puis en deçà, mais à une distance considérable néanmoins, les montagnes arabiques, et plus près de nous une vallée spacieuse, aride, unie et calme comme un golfe profond de la mer, vallée qui me paraît être le désert de Sin, où les Israélites virent tomber la manne pour la première fois. Non loin de nous, de hautes montagnes effrayantes de noirceur creusent entre elles une gorge profonde, sinistre et ténébreuse comme une voie d'enfer. — Au nord-ouest, l'Égypte laisse encore une faible trace dans la brume par delà la nappe azurée de la mer Rouge, qui baigne, sur la côte d'Arabie, une série de collines peu élevées. Au second plan, un géant à tête noire se fait remarquer par delà le pêle-mêle de montagnes qui continuent de s'offrir en première ligne. Je crois reconnaître, entre le nord et le nord-ouest, la vallée semblable à une grande route par laquelle nous arrivâmes avant-hier. Mentionnons encore une particularité remarquable : c'est une plaine ou clairière hérissée de rochers pyramidaux, de telle façon qu'on croit voir un camp où d'innombrables soldats ont dressé leurs tentes. Telles devaient être, dans ces solitudes, les stations d'Israël.

En somme, lointains à toute portée noyés dans l'azur du ciel, vallées spacieuses ou profondes que revêt ordinairement un sable gris, rochers ondulés ou taillés verticalement, sommets tantôt élancés en forme d'aiguilles, qui se groupent ou s'isolent au hasard, tantôt arrondis en coupoles ; tout cela se colorant avec une infinie variété de nuances en noir, en rouge, en jaune sulfureux, terreux ou orangé, en teintes mates et cendrées ou roussâtres comme la brique : tels sont les principaux éléments pittoresques de ce panorama, qui justifie entièrement l'épithète d'Arabie-Pétrée.

Le mont Sainte-Catherine est élevé de huit mille quatre cent cinquante pieds au-dessus de la mer Rouge, et dépasse de mille pieds environ la cime du Sinaï ; la hauteur de celle-ci, relativement au monastère, est, dit-on, de cinq mille quatre cents pieds. A deux heures et demie de l'après-midi, le thermomètre Réaumur marquait cinq degrés au-dessus de zéro dans le réduit de Sainte-Catherine. Je crus apercevoir de la neige dans une anfractuosité.

Le bon Pietro della Valle, que j'ai eu naguère tant de plaisir à retrouver au fond de mon havresac, fut plus heureux que nous dans son ascension sur le mont Sainte-Catherine ; car la neige couvrait les sentiers, et ce qui n'a été pour nous qu'une promenade fatigante, fut pour lui, suivant son expression, un voyage de désespérés. Peut-être est-il permis au voyageur qui ne fut favorisé d'aucune aventure tragique d'enrichir sa relation avec les périls d'autrui ; laissons donc parler l'illustre voyageur italien :

Ayant troussé ma soutanelle, que j'ai toujours portée dans la Palestine, je suivais hardiment le religieux, qui courait comme un daim......... Ce fut un voyage de désespérés. Mon trucheman me faisait mourir de rire ; la peur lui suggéra une réflexion fort agréable, car il se persuada qu'il n'en reviendrait point. Il maudissait de bon cœur ce religieux, qui nous avait portés, comme il disait, à périr si malheureusement, et pestait contre lui-même de son aveuglement de s'y être engagé. D'un autre côté, il se recommandait à Dieu et à sainte Catherine, pensait sérieusement à sa vie passée, faisait vœu de ne point manger de viande les lundis, et d'autres choses semblables, qui me donnaient une satisfaction incroyable.

Pietro della Valle n'est guerre moins divertissant en descendant la montagne, que son trucheman ne l'a été en l'escaladant.

« Nous ne pouvions presque nous soutenir; une fois, en particulier, je tombai et me trouvai assis dans une petite fosse pleine d'eau, les jambes en l'air, sur un précipice; et il fallut se servir de toute son adresse pour ne pas demeurer sur cette sainte cime (l'auteur confond habituellement la montagne de Sainte-Catherine avec le Sinaï).
Nous nous laissions couler par l'endroit le plus rapide, poussant les jambes devant et la tete en arriere; par ce moyen, nous descendions avec une vitesse incroyable, faisant quelquefois une glissade de dix ou douze toises de long. Le pis qui nous pouvait arriver, c'était de tomber sur le derrière, dans la neige, comme il fut impossible de nous en dispenser.

Thévenot, moins jovial que le voyageur italien, s'estime fort heureux de ce qu'il ne faisait point de vent le jour où il gravit la montagne ; « car, dit-il, soit chaud, soit froid, il nous aurait tués. » Je crois, pour moi, que soit chaud, soit froid, il aurait suggéré quelque phrase piteuse au narrateur sans abréger sa vie d'une seule minute, sans faire blanchir un seul de ses cheveux, car tel est le résultat le plus ordinaire des dangers auxquels sont exposés les voyageurs.

Augustin, cependant, faillit être victime d'un accident qui pouvait avoir les plus tristes conséquences.— Nous descendions, précédés de notre jeune Bédouin, qui courait pieds nus sur les pierres, dont le tranchant déchirait nos souliers. Augustin formait seul l'arrière-garde, à quelque distance. Au moment de disparaître derrière une cloison de rochers qui séparait deux glacis opposés, j'appelai de toute ma force le retardataire, pour qu'il remarquât notre mouvement; nous posâmes des pierres les unes sur les autres pour indiquer notre direction, puis la petite troupe se mit à descendre rapidement. Après quelques minutes, inquiets de n'être pas rejoints par Augustin, nous fîmes halte; je remontai au pas de course sur le palier que nous venions de quitter : notre compagnon ne paraissait plus. J'appelai de toute la force de mes poumons : point de réponse ! J'étais consterné. Que faire ? où retrouver mon compagnon ? En ce moment, sans doute, le désir de nous rejoindre lui donnait de nouvelles forces pour courir plus rapidement à sa perte. M'étant élancé, comme d'inspiration, sur un roc qui dominait une gorge profonde, j'aperçus à une distance déjà considérable Augustin, qui s'égarait à grands pas dans un labyrinthe de sombres vallées. Quelques secondes de plus, un détour allait le cacher à mes yeux et rompre le jet de ma voix. — Je fis rouler des quartiers de rocher, je tirai de mon gosier d'horribles cris, tantôt aigres et acérés, tantôt graves et contondants. J'eus enfin le bonheur d'être entendu et de voir Augustin rétrograder dans sa voie périlleuse. — Nous arrivâmes sans autre incident au couvent des Quarante-Martyrs, où nous attendait le Père Jean. Une seconde collation ayant réparé nos forces, nous reprîmes la route du monastère hospitalier, en décrivant un demi-cercle au pied de l'Horeb; car le couvent des Quarante-Martyrs est situé à l'opposé de celui de la Transfiguration, vers l'extrémité sud-ouest de la vallée de Raphidim. Le théâtre de la victoire d'Israël sur Amalec était sous nos yeux.

Il me reste à parler du monument le plus insigne et le plus authentique de tous ceux que présentent les environs du Sinaï : je veux dire la pierre d'Horeb, d'où l'eau jaillit miraculeusement sous la verge de Moïse. Comme nous marchions vers le nord pour tourner la base de la montagne, notre sentier nous conduisit au pied de cette roche célèbre. C'est une masse de granit ou porphyre rouge de la plus grande dureté; sa hauteur est de douze à quinze pieds, et sa largeur paraît excéder un peu cette mesure; comme elle n'a point de racines dans le sol, et qu'après un examen attentif il est impossible de lui supposer une existence originairement distincte et isolée, il n'est pas douteux que ce ne soit un bloc très-anciennement détaché de l'Horeb et précipité dans la vallée. Aucune dénomination géométrique ne saurait s'appliquer à l'irrégularité de son contour ; cependant la face principale, un peu aplatie, se rapproche du carré. Mais ce qui la rend extrêmement remarquable, ce sont les bouches dont elle est percée ; je dis bouches, parce que leur forme réclame l'emploi de ce mot. J'en ai compté dix sur la face qui regarde la vallée, et il y en a, je crois, le même nombre sur l'autre face. Elles ne sont point éparses, mais bien superposées, suivant une bande qui s'écarte légèrement de la perpendiculaire. Cette bande laisse à gauche les deux tiers de la pierre et à droite l'autre tiers. Un sillon peu profond, qui règne depuis la première bouche jusqu'à terre, en rencontrant les neuf autres, dut être formé par le passage d'un courant d'eau, comme le témoigne sa surface polie. Quant aux bouches elles-mêmes, elles ne sont que très-légèrement entr'ouvertes ; leur largeur varie, ainsi que la distance qui les sépare les unes des autres ; mais il y a dans leur aspect quelque chose qui exclut toute suspicion de fraude et d'intervention humaine. J'ai vainement fait appel aux notions instinctives que je possède dans les arts d'imitation, notions que l'expérience m'a appris à consulter avec quelque confiance ; je suis demeuré convaincu que la pierre d'Horeb n'a subi aucune atteinte du ciseau. Mais ces bouches ont-elles une origine naturelle ou miraculeuse ? Ce que je puis dire, c'est que je suis convaincu que tout homme qui rencontrerait, en un lieu quelconque, une semblable pierre, la verrait avec une extrême surprise. Moïse, au reste, n'a certes pas besoin que ce bloc vienne confirmer son récit, et la toute-puissance de Dieu n'a pas besoin non plus de ce froid témoignage. Je ne comprends pas bien les hommes qui discutent l'identité d'une pierre ou d'une relique avec la même ardeur que si cette pierre ou cette relique était elle-même un principe, un fait proposé à notre foi. Il serait beau sans doute de pouvoir toujours se dire à soi-même avec une certitude parfaite : Ces lieux ont vu le miracle qui fonde ma croyance; ce vestige est réellement celui du Dieu que j'adore, du saint que je vénère. Alors, pour assister à l'action elle-même, il ne manque plus que les personnages; la scène est là, et l'imagination sait l'animer quelquefois.

En continuant de tourner la base de l'Horeb, on rencontre vers le nord deux grosses pierres rapprochées l'une de l'autre et présentant une cavité intermédiaire, large de trois pieds environ et d'une égale profondeur. Autant la pierre d'Horeb m'avait satisfait, autant je fus mal content lorsque notre guide, s'arrêtant devant ce creux informe, nous le signala comme étant le moule dans lequel fut coulée la tête du veau d'or (1).

On rattache encore divers souvenirs aux grottes et aux rochers de cette contrée; mais assez d'autres voyageurs en ont parlé, et d'ailleurs je n'en ai point pris note. Il faisait nuit lorsque nous rentrâmes au monastère, beaucoup moins fatigués que si nous eussions parcouru sur une belle grand'route la moitié de l'espace que nous venions de franchir.

---

(1) D'autres voyageurs, Thévenot en particulier, ont trouvé du naturel dans cette empreinte. Je croirai facilement que je l'ai mal observée, ou que, depuis quelques siècles, elle a subi des dégradations.

## XIII.

Sociabilité. — Excursion artistique. — Pensée de foi.

Le jeudi 9 mai fut pour nous, en quelque sorte, un jour de congé; c'est-à-dire qu'ayant accompli nos devoirs de pèlerins et d'explorateurs curieux, nous ne songeâmes plus qu'à nous reposer de nos fatigues et à nous établir près de nos respectables hôtes, dans un état de cordiale et naïve communication. Ainsi nous jetions des semences d'amitié dans le cœur de ces solitaires, dont la journée du lendemain devait nous séparer aussi irrévocablement que si c'eût été le dernier de nos jours. — On se tromperait fort si l'on se persuadait que le régime monastique rend l'homme ennemi de son semblable. Il serait aussi vrai de dire que la privation nous dégoûte des jouissances qu'il est dans notre nature de désirer avec ardeur; elle leur prête, au contraire, un attrait puissant, inconnu de ceux qui jamais ne se les refusèrent. — Or, comme le contentement reçu dans un entretien est une réaction de celui qu'on donne soi-même, on comprendra facilement combien dut être agréable pour nous la société de ces bons religieux, qui trouvaient, de leur côté, tant de plaisir à converser avec des visiteurs amis. — Allez au Saint-Bernard, où la charité est ardente au milieu des neiges; visitez la Grande-Chartreuse, où la vie est un élan continuel de l'homme vers son créateur; allez au mont Cassin, berceau sauveur de la science, asile des vertus monastiques; et quand vous serez de retour, vous nous direz si les hommes que vous aurez rencontrés là sont d'un commerce moins facile, moins attrayant, je dirai même d'une politesse moins délicate et moins châtiée que ceux dont vous êtes entourés dans les réunions mondaines.

J'aurais bien quelques griefs à faire valoir contre les moines grecs du Sinaï; pourquoi, par exemple, les catholiques romains ne possèdent-ils plus, dans l'intérieur du couvent, cette chapelle où le Père Sicard reconnut avec tant de plaisir le portrait de Louis XIV, portrait qui, dans ce temps-là, ornait aussi la cellule du Père supérieur? La tolérance des Grecs d'alors n'était-elle donc qu'une idolâtrie envers le monarque dont l'univers catholique reflétait la puissance?

J'ai mille fois envié le crayon facile de ces artistes qui, dans quelques minutes, savent reproduire le paysage, la figure ou le monument qui les a intéressés. Combien j'aimerais à retrouver aujourd'hui sur mon album ce pittoresque monastère et ces austères figures grecques, dont le type ne se rencontre point ailleurs, et les divers aspects de ces montages sacrées! Quelle que fût mon impuissance, je ne voulus pas avoir à me reprocher une omission pour laquelle je sentais bien que je serais impitoyable dans la suite.

Prenant donc mon album, je quittai mes compagnons au sortir de la table, je traversai le jardin, et m'étant placé à trois quarts de lieue du monastère, et demi-lieue du pied de l'Horeb, dans la spacieuse vallée qui forme comme le parvis de la montagne, je me mis en devoir de la dessiner sous le même point de vue sous lequel je l'avais envisagée pour la première fois. — J'étais seul, sur ce sol foulé par la multitude des enfants d'Israël; je n'apercevais du monastère que ses plus hauts cyprès; mes compagnons sommeillaient sans doute sur leur divan ou sous l'ombre des citronniers. Aucun bruit terrestre n'arrivait jusqu'à moi; aucun importun, si ce n'est le soleil, ne se penchait sur mon épaule pour voir mon crayon maltraiter le papier. Le sable brûlait mes chaussures et transformait en une flamme légère la couche d'air échauffée par son contact. Je pouvais dire, comme dans la tragédie de Moïse :

> Voici l'heure pesante accordée au sommeil :
> Tout se tait à présent sous les feux du soleil.
> Les vents ont expiré ; du palmier immobile
> L'ombre se raccourcit sur l'arène stérile ;
> L'Arabe fuit du jour les traits étincelants,
> Et le chameau s'endort dans les sables brûlants !

Il est des spectacles qu'il faut contempler seul pour en jouir pleinement. Je fus plus heureux dans cette espèce de tête-à-tête avec la montagne de Moïse, que je n'avais été en l'apercevant pour la première fois. Elle semblait reposer de l'effervescence qui l'avait agitée jusqu'en ses fondements ; la plaine voisine semblait livrer, pour la première fois, son aire nue aux regards du soleil, depuis qu'Israël avait levé ses tentes et rendu la solitude au désert. — Mais j'ai trop décrit peut-être mes émotions ; tout homme qui voudra bien se mettre à ma place sentira mieux que je ne saurais l'exprimer ce qui se passe dans l'âme du voyageur en présence d'un spectacle de cette magnificence.

Je repris à pas lents et à regret la route du monastère, en préméditant une évasion nocturne à l'heure où la lune éclaircirait le paysage. Ce projet ne s'est point effectué ; ma conscience me permettrait bien, il est vrai, d'en supposer la réalisation pour ajouter une page à mon récit ; mais cette page sera mieux remplie par un emprunt loyal dont l'à-propos ne sera pas contesté, si l'on veut bien se reporter aux lieux où nous sommes.

> Heureux celui qui porte un cœur croyant dans la terre des miracles et qui foule sous son pied les objections venimeuses, ces reptiles qui dressent leurs têtes pour mordre le pieux pèle-

rin! Si, comme les savants de l'expédition française, vous transformez la nuée lumineuse en un réchaud allumé par le guide des Hébreux; si vous enlevez à chaque site sa poésie; si vous le dépouillez de ses grands souvenirs, ne quittez pas votre foyer où vous pourrez vous donner la satisfaction de tout rapetisser à la taille de votre étroit génie.

Dans les savanes de l'Orient, au milieu *de ces délices que la lune fait naître* (1), sous l'œil de Dieu, sous le regard des étoiles, on aime à écouter cette douce lyre dont une main divine tend et détend les cordes (2); perdu comme un atome sous cette voûte vers laquelle l'œil des nations idolâtres se tournait plus naturellement que vers le Capitole (3), une voix semble sortir du désert pour crier à l'homme : Lève les yeux en haut, vois combien le ciel est plus élevé que la terre, contemple l'astre qui monte sur un océan de sable et puis se couche dans un autre océan, et apprends que Dieu, comme dit Job, a caché la lumière dans sa main, et qu'il ne permet qu'au cœur pur et droit de s'approcher d'elle.

Ce fragment ne fut point écrit par le vicomte de Bonald, ni par Alphonse de Lamartine, au temps où sa pieuse mère vivait encore; c'est une inspiration de notre commun pèlerinage que j'emprunte au récit d'Augustin. (*Rome et Jérusalem.*)

## XIV.

Préparatifs de départ. — Adieux. — Route de Tor. — Repas du soir. — Insomnie méditative.

Certes, ce ne fut point l'ennui qui nous chassa du monastère, ni la crainte motivée d'être à charge à ses habitants. Il y a cela d'heureux, dans la condition du voyageur, qu'il ne prend point le temps de s'assoupir

---

(1) Moïse.
(2) Dante. *Le Paradis.*
(3) *Non ad Capitolium, sed ad Cœlum respicite.*

sur ses émotions, ni de lasser la bienveillance d'autrui. Aussi ne rapporte-t-il ordinairement dans sa patrie que des souvenirs agréables. — Le couvent se chargea de négocier un traité avec les Arabes que l'annonce de notre départ avait attirés sous ses murs; le portail aérien s'ouvrit à cet effet; il y eut beaucoup de paroles jetées du haut de la muraille par les moines et lancées d'en bas par les Bédouins. Enfin, à onze heures du matin, vendredi 10 mai, dix chameaux et autant de guides se trouvèrent prêts à partir. Il n'avait pas été possible aux négociateurs d'obtenir une réduction plus considérable sur le nombre des hommes et des animaux.

Notre sortie ressembla à notre entrée, si ce n'est que nous avions le cœur plus triste. La corde messagère ayant descendu cinq fois de suite et déposé au pied du mur les cinq voyageurs, fut retirée pour ne plus reparaître; mais le guichet ne se referma point en notre présence; et jusqu'au dernier moment nos yeux en s'élevant purent voir les visages bienveillants des religieux, dont le geste et la voix nous répétaient un éternel adieu. Au milieu d'eux, le Père supérieur, chargé de ses quatre-vingt-seize années, semblait congédier en nous ses dernières relations terrestres. — Il faut que les Pères du Sinaï aient une grande force d'âme, s'ils peuvent refermer sans émotion la porte du couvent, après avoir vu leurs hôtes disparaître dans le désert, sur le chemin de la patrie.

Ah! si je rencontre jamais, dans mes promenades, quelque voyageur arrivant du Sinaï, je veux le questionner longtemps sur cette population hospitalière, sur les changements qu'elle aura subis, sur l'impression qu'elle aura laissée dans son âme.

Après avoir suivi le défilé qui nous avait conduits, quatre jours auparavant, au pied de la montagne, nous prîmes, en tournant à gauche, la route de Tor, évitant ainsi de revenir par le chemin que nous avions déjà parcouru. La vallée sinueuse où nous marchâmes jusqu'au soir va serpentant entre les montagnes, comme un fleuve de sable avec une surface plane et un niveau régulier. A six heures, on s'arrêta pour la collation du soir et le repos de la nuit. Si nous avions pu oublier aussi promptement les bons moines, leurs bienfaits les eussent rappelés à notre souvenir à l'heure du repas. Par leurs soins, le sac au biscuit avait recouvré une rotondité rassurante; l'eau-de-vie de dattes, dont nos vases étaient remplis, nous permettait de braver jusqu'à un certain point la pestilence des eaux du désert; nous étions parfaitement approvisionnés de fromages arabes; enfin, plusieurs des bons Pères s'étaient dépouillés en notre faveur de quelques grenades qu'ils tenaient en réserve dans leurs bahuts. La grenade est un fruit que l'on ne sauraient apprécier à sa juste valeur au delà du trente-cinquième degré de latitude. Il faut avoir été brûlé intimement par le soleil du désert pour sentir le mérite de ce fruit aqueux, acidulé, bien moins recommandable par la saveur de son eau que par ses qualités rafraîchissantes.

Nous conversâmes longtemps avant de nous endormir, comme il arrive d'ordinaire lorsque plusieurs amis sont réunis, pour attendre le sommeil, sous le même ciel de lit. Cette fois, le colloque arabe s'éteignit avant que le nôtre fût près de finir. Seul, je survécus quelque temps encore à mes compagnons endormis; je suis de ceux que le chagrin endort et que le contentement tient éveillés. Or, malgré notre séparation du matin, la joie avait repris son empire sur mon âme, pour y demeurer jusqu'au moment où elle ferait naufrage dans les faubourgs du Caire. Combien d'émotions pleines de charmes me seraient restées à jamais étrangères sans les insomnies du désert! — Assez d'autres apprécient et recherchent le plaisir de se faire grands, moi j'ai souvent trouvé une incomparable volupté à me faire petit : chose facile sans doute, car une telle prétention ne rencontre guère de contradicteurs. Le désert est merveilleusement favorable pour qui veut goûter ce plaisir : quelquefois lorsqu'il m'arrivait, comme cette nuit, de veiller seul au milieu de la caravane endormie, je me plaisais à voir la chétive portion de matière que Dieu mit au service de mon âme, former à peine un léger relief sur le sable; je me roulais étroitement dans mon manteau; je comprimais ma poitrine sous mes deux bras croisés; je retirais ma tête entre mes épaules, puis je considérais le firmament étoilé, le jet majestueux des rochers, ou bien la vaste étendue de la plaine; je prêtais l'oreille à la voix profonde des vents, ou des flots, ou des bêtes féroces; parfois il me semblait entendre les siècles écroulés bruissant encore dans leur fuite lointaine, et le Sinaï s'éveillant, comme un hôte inquiet, de la tombe, pour proclamer les divins commandements. Je me jetais à travers l'éternité qui voit naître et mourir les mondes, ce manteau variable du Tout-Puissant; puis, retombant sur moi-même, je trouvais mon être tellement amoindri, que toute ma part d'existence se réduisait à la faculté de me dire à moi-même : O néant que tu es! Alors j'aurais donné mon assentiment au souffle d'air qui m'eût emporté comme une feuille sèche, au rayon de soleil qui m'eût absorbé comme une goutte de rosée. — Cependant le sentiment du devoir me rappelait à une plus juste appréciation de moi-même. Une voix me disait intérieurement : Ton anéantissement est-il humilité ou faiblesse? Crois-tu que j'aurais de ma propre main gravé sur la pierre un code sacré? Crois-tu que le Christ, engendré de mon sein de toute éternité, serait venu du ciel fraterniser avec toi, et t'offrir pendant trente ans le modèle d'une vie parfaite, si tu ne valais pas mieux qu'une feuille sèche ou qu'une goutte de rosée? Crois-tu, enfin, que la créature appelée à partager mes félicités éternelles ne soit pas d'un ordre supérieur à tous ces mondes matériels, qui s'effaceront un jour devant ton immortalité?

## XV.

Dernier adieu au Sinaï. — Belle vallée. — Palmiers remarquables. — Désert de Sin. — La manne.

Le samedi 11 mai, après être partis à cinq heures du matin, nous atteignons l'extrémité de la vallée. La caravane, forcée de défiler un à un sur une pente rapide, se met à décrire une ligne tortueuse et saccadée, en se heurtant à de continuels obstacles. Devant nous, la tête rembrunie d'une haute montagne domine un amas confus de rochers noirs, rougeâtres, couleur de soufre, qui rappellent par leurs teintes le voisinage d'un volcan. Au plus fort du désordre et de l'aridité, nous rencontrons les ruines d'un village construit en pierres. Les maisonnettes qui le composent sont apparemment de ces petits édifices que les Arabes bâtissent pour mettre leurs grains à l'abri des injures de l'air. — On tourne à gauche, et nos yeux rencontrent encore le même désordre. Derrière un front de hautes montagnes, apparait une cime lointaine que je prends pour le Sinaï, et qui reçoit mes derniers adieux. — Après deux heures de repos dans un vallon rocailleux, nous remontons à dix heures sur nos dromadaires, et bientôt le vallon finit brusquement au pied d'un roc majestueux, dont la base se cache derrière un bosquet de palmiers, épaissi d'un hallier luxuriant de plantes aquatiques. Des cailles nombreuses prennent leurs ébats sur la pente des rochers.

L'étroit défilé que l'on rencontre à gauche, et qui est comme l'issue secrète de l'espèce d'impasse où il semble que nous sommes affalés, nous conduit dans une nouvelle vallée d'une beauté remarquable. Le palmier, le tamarise, les joncs, les roseaux, une grande quantité de plantes aquatiques, végétant confusément parmi les rochers éboulés ou croulants, offrent l'image d'un désordre parfait. Le granit se présente ici sous toutes les nuances et ne varie pas moins de consistance que de couleur. Ses fissures injectées de calcaire, les longs sillons noirs dont il est incrusté, et d'autres particularités, me semblent mériter l'attention du naturaliste. J'ai remarqué parmi les productions végétales une coloquinte fort petite, hérissée d'aiguillons sans consistance; une plante rampante, ratatinée, dont la fleur simple et petite a le parfum et la couleur de la rose, enfin un très-bel arbuste épineux aux rameaux lisses et glauques armés de dards, et qui se couvre de feuilles, épaisses, arrondies, d'un beau vert luisant, terminées en hameçon.

Les palmiers offrent ici une particularité que je n'ai point observée ailleurs. Les feuilles inférieures, au lieu de se détacher du tronc lorsqu'elles sont sèches, pendent régulièrement alentour, formant une espèce de toit semblable aux ruches de paille qu'on prépare pour les abeilles; elles contrastent, par leur teinte jaunâtre, avec la verdure foncée des feuilles vives qui montent vers le ciel ou s'étendent en parasol. Seraient-ce, par hasard, ces tentes de feuilles mortes suspendues aux troncs des arbres, qui auraient induit en erreur Pietro della Valle, lui faisant dire que les palmiers servent ici d'habitation aux Arabes? La fraîcheur est entretenue dans la vallée par un ruisseau qui poursuit son cours jusqu'au moment où, sur le point d'entrer dans la plaine, il est absorbé dans le sable. Ce faible ruisseau est tout ce qui reste maintenant d'un torrent d'hiver dont les eaux emplissent la vallée et s'élèvent sur ces flancs jusqu'à une hauteur de sept à huit pieds. La plaine sur laquelle il se répand au sortir des montagnes, est couverte au loin des débris de rochers qu'il entraine avec lui. Cette plaine est la même que nous aperçûmes du sommet de la montagne Sainte-Catherine, qui serait, suivant Thévenot, le désert de Sin, célèbre par les regrets et les plaintes du peuple juif. J'adopte volontiers cette identité; ici tout semble justifier les murmures de la multitude israélite; ils aperçoivent encore par delà la mer Rouge cette terre d'Égypte qui produit pour le menu peuple des oignons si savoureux; mais la direction qu'on leur fait tenir les force de lui tourner le dos. Le désert s'étend au loin, et rien de rassurant n'apparait à sa surface : ni verdure, ni moissons, ni troupeaux. La manne ne pouvait tomber au sein d'un dénûment plus absolu; et je suis bien convaincu qu'aucun Israélite, en voyant la manne, ne s'avisa de dire, comme quelques commentateurs le prétendent : N'est-ce que cela?

Lisons le récit de la Bible : « Et quand la rosée eut « couvert la surface de la terre, une graine petite et « comme pilée, ressemblant à la gelée blanche sur la « terre, apparut dans le désert.

« Ce que voyant les enfants d'Israël, ils se dirent l'un à l'autre : *Manhu?* » Ce que signifie : quelle chose est cela? car ils ne savaient ce que c'était; et Moïse leur dit : « C'est là le pain que le Seigneur vous a donné à manger. »

Ce serait l'occasion de parler de la manne moderne, qui se recueille dans quelques contrées de l'Arabie; mais je ne l'ai point vue et n'en ai rien entendu dire. Je n'examinerai pas non plus si le miracle de la manne consistait dans la production d'une substance nouvelle, autre que la manne commune, ou seulement dans la dispensation régulière, abondante et surnaturelle d'un aliment déjà connu. Ce qu'il y a de certain, c'est que la manne naturelle, production rare qui suinte pendant un temps très-limité de la feuille ou de l'écorce d'un arbre, serait un aliment dérisoire pour un peuple nombreux, quelque sobre qu'on le suppose.

A deux heures de l'après-midi, nous fîmes halte dans le désert de Sin, puis nous marchâmes encore depuis quatre heures et demie jusqu'à huit, et nous attendîmes le lever de la lune; on chemina quelque temps à sa clarté, mais sans pouvoir atteindre l'extrémité de la plaine, où les flots de la mer baignaient la plage de Tor. Nos yeux cherchèrent en vain ces feux scintillants par lesquels une ville se manifeste de loin au voyageur égaré dans la nuit; si, hors de nous, d'autres créatures animaient le désert à dix lieues à la ronde, rien ne trahissait leur existence. Jamais, je pense, nous n'avions été aussi complétement à la discrétion de nos guides, deux fois plus nombreux que nous.

## XVI.

Gasconnade arabe. — Tor. — Galeries minéralogiques. — L'homme marin. — Combat singulier. — Constitution bizarre. — Le présent voyage considéré du point de vue économique. — Chameau élégant. — Les douze fontaines d'Élim.

Pockock raconte avec une bonne foi assez amusante de quelle manière, en se rendant de Tor au Sinaï, il fut mis à contribution par un cheik bédouin et contraint de lui payer quatre médins, ce qui équivaudrait aujourd'hui à deux liards de notre monnaie. — Les prétentions de l'Arabe se fondaient sur ce que son aïeul, ayant secouru un marchand qui était tombé d'une manière dangereuse en allant au Sinaï, avait reçu quatre médins pour prix de ses services, « et depuis lors, ajoutait l'Arabe, nous nous faisons une loi d'exiger pareille somme de tous les étrangers qui passent au au même lieu. » Et Pockock de s'écrier : « Tant il est dangereux de donner de l'argent aux Arabes, sous quelque prétexte que ce soit. » — Ne fallait-il pas plutôt admirer la sagacité et le bon naturel de cet homme, qui, tout en acceptant pour un service capital la misérable offrande de deux liards, ne peut croire à tant d'avarice, et se promet bien de prélever sur chaque étranger un arrérage de la petite rente qui vient d'être tacitement constituée en sa faveur. Je n'ai pu savoir si l'Arabe de Pockock avait laissé des héritiers de sa créance ; mais s'il s'en était présenté un, je lui aurais de grand cœur soldé ses quatre médins, en le complimentant sur les vertus de son aïeul.

Nous étant remis en marche le dimanche 12 mai, à trois heures du matin, nous traversâmes l'encaissement peu profond d'un torrent desséché, marqué par quelques arbustes verts. Sur le point d'arriver à Tor, on côtoye le lit aride d'un large courant d'eau qui a laissé quelques fontaines sur son passage. Les palmiers épars sur ce fond ombragent des cabanes terreuses et des murs de jardins, dont la couleur se confond avec celle du sable.

Il était sept heures du matin lorsque nous atteignîmes enfin la plage de Tor. Un habitant du lieu, qui parlait italien, nous conduisit directement au presbytère, dont nous trouvâmes la porte close. Le *papas* ou curé célébrait alors le sacrifice de la messe pour les soixante chrétiens du rit grec qui composent son troupeau. En attendant qu'il rentrât, nous disposâmes nos bagages dans la cour du presbytère, pensant que la dignité du lieu leur servirait de sauvegarde.

Tor, ou du moins cette agglomération de maisonnettes qui se rangent sur le rivage de la mer, est composée d'une ville morte, représentée par des masures croulantes, et d'un village mourant, formé de quelques cabanes chétives, éparses au milieu des ruines. Telle est, au reste, l'ordinaire physionomie des villes soumises à la domination turque. Nonobstant sa misère, chaque maison de Tor est une véritable galerie minéralogique, les murs étant formés de gros fragments de madrépores qui offrent des variétés infinies. La mer Rouge abonde en productions de cette nature : c'est sans doute ce qui a fait dire à Strabon et à Pline qu'il y avait au fond de cette mer une grande quantité d'arbres, surtout de lauriers et d'oliviers. Pline ajoute que les oliviers portent des fruits : *Olivam ferentem baccas.* J'avouerai que le laurier et l'olivier sont les derniers arbres que j'aurais été prendre pour terme de comparaison en parlant des madrépores de la mer Rouge. « Pour l'observateur qui veut étudier et « connaître à fond les phénomènes de la pétrification, « dit un voyageur moderne, je crois qu'il n'est pas de « meilleur cabinet au monde que les bords de la mer « Rouge. » Le bon Pietro della Valle recommande les forêts sous-marines de Tor aux constructeurs de grottes artificielles : « Ce sont, dit-il, des plantes pétrifiées, « dont quelques-unes sont rougeâtres et percées à jour « par un artifice extraordinaire de la nature ; elles sont « fort belles, principalement pour faire des grottes, « parce qu'elles ressemblent parfaitement à de petits « arbrisseaux dont les formes capricieuses sont tout à « fait admirables. »

Les habitants de Tor vendent aux étrangers les plus remarquables de ces zoophytes et divers coquillages. J'achetai, pour une piastre, deux grandes et belles porcelaines à fond blanc, que je suppose originaires de la mer Rouge, car le poisson enfermé dedans n'était point encore desséché. Augustin fit emplette d'une scie de mer entièrement durcie et momifiée, mais nous ne vîmes point l'homme marin, ce *poisson extravagant* dont parle Thévenot, poisson qui n'a de remarquable, en définitive, que des nageoires, ou, comme dit notre voyageur, « ses deux mains, semblables effectivement « à celles d'un homme, si ce n'est que les doigts sont « joints avec une peau, comme une patte d'oie. »

S'il faut ajouter foi aux récits d'Ali-bey, la discorde aurait élu domicile à Tor. Je suis d'autant plus porté à le croire, que, sans être instruits de sa suzeraineté, nous lui payâmes largement notre tribut. Je ne sais quel malentendu ou quelle prétention inadmissible mit le feu aux susceptibilités respectives du noir Ismaël et de notre société franque. La misérable tente qui nous abritait du soleil étant devenue le symbole de la victoire, sa possession fut chaudement disputée entre Lucien et Ismaël. Une lutte corps à corps s'engagea avec une énergie qui ne pouvait laisser longtemps le triomphe douteux. La tente resta aux mains du lutteur africain. Le poignet de notre compagnon avait trahi son courage. — Impossible de décrire la consternation du pauvre Lucien; je la comparerai à la stupeur d'un athlète qui trouverait un beau matin deux bras d'enfant à la place des siens. Évidemment il avait eu affaire à son maître, car il ne fit aucune tentative pour ressaisir la victoire, ce qu'il n'aurait pas manqué d'essayer si elle lui eût échappé par surprise. Nous nous empressâmes de prodiguer au vaincu les consolations dont il devait avoir besoin, et qui étaient bien dues à son zèle ardent pour la défense de nos intérêts. — Je dois dire à la louange de Lucien, que sa défaite fut autant le résultat des privations et des coups de soleil qui l'avaient affaibli, que de la force vraiment herculéenne de son adversaire; il s'honora bien plus, à mes yeux, par la manière dont il supporta cet échec, qu'il n'eût pu le faire par une victoire complète. Je reconnus en lui le vrai sage, qui, loin de ménager la passion dominante, comme font les pusillanimes, apporte tous ses soins à la refouler impitoyablement. Un instant suffit à cet homme, aussi élevé par le cœur que minime par sa position sociale, pour reprendre un empire absolu sur lui-même. Aucun ressentiment, aucun regret ne survécurent à l'exaspération momentanée qui venait d'allumer la querelle.

La discorde, disons-nous d'après Ali-bey, a établi ses pénates à Tor. Le voyageur dont nous invoquons le témoignage la vit à l'œuvre comme il revenait de la Mecque par la mer Rouge. Ses bagages et ceux des autres pèlerins qui avaient débarqué avec lui à Gadijabia pour prendre la route de terre, furent chargés, sans contestation, par les Arabes conducteurs de chameaux, et la paix se maintint de la sorte jusqu'à Tor. Mais en cet endroit, l'usage autorise les chameliers à se quereller sur la répartition des charges, jusqu'à ce qu'ils aient atteint un groupe de palmiers où il faut que toute contestation cesse. Le débat observé par Ali-bey fut des plus acharnés. — Les Arabes, suivant l'usage, font mettre pied à terre à la caravane; on les voit s'accroupir en cercle sur le sable, se lever, se rasseoir à dix pas l'un de l'autre, prendre un ancien pour arbitre, et parfois appeler de la décision d'un vieillard à celle d'un autre vieillard; se remettre en marche en disputant toujours, arrêter de nouveau la caravane, s'accroupir au milieu du chemin, changer encore quelques chargements ou refuser l'échange, et se prendre au collet, prêts à en venir aux mains, faire rage pour retenir les chameaux, ou bien se hâter d'arriver au groupe de palmiers où doit se terminer la querelle. — A peine ce but est-il atteint, qu'une voix générale s'écrie : *Hhalas! Hhalas!* (c'est assez! c'est assez!) A ce cri, tous restent immobiles comme des termes, et la caravane reprend paisiblement sa marche. — A la surprise que témoignait Ali-bey, aux vaines tentatives qu'il fit pour calmer les esprits, on répondit constamment : « C'est la constitution, c'est la constitution. »

Combien de constitutions, non d'Arabes, mais de peuples jeunes et progressifs, ont consacré au génie de la dispute de magnifiques amphithéâtres, sans avoir planté le groupe de palmiers à l'ombre duquel tous les contestants s'écrient, comme un seul homme : « C'est assez ! c'est assez ! »

Le curé grec de Tor est un religieux envoyé par le couvent du Sinaï ; il nous accueillit avec assez de bonhomie et nous fit voir l'intérieur de sa petite église, pauvre comme tout ce qui l'avoisine ; elle possède cependant quelques peintures, et notamment un saint George à cheval. De tous les hôtes du ciel, saint George est, je crois, celui qui a le plus exercé le pinceau des peintres byzantins ; aussi faut-il qu'une église grecque soit bien pauvre pour ne posséder qu'une seule image de ce guerrier.

Le rivage de Tor offre à la navigation une rade passable. Les habitants du village ont pour principales ressources le poisson que la mer leur fournit, bon et abondant, et les fruits de leurs dattiers, dont ils composent une sorte de conserve ou de pâte compacte assez agréable au goût. Nous achetâmes un cabas bourré de cet entremets. Malheureusement les vers en avaient pris possession les premiers ; ils y formaient des peuplades nombreuses et animées, qui laissaient entre elles peu d'espace à défricher.

Le premier sentiment que l'on éprouve après avoir mis pied à terre sur le terrain poudreux d'un village turc, c'est le désir de poursuivre sa route. Nos chameliers du Sinaï devaient nous quitter à Tor. — Après un pourparler fécond en barbarismes et en quiproquos, nous parvînmes à conclure un arrangement tel quel avec une nouvelle troupe qui, moyennant 75 piastres (20 francs à peu près) par voyageur, promit de nous conduire au Caire. C'était aussi 75 piastres que nous avions payées à nos premiers guides, pour le trajet du

Caire au Sinaï, c'est-à-dire environ 14 francs par chameau, accompagné de son guide, pour un voyage de neuf jours à travers le sable mouvant des plaines et les rocs détachés des montagnes. Si l'on considère que nous avions la voûte du ciel pour hôtellerie, que nous étions éclairés par la lune, couchés, chauffés et désaltérés aux frais du désert, que toute dépense de fantaisie nous était impossible, que l'air chaud et vivifiant dont se remplissaient nos poumons était presque pour nous une nourriture suffisante, on comprendra qu'un voyage en Arabie, loin d'appauvrir le voyageur, peut rapporter à son budget ordinaire de notables réductions.

Il m'échut pour ma part, dans la répartition des montures, un jeune dromadaire tout à fait intéressant par son élégance et la délicatesse de sa complexion. La bosse héréditaire semblait n'exister, sur son dos, que pour mémoire. Sa physionomie, pleine de douceur, n'avait point cette rudesse de contour qui tend à tromper les spectateurs sur le caractère pacifique des autres animaux de son espèce. La finesse de sa taille, la distinction de son maintien lui donnaient, près de ses compagnons, l'apparence d'un cadet de famille enrôlé dans une troupe de soudards vulgaires.

Plus d'une fois aussi, en le considérant, je me souvins, malgré moi, de ces jeunes personnes dont les quinze ans semblent échapper à la difformité traditionnelle infligée à leur famille, mais sur le visage desquelles l'observateur exercé retrouve tous les traits de la tendre mère qui promène près d'elle sa respectable laideur.

Les religieux du Sinaï possèdent tout près de Tor un assez vaste jardin planté de palmiers en désordre et encombré de vieux troncs gisants. Ce jardin est situé au pied de la petite chaîne de collines qui sépare en cet endroit la plaine du rivage de la mer; là aussi se rencontrent les fontaines qui marquent la troisième station du peuple de Dieu, à partir du point où il passa la mer

Rouge. « Et les enfants d'Israël vinrent à Élim, où il y
« avait douze fontaines d'eau et soixante-dix palmiers,
« et ils campèrent auprès des eaux. »

« Les vieux soixante-dix palmiers, comme dit Thé-
« venot, n'y sont plus; » quant aux fontaines, nous y
puisâmes une eau limpide, mais tiède et saumâtre,
qu'il n'est guère possible de boire. Une seule, dite fontaine de Moïse, fournit un liquide assez passable, dont
nous remplîmes nos outres.

J'ai observé pour la première fois, près de Tor, ce
palmier dont le tronc se ramifie par des bifurcations
successives et régulières, et dont les feuilles, réellement
palmées, ont la forme d'un éventail, tandis que le palmier de la basse Égypte n'offre qu'une colonne cylindrique s'épanouissant en un faisceau de longues feuilles
arquées, dont les folioles sont régulièrement étagées
des deux côtés de leur support. La première de ces
deux espèces produit, je crois, cette sorte de dattes dont
le noyau sert à façonner les chapelets qui se vendent
aux pèlerins de la Terre-Sainte, sous le nom de grains
de la Mecque. Ce noyau, presque aussi dur que l'ivoire,
est d'un beau blanc d'albâtre qui reçoit facilement une
couleur quelconque.

Notre nuit se passa, comme les précédentes, au grand
air et près du ravin que j'ai décrit en arrivant à Tor. Je
n'avais garde de porter envie aux pauvres citadins, qui
étaient la proie des insectes dans leurs misérables
cabanes.

On s'étonne, quand on a vu Tor, de trouver sur les
cartes générales de l'Asie ce réduit insignifiant, tandis
qu'en France sa population lui donnerait à peine droit
de figurer sur une carte d'arrondissement; mais sur le
vaste champ du désert, un arbre même, qui serait un
nain dans nos forêts, acquiert de la célébrité, et son
nom court le monde avec les récits des voyageurs et
les atlas des géographes. C'est exactement ainsi qu'à

certaines époques d'aridité intellectuelle, on voit dans le domaine de l'art, de la science ou de la philosophie, grandir et se propager des réputations qui, dans d'autres temps, auraient eu peine à sortir du cercle étroit de la famille.

## XVII.

Aménité des nuits. — Amende honorable à nos *peaux* de bouc. — Plantes du désert. — Vent du nord.

Il n'est personne qui n'ait entendu vanter les chaudes nuits d'Italie. Ce mensonge a même acquis un tel crédit, que plus d'un voyageur, pour s'être, de bonne foi, chauffé pendant une nuit à la lune de Milan ou de Florence, est revenu dans sa patrie chargé d'incurables rhumatismes. — Le manteau dont j'avais eu soin de me précautionner contre les chaudes nuits de l'Arabie Pétrée, et qui m'avait rendu d'inappréciables services, m'était devenu inutile depuis le départ du Sinaï. Nous commencions à avoir, sinon de chaudes nuits, du moins des nuits tièdes, de ces nuits réparatrices durant lesquelles l'air, en se mettant dans une harmonie parfaite avec nos organes, semble adoucir et tempérer son haleine, comme une tendre mère amortit le baiser qu'elle dépose le soir sur le front de son petit enfant endormi.

Il me souvient, et ce souvenir a pour moi tout le charme d'un plaisir dérobé, il me souvient des visites furtives que je faisais, durant ces délicieuses nuits, aux outres, que l'absence du soleil avait un peu rafraîchies. Il me semble les voir, ces estimables peaux de bouc, assoupies sur le sable. Je déliais le cordon qui les étranglait, je ménageais une étroite issue, et j'entendais l'eau couler à petit bruit dans mon gobelet de cuir. J'avalais une rasade, puis une autre, puis une troisième, et je regagnais mon matelas, emportant ma tasse pleine ; je la posais à terre à portée de ma main, et, sans détourner les yeux de mon trésor, je m'endormais aussi joyeux que l'enfant fasciné par le sabre de bois ou le cigare de chocolat dont son cœur est épris. Mais quelquefois, avant que ma paupière fût close, je voyais un autre visiteur se diriger à pas de loup vers l'objet de nos communes affections, s'agenouiller auprès et surpasser encore les témoignages de tendresse dont je m'étais montré prodigue. Le jour venu, chacun se récriait à la vue des outres pauvrement affaissées sur l'arène, et, d'une commune voix, le sable du désert était accusé d'avoir bu le liquide absent. Il était bien capable de cette peccadille, lui qui boit des fleuves entiers.

Le lundi 13 mai, à trois heures du matin, nous disons adieu aux palmiers et aux fontaines d'Élim, pour marcher vers le nord sur la vaste plaine qui, conjointement avec la mer Rouge, semble environner la petite ville de Tor d'un double océan. Le rivage disparaît pour nous derrière les collines que nous avons à gauche ; vers la droite, de hautes montagnes arrêtent au loin le regard égaré sur la plaine déserte. Le paysage est généralement privé de toute végétation ; çà et là, cependant, croissent des genêts variés, des plantes grasses à petites divisions, fraîches et gonflées de séve au milieu de la plus grande aridité ; enfin cette herbe pâle, hirsutée, blessante comme l'aumône d'un avare, et qui se redresse au moindre froissement avec un bruit aigre et une élasticité métallique. Les chameaux pressés par la faim affrontent l'aiguillon de cette âpre graminée. — Des pierres noires brisées s'étendent à perte de vue sur de vastes espaces.

Après treize heures d'une marche coupée d'un repos de deux heures, nous nous arrêtons aux confins de la plaine, pour notre station de nuit. Il a fait pendant tout le jour un vent du nord fort incommode. Le battement incessant des larges bords de mon chapeau de paille m'importunait au dernier point et me faisait appréhender que mon nez exposé au premier choc ne fût à la fin rasé par la tempête. Presque tous les voyageurs se sont plaints de ces vents du nord ou du nord-ouest, qu'ils ont trouvés extrêmement froids pendant la nuit; don Juan de Castro dit n'avoir jamais éprouvé un froid plus vif. Les hommes de la caravane dont Ali-bey faisait partie grelottaient au milieu de mai sous le poids de tous leurs vêtements. Ce vent, plus violent peut-être que le kamsinn, est bien moins redoutable. Il ne nous arrive point affamé par une longue course à travers le désert d'Afrique. Il n'a point pour mission de balayer les sables de la Libye au profit des rivages de la mer Rouge, mais plutôt de voiturer vers les régions torrides les vapeurs qu'il s'est appropriées en bouleversant les flots de la mer. Ce n'est pas lui qui fit périr au désert l'armée de Cambyse, qui, non content d'étouffer les hommes et les chameaux, ne laisse de leurs cadavres qu'une forme privée de substance. Ce n'est pas lui qu'on a vu assaillir en furieux la grande caravane des pèlerins de la Mecque, et lui enlever jusqu'à deux mille hommes en une seule nuit; ce n'est pas lui enfin qui passa sur nous il y a quinze jours, et nous contraignit de contrefaire la mort pour éviter une mort réelle.

## XVIII.

Triste aspect de la caravane. — Guide malade. — Bahar Kolsoum. — Mauvaise nuit.

Mardi 14 mai. — Une tristesse lugubre s'est appesantie pendant toute cette journée sur la caravane.

Partis à quatre heures et demie, nous avons traversé la chaine de collines qui nous séparait hier de la mer Rouge, et vu s'ouvrir devant nous une nouvelle plaine que la mer baigne au couchant, et qui se termine à l'orient au pied d'une chaussée gigantesque. Ce rempart que Dieu n'avait point créé, que la main des hommes n'a point édifié, présente un amas de sable fin lentement amassé depuis le déluge par les larcins que le vent fait au désert.

La tempête d'hier continue; les vapeurs répandues dans l'air enveloppent d'un voile grisâtre tout ce paysage, déjà si terne de lui-même et si uniforme; le roulement incessant de la vague qui se brise, bourdonne à nos oreilles comme le tintement fiévreux qui percute le cerveau d'un malade; nos visages, battus par le vent, reproduisent à merveille l'air piteux de nos dromadaires. Toujours la dune avec sa pâle uniformité, toujours la plage grise harcelée par les flots gris; pas un arbuste pour tempérer la fougue de l'air; pas un rocher de quelque valeur pour distraire l'imagination par une forme nouvelle. On dirait que le vent de la destruction a soufflé sur la plage, et qu'ayant tout effacé, il s'acharne encore contre notre chétive existence. Nous ressemblons à une escouade de traînards se rendant aux grands comices de la vallée de Josaphat, et plût à Dieu que notre caravane n'eût d'un convoi funèbre que l'apparence! mais il est trop évident, hélas! que la mort marche à notre suite et qu'elle a choisi parmi nous sa victime. J'en suis suffisamment averti par la tristesse qui m'oppresse chaque fois que je considère le malheureux cheik dont le chameau marche à notre tête. Mustapha, c'est ainsi qu'il se nomme, est un Arabe de haute taille, pourvu d'un demi-embonpoint fort rare chez les hommes de cette nation, dont la substance, sans cesse dévorée par le soleil en ce qu'elle a de superflu, est à peine renouvelée par une nourriture insuffisante. Je ne sais quelle est la maladie de notre chef; il me paraît en proie à une violente inflammation cérébrale, aggravée par les circonstances extérieures les plus fâcheuses. Incapable de se soutenir, il est constamment étendu, la poitrine appuyée contre la bosse de son dromadaire et la tête inclinée sur le versant antérieur : horrible position pour un malade, et qui serait déjà une torture suffisante quand même le malheureux ne serait ni flagellé par le vent, ni ballotté par les roulis de sa monture, ni étourdi par le fracas des vagues. Du reste, sa prostration est telle qu'il ne manifeste aucune souffrance. Il a cessé ce matin de donner le signal du départ; et désormais les mouvements de la caravane s'exécutent sans attendre ses ordres ; je doute même que sa voix fût entendue s'il implorait un ou deux jours de ce repos qui lui est si nécessaire. — La maladie est une éventualité qui n'entre point dans les prévisions des caravanes et pour laquelle le désert est inexorable; force est donc de marcher, de marcher toujours, dût-on laisser pour vestiges de son passage un long sillon de débris humains. C'est ce que voient fréquemment les voyageurs qui suivent de près une caravane.

Mornes et silencieux, nous n'avons pour nous distraire d'une morne tristesse si simplement motivée que le souvenir des Israélites, qui probablement se rendirent aux sources d'Elim par la route que nous suivons depuis hier matin. Un tel trajet, surtout si le vent du nord soufflait sur les enfants de Jacob comme il souffle sur nous, ce qui est assez vraisemblable, était bien propre à faire germer dans l'âme de ces hommes charnels et oublieux des bienfaits de leur Dieu les murmures qui ne tardèrent pas à éclater.

En attendant que la mer Rouge devienne le canal de communication entre l'Europe, l'Asie et l'Afrique, et qu'elle acquière ainsi aux yeux du siècle une vaste considération; en attendant qu'elle se couvre de voiles comme le canal de la Tamise, elle jouit, pendant la plus grande partie de l'année, d'une solitude et d'un calme profonds qui conviennent parfaitement à son antique célébrité. — La mer Rouge ou Érythrée, appelée aussi golfe Arabique, se nomme dans l'Écriture mer des Joncs, et dans le langage des musulmans, mer de la Mecque; elle est aussi appelée par les Arabes Bahar Kolsoum (mer de Kolsoum). Ce nom, qui exprime l'action d'avaler, se rapporte évidemment à la submersion de Pharaon et de son armée. — On lit dans Diodore de Sicile, que, suivant une tradition très-ancienne conservée chez les Ichthyophages, peuples de ces contrées, toute la partie de la mer Rouge qui paraît verdoyante se trouva mise à sec par le retrait des eaux en deux directions opposées, et que les flots rentrèrent ensuite dans leur ancien lit. La mer Rouge eut l'honneur, en 1787, de donner son nom à une compagnie industrielle formée à Paris pour l'exploitation du commerce de l'Inde par cette voie. La compagnie de la mer Rouge, digne de naître un demi-siècle plus tard, engloutit sans aucun résultat les capitaux de ses actionnaires, et mérita bien de perdre son nom français, pour s'appeler en arabe la compagnie d'el Bahar Kolsoum, ce qui revient à dire la compagnie vorace.

Nous avons fait à midi une halte qui a duré trois heures. Après ce répit, Mustapha, aidé de ses compagnons, a repris sa place comme une masse inerte sur son dromadaire. A six heures du soir, ayant rencontré au sommet d'un tertre de sable quelques arbustes verts qui nous offraient un abri contre le vent, nous en avons profité pour le repos de la nuit. Les amabilités du désert sont trop rares pour être dédaignées. La meilleure place sur le talus est réservée à notre pauvre malade. Il s'y laisse tomber en s'affaissant sur lui-même pour reprendre son immobilité. Inutilement lui avons-nous offert tout ce que notre indigence nous permettait de lui offrir, il répond à nos instances par un imperceptible mouvement de la tête qui semble dire : « De grâce, ne trouble plus mon repos, ne m'envie pas mon unique bien. »

Je me suis endormi la tristesse dans le cœur, honteux et consterné de ne pouvoir rien faire pour un homme que les circonstances me rendaient si proche. Bien des fois je me suis éveillé tout à coup, oppressé par la pensée de la mort qui peut-être étouffait sourdement sa victime sous le burnou de notre guide. Alors ma prière s'est élevée vers le Dieu de miséricorde, pour cette âme dont le pèlerinage s'accomplissait avant le temps, et que la divine justice appelait si soudainement à son tribunal. Le triste état où nous le voyions réduit n'était-il point notre ouvrage, je veux dire le résultat du voyage que nous lui avions fait entreprendre? le malheureux nous avait-il vendu sa vie en nous louant ses chameaux? Je trouvais dans ces considérations une source d'amères pensées, dont le spectacle du ciel et des flots ne pouvait me distraire.

## XIX.

Anxiété. — Opinion archéologique. — Bains de Pharaon. — Changement de guides. — Pensées sur la mort. — Enfance du chameau.

Il est quatre heures et demie, les ténèbres s'effacent peu à peu devant la clarté du jour. Tout est prêt pour le départ; les chameaux ont reçu leurs chargements; nous sommes à notre poste sur nos montures agenouillées. — Un seul objet, roulé dans un manteau blanc, reste étendu sous la rosée du ciel. Ce n'est point un oubli de nos guides, mais un sentiment de commisération les arrête; personne ne voudrait torturer l'agonie qui s'achève sous ce burnou. Cependant il faut partir; les Arabes s'entr'aident à replacer leur cheik sur son dromadaire; nous les assistons de notre mieux, et rien n'est négligé pour améliorer sa pose et consolider son aplomb. La caravane se remet en marche d'un pas lent et solennel. Nos yeux, instinctivement arrêtés sur le moribond, épient avec effroi l'instant où la mort va le séparer de son dromadaire. Ah! que nos oreilles n'entendent pas, s'il est possible, le bruit d'une telle chute. Deux Arabes à pied veillent à ses côtés.

Nous suivons une route étroitement comprimée entre la mer et les montagnes, et qui s'élargit en quelques endroits par le retrait des coteaux. La dune a fait place à une ligne d'architecture fantastique taillée à larges pans dans une roche blanchâtre, dont les couches, tantôt obliques, tantôt parfaitement horizontales, rappellent les assises massives et régulières de quelque construction gigantesque. S'il m'était permis de me servir des termes consacrés par la science, je dirais que, dans cet amas polystyle, le byzantin, le roman et la renaissance prédominent tour à tour; j'ajouterais que le XVe siècle revendique la plus grande part dans ces constructions, quoique l'opinion vulgaire leur assigne une date moins récente, les faisant remonter au temps de la création du monde; et si j'étais sommé de justifier mon assertion, je demanderais depuis quand le paradoxe a besoin de s'appuyer sur des preuves pour conquérir l'adhésion de mes concitoyens. Quoi qu'il en soit, il semble que l'on s'est proposé d'entasser, dans l'immense magasin architectural que nous avons sous les yeux, toutes les pièces nécessaires pour construire à l'infini des cathédrales comme Saint-Antoine de Padoue ou Saint-Marc de Venise, des donjons comme celui de Vincennes, des châteaux comme Chambord ou Chenonceaux. Quelquefois l'architecte s'est plu à faire contraster avec la teinte blanchâtre de ces matériaux des masses formées de bandes alternatives rouges et noires. Ceux qui ont observé sur la Seine, près des Andelys, les ruines de Château-Gaillard et les roches crayeuses sur lesquelles il est assis, peuvent se faire une juste idée de l'effet pittoresque résultant de l'entassement bizarre que je viens de décrire. Il faut seulement supposer ces ruines formant une perspective de plusieurs lieues d'étendue et s'étageant sur une immense hauteur.

Nous sommes peu éloignés de la grotte appelée par les Arabes Hammam-Pharaün (bains de Pharaon), à cause des sources thermales et sulfureuses qui s'y rencontrent. Mais il y aurait de la cruauté à contraindre nos guides de se détourner de la route directe pour nous y conduire. Détestons, comme elle le mérite, la manie, trop répandue parmi nous, de ces hommes qui se laissent préoccuper d'une vaine curiosité ou d'un sot amour de la science dans les occasions où le devoir, la religion, l'humanité ont seuls droit d'élever la voix.

Les Bains de Pharaon ont donné lieu à mille fables étranges : au dire des Arabes, la chaleur de l'eau et ses exhalaisons sulfureuses n'ont d'autre cause que la présence du roi Pharaon lui-même détenu au fond de l'abîme. On ajoute que la mer Rouge est dans une continuelle effervescence à l'endroit où fut englouti le persécuteur des Israélites. Il n'est pas moins notoire que quiconque dépose quatre œufs dans l'eau du bain n'en retire que trois, le diable ayant coutume de s'approprier le quatrième.

Nous quittons définitivement le rivage pour entrer, en tournant à droite, dans un ravin, au fond duquel une voie large et plane est entretenue par le passage d'un torrent entre deux remparts de rocs blanchâtres. Le voyageur, placé là sous le coup du soleil, fait à peu près la même figure que l'insecte au foyer d'un miroir ardent. A dix heures, nous faisons halte en un lieu où se rencontrent quelques fontaines creusées dans le sable par une main arabe; c'est la même station où se passa notre nuit du 3 au 4 mai. Ainsi nous rentrons dans le chemin qui nous conduisit au Sinaï, et que l'obscurité de la nuit cacha quelque temps à nos observations. Le fond du ravin, à l'endroit où coulait le torrent, est couvert d'une efflorescence saline, ainsi que beaucoup d'autres terrains de cette contrée.

Nous sommes joints par une nouvelle troupe d'Arabes et de dromadaires. Ils viennent à l'appel de nos guides, pour prendre la direction de la caravane, à la place de Mustapha et de ses compagnons, qui se disposent à regagner leur camp, peu distant du lieu où nous stationnons. Le moribond paraît comprendre la manœuvre dont il est l'objet; moins inerte qu'auparavant, il se cramponne avec plus de courage à l'échine de son dromadaire; il est assuré maintenant d'avoir une sépulture au milieu des siens. J'ai suivi du regard le triste convoi; au moment où il disparaissait à mes yeux derrière le sommet d'une colline lointaine, il m'a semblé voir Mustapha se soulever tout à coup en s'agitant sur son dromadaire, et les Arabes se rapprocher de lui par un mouvement rapide. — Était-ce un transport de joie à l'aspect de sa vallée, de ses tentes et de ses troupeaux? Était-ce la vie, en se retirant, qui secouait ainsi ce corps, auquel elle semblait naguère si puissamment unie?

Le biscuit que je venais de rompre tomba de ma main, et je demeurai longtemps immobile, considérant le lieu où nos guides avaient disparu.

Pourquoi le spectacle de la mort est-il si éloquent? C'est qu'elle est la flétrissure suprême infligée à notre vanité, la dernière expression de la misère humaine, misère si grande à cet instant fatal, qu'une compassion unanime lui est acquise; c'est qu'en voyant mourir autrui, nous entendons notre propre sentence, **nous mourons nous-mêmes en effigie.**

Le désert est merveilleux pour entretenir les grandes

émotions qui se dissipent si promptement ailleurs. — Nous marchions déjà depuis quelque temps avec nos nouveaux guides, lorsque je recouvrai assez de liberté d'esprit, ou plutôt lorsque mon esprit se mit à ramper assez bas pour me permettre de donner quelque attention à la route que nous parcourions. Je remarquai que le sol, soit qu'il se composât de sable ou de roches, était fréquemment couvert d'une croûte ou cristallisation blanchâtre plus ou moins solide, suivant l'ancienneté de sa formation, et semblable aux pierres naissantes que j'ai décrites au chapitre VIII. Je remarquai aussi que l'une de nos montures était suivie de son petit chameau, svelte et gracieux comme tout ce qui est enfant (l'espèce humaine exceptée, où le premier âge trouve parfois le secret d'être hideux). Mais je ne pus me défendre d'un sentiment pénible en retrouvant sur cette petite créature les rudiments de la double bosse et des callosités crurales, stigmates héréditaires de son pénible esclavage; une gravité précoce assombrit aussi sa physionomie, où se peint une grande douceur. Tel qu'il est, le petit chameau, trottant sur les flancs de la caravane, libre encore de soucis et de fardeau, rafraîchit un peu l'imagination calcinée du voyageur. Les ébats de l'enfance sur la vétusté du désert, la tendresse maternelle du dromadaire sous sa face de réprouvé, présentent d'agréables contrastes.

Nous nous arrêtons vers le soir dans la vallée où nous dressâmes notre tente le 5 du mois de mai, pour laisser passer la chaleur du jour; c'est, je pense, la vallée de Girondel.

## XX.

Désert de l'Égarement. — Un scorpion. — Nos plus déterminés ennemis. — Lever du soleil. — La source de Moïse. — Trombes du désert. — Marché à Suez.

Jeudi 16 mai. — Nous sommes en route à cinq heures du matin ; le désert, accidenté à peu près de la même façon que la campagne de Rome, présente au rayonnement du soleil une surface pâle, réverbérante, comme les plaines de notre Champagne, et qui n'est tempérée par aucune sorte de verdure. Lorsque nous passâmes ici il y a quinze jours, l'haleine opaque du kamsinn nous cachait toute cette contrée, et notamment une chaîne de montagnes lointaines qui se développent vers le nord. Cependant les derniers mouvements de terrain, les dernières racines de l'Horeb s'effacent devant nous ; nous entrons dans le désert de l'Égarement, vaste espace où l'homme disparaît aux yeux par sa petitesse seule, sans qu'aucune ondulation du sol le cache à la vue, région morte et déjà réduite en poussière.

Notre course de ce jour, interrompue par un repos de deux heures, se termina à six heures du soir en rase campagne. Au moment où nous étendions nos matelas sur le sable, l'un de nous, en écartant une pierre, mit à découvert un scorpion, le premier que nous eussions encore rencontré. Avant de donner la mort à ce scélérat, je m'empressai de prendre son signalement, ainsi qu'il suit : Corps verdâtre et gros comme celui d'un hanneton ; dix pattes latérales, dont les deux premières sont armées de pinces, comme celles d'une écrevisse : queue jaune, arquée, composée de six anneaux ; l'avant-dernier, dans lequel le venin paraît concentré, est d'une noirceur effrayante ; le dernier est armé d'un aiguillon noir et recourbé. L'individu semble sortir d'un engourdissement; il a cet air pesant, sournois et inoffensif si bien approprié au caractère des scélérats qui se servent du poison pour accomplir leurs mauvais desseins.

Le voyageur prend facilement l'habitude de se fier à tout le monde, trouvant plus simple de suivre cette méthode que de se mettre en garde à tout propos. Cette fois encore, nous nous confiâmes à la loyauté du scorpion, comme nous avions fait précédemment pour la hyène, le stellion et le chacal, et nous ne fûmes pas plus inquiétés que de coutume.

Nos plus déterminés ennemis pendant ce voyage furent, en définitive, ceux qui vivaient intimement avec nous sous le même vêtement, comme les chagrins les plus réels sont ceux que nous trouvons enracinés au fond de notre cœur, sans pouvoir leur assigner une origine connue, un motif déterminé.

C'est réellement un beau spectacle que le lever du soleil sur le désert de l'Égarement. A peine le disque élargi a-t-il émergé à l'horizon oriental, tout l'espace s'éclaire à la fois; la lumière ruisselle sur l'arène, comme la mer livrée à elle-même qui se répand sur une plage sans limites; la caravane, avec ses chameaux, jette seule sur ce champ lumineux quelques ombres infinies comme l'espace; mais, semblables aux grandeurs humaines, ces fantômes décroissent rapidement et se réfugient aux pieds de l'objet qui les a produits.

A cinq heures, notre marche recommence. Les montagnes d'Égypte, par delà le golfe Arabique, témoignent, par l'éclat rougeâtre de leurs cimes, qu'elles voient maintenant l'astre naissant. — La verdure des palmiers nous appelle de nouveau vers les sources de Moïse. J'ai lu quelque part que le pasteur de Madian avait coutume de se rafraîchir à ces fontaines lorsqu'il se rendait à la cour du roi d'Egypte, ou qu'il retournait vers son beau-père, et qu'elles avaient ainsi retenu son nom. Le passage suivant, emprunté par Strabon à Artémidore, me paraît être la description des fontaines de Moïse :

« Immédiatement après le Posidium, il existe un « terrain planté de palmiers, où l'on trouve de l'eau « en abondance ; il est extrêmement respecté, parce « que tout le pays qui l'entoure est brûlé du soleil, « dépourvu d'eau et d'ombrage ; mais dans ce lieu « les palmiers produisent une étonnante quantité de « fruits. Un homme et une femme sont chargés, par « droit de naissance, de la garde de ce bois ; ils sont « vêtus de peaux, vivent de dattes et dorment dans des « huttes qu'ils se construisent sur les arbres, à cause « de la multitude des bêtes féroces. »

J'ai sous les yeux une relation de 1697, où l'auteur exprime un regret assez singulier : il a lu, mais trop tard, dans Paul Orose, que l'on distinguait encore en face des sources de Moïse les traces des chariots de Pharaon, conservées non-seulement dans le fond de la mer (ce qui se voit lorsque le temps est clair), mais même sur le rivage, et il part de là pour regretter de n'avoir pas connu plus tôt cette particularité, car il l'aurait, dit-il, cherchée de ses yeux ; et je ne doute pas qu'il n'en eût, à sa manière, constaté l'existence : ce qui me le fait croire, c'est qu'il ajoute : « Il me souvient « seulement que le sable m'y parut comme foulé par « une grande multitude de peuple ; quoiqu'à présent « nul ne fréquente cet endroit. » Il est fâcheux, dans l'intérêt de la vérité, que certaines gens mettent ainsi leurs yeux au service de l'imagination, ce qui leur permet de mentir avec une bonne foi irréprochable.

Après un repos d'une heure aux sources de Moïse, dont nous avons profité pour remplir nos outres, nous continuons de marcher vers le nord. La plaine, un instant ondulée, redevient parfaitement unie. Nous passons à la hauteur de Suez, qui, depuis quelque temps, projette devant nous une bande noire sur le sable. Toute cette plaine qui environne la pointe septentrionale de la mer Rouge, est couverte d'une cristallisation saline, scintillant aux rayons du soleil. Un calme presque plat a succédé au vent du nord, qui ne cessait de souffler depuis plusieurs jours ; la chaleur est accablante. Au moment où nous doublons l'extrémité du golfe pour redescendre vers Suez, nous voyons se former des trombes de poussière semblables à des colonnes torses, qui tourbillonnent avec une grande rapidité et se déplacent assez lentement. Ces tourbillons font monter dans les hautes régions de l'air des écharpes poudreuses qui se déploient jusque sur nos têtes ; l'air ambiant paraît peu agité. Encore un trait de similitude entre le désert et l'Océan.

En quittant pour toujours l'Arabie, jetons un regard en arrière sur cette étrange presqu'île que la mer serre de ses deux bras sans pouvoir en exprimer un tribut permanent ; où naissent l'encens, la myrrhe et tous les parfums exquis ; qui produit à regret, et qui donne néanmoins à ses produits une suavité incomparable ; qui a vu se constituer divinement la nation juive, et surgir l'énorme imposture dont le rayonnement ténébreux jette une ombre immense sur les plus belles contrées de l'univers. Placée près du berceau du genre humain, au centre de l'ancien monde, l'Arabie fut sans doute un des pays les plus anciennement peuplé de l'univers, un de ceux que la conquête et les révolutions ont le moins altérés. Là, se trouve, avec toute sa beauté primitive, tout son feu originel, le cheval de Job, appelé en tous lieux à régénérer son espèce. Les Arabes n'ont été subjugués ni par Alexandre, ni par les Romains ; ils ont eux-mêmes étendu leur domination aussi loin que ces conquérants fameux. Soumis par les Turcs, ils ont conservé plus de force et d'intelligence que leurs vainqueurs.

9*

On ferait une longue liste si l'on voulait nommer tous les hommes célèbres dont nous foulons les vestiges en traversant l'isthme de Suez depuis Cham, enfant de Noé, jusqu'à Napoléon Bonaparte. Rappelons seulement qu'après Alexandre, après Jules César, après Antoine et Cléopâtre, le désert isthmique vit passer, avec le charpentier Joseph, la vierge Marie son épouse, et l'enfant nouveau-né que poursuivait déjà la fureur d'Hérode, et sur lequel se sont usées tant d'autres fureurs. Ainsi, le divin législateur visitait à son tour cette terre d'Égypte, où les sages des nations étaient venus allumer leur flambeau; mais il la visitait en se suspendant au sein maternel, comme pour nous montrer quelle doit être la simplicité du chrétien parmi les vanités qui s'exhalent de la science humaine.

Il est cinq heures et demie au moment où nous entrons à Suez; la petite ville s'est beaucoup animée pendant notre absence. Plusieurs caravanes sont campées sur la place publique et sous les remparts. Tout est encombré de ballots de marchandises expédiées par la mer Rouge pour le compte de Méhémet-Ali, l'accapareur universel. Il se tient aussi un marché où le Bédouin a conduit ses chèvres et ses moutons, étonnés de circuler dans des rues populeuses. Une chèvre des montagnes d'Arabie a le poil long, la taille robuste et ramassée, les jambes courtes et garnies de longs poils jusqu'aux pieds, l'allure indépendante. Le mouton présente à peu près les mêmes caractères. L'air sauvage de ces animaux rappelle tout de suite les âpres solitudes où ils ont vécu, comme les conscrits que Quimper ou Landerneau envoient à nos armées rappellent aux citadins qui les voient passer en costume national, les landes dont ils s'éloignent à regret.

## XXI.

#### Le chameau.

Le fragment qu'on va lire, si toutefois on juge à propos de faire cette lecture, a été écrit sur la place publique de Suez pendant que nous attendions avec nos chameaux le signal du départ. Je change peu de choses à mon livre de notes, n'ayant plus sous les yeux le modèle que j'avais alors.

Je touche au terme d'une glorieuse campagne, durant laquelle le chameau m'a rendu d'inappréciables services; j'ai appris à connaître ses mœurs, à estimer son caractère, à lire sur son visage. Pour moi, le chameau n'est plus ce grand hypocondriaque desséché au soleil d'Afrique, ce quadrupède bossu auquel je n'accordais que l'attention passagère réclamée par son étrange structure; c'est un compagnon de fatigues et de privations, un modèle des vertus dont le désert réclame la pratique rigoureuse, un bon serviteur, enfin, qui laissera des regrets dans mon âme. Je serais ingrat si je manquais à lui consacrer quelques lignes.

Or, puisque le voici près de moi une fois encore, ruminant dans une favorable immobilité, son repas de fèves sèches, qui m'empêche d'esquisser son portrait? On m'objectera peut-être que ce projet n'est point d'un ami. Il est, en effet, des figures qu'on ne saurait peindre sans tomber dans la charge, et laisser suspecter par là même des intentions malveillantes. J'avoue que mon cher ghimmel (1) est porteur d'une physionomie de cette espèce; mais cette considération ne m'arrêtera

---

(1) Nom Arabe du chameau.

point. Notre ami, ce me semble, n'est pas plus laid que bon nombre de personnages qui, de leur propre mouvement, fournissent au peintre consciencieux des modèles pour d'incroyables caricatures. Du moins, on croira sans peine que celui-ci n'a point ambitionné l'honneur d'être reproduit par le pinceau, qu'il a posé bonnement, naïvement, sans aucune recherche prétentieuse, et dans une complète ignorance de mes intentions; les eût-il devinées, je suis intimement convaincu qu'elles n'auraient rencontré de sa part aucun obstacle; sa pose n'eût été ni plus martiale, ni plus coquette. Content d'être ce que le Créateur a voulu qu'il fût, il se présente à ses amis et à ses ennemis sans vanité, comme sans confusion.

Plus on vit avec le chameau, plus on admire la convenance parfaite de son organisation pour les lieux qu'il parcourt et pour la part de domesticité qui lui est assignée; c'est à bon droit qu'on l'a nommé le vaisseau du désert. Sans parler de sa structure, qui justifie à quelques égards cette dénomination, il est certain qu'en supposant l'omission du chameau, le désert devient un océan infranchissable, une plage funeste, où le voyageur marche fatalement à l'encontre de la mort. Cette aptitude pour les voyages de long cours à travers les régions maudites, le chameau la doit surtout à l'étonnante sobriété qui le distingue. Envoyez le cheval dans le désert, en lui faisant porter tout le matériel indispensable à ses besoins, son chargement sera plus que complet, et il ne restera aucune place sur sa croupe pour le cavalier et ses bagages. Il fallait un portefaix qui, plus fort que le cheval, fût en même temps d'une moindre dépense, et qui, pourvu d'un courage vigoureux, en raison inverse de ses exigences, pût, sans compromettre son existence propre, mettre à la disposition d'autrui une suffisante réserve de force et d'activité. Tel est le chameau; maigre, osseux et musculeux, il n'admet dans son organisation aucun élément superflu, rien pour l'élégance des formes, pour l'harmonie du contour; tout pour l'utilité, tout en vue de la donnée première. Sa croupe déprimée est du plus pauvre effet pittoresque; son appareil digestif, réduit aux moindres proportions possibles, laisse l'enveloppe de l'abdomen adhérer, pour ainsi dire, aux vertèbres lombaires, tandis que les côtes se dilatent pour contenir les divers estomacs que le prudent animal a soin de remplir, comme autant d'outres et de besaces. Buvant peu et rarement, il ne transpire pas, et ses forces ne se dissipent point par cette voie. Au moyen de la rumination, il tire tout le parti possible du peu de nourriture qui lui est offert. Grave, austère, il ne se permet aucun genre d'excès capable de déranger l'équilibre de son organisation, aucun mouvement de pure fantaisie, dont l'effet pourrait être de dépenser capricieusement des forces que sa tâche réclame.

Les longues jambes du chameau donnent de la rapidité à son allure, de la hauteur à sa taille; la bosse, dont il a le monopole parmi les quadrupèdes, dessine sur son dos un pic escarpé qui fait du *ghimmel* un véritable géant, un observatoire mobile pour le cavalier assis à son sommet. Remarquons, en passant, que cette bosse ne provient point d'une déviation de la colonne vertébrale, comme chez les bossus de notre espèce; elle résulte du prolongement inusité des apophyses dorsales appuyées, de chaque côté, par un bourrelet gras et charnu. On a dû naturellement se demander pourquoi la nature, si avare de superfluités dans l'organisation du chameau, a néanmoins chargé ses épaules de cet énorme appendice, qu'il n'est guère possible de considérer comme un ornement. Y eut-il donc parti pris de vouer au ridicule le plus utile et le plus modeste des animaux, en le réduisant à l'état de caricature? loin de nous l'impiété d'une telle supposition. La bosse du chameau est utile, et même d'une utilité multiple. Elle fixe d'une manière non équivoque le point sur lequel doit s'appuyer le fardeau, point que la sagacité humaine n'aurait pas su, peut-être, déterminer exactement; elle supplée à l'incurie du maître peu soucieux de rembourrer convenablement le bât ou la selle; elle procure au cavalier une position éminente, tout à fait avantageuse pour s'avancer à l'encontre des sables soulevés par le vent et du rayonnement solaire reflété par le sol, avantageuse aussi pour éclairer sa marche, en lui procurant un horizon plus étendu; enfin, je serais porté à croire que, semblable en quelque sorte aux glaciers des montagnes, elle est là comme le réservoir où se conservent les sucs vitaux destinés à se répandre dans tout le corps desséché par les longs jeûnes.

La bosse antérieure dont est pourvue la poitrine du chameau et qui complète sa ressemblance avec les bossus du genre bipède, ne lui est pas moins utile que l'autre. C'est sa base, son point d'appui, lorsque les jambes reposent. Une callosité semblable à une épaisse semelle marque l'alliance fréquente de cette bosse avec la terre; c'est-elle qui supporte presque seule les fardeaux pendant que l'animal agenouillé reçoit son chargement, ou qu'un maître insoucieux lui fait attendre sa délivrance. Deux épaisses sandales défigurent aussi les deux genoux, et deux autres encore existent discracieusement aux articulations fémoro-tibiales. Ainsi le chameau porte partout l'empreinte de ses continuelles prostrations, et, sous ce rapport seulement, il pourrait être pris pour emblème de la servilité obséquieuse. Admirons la docilité qui le fait s'agenouiller ainsi pour venir au-devant du fardeau; cette position, il la prend d'autant plus volontiers qu'elle est chez lui l'attitude du repos. Ce n'est pas sans l'intervention d'une sagesse facile à reconnaître, que toute la masse du corps, y compris la place assignée au chargement, tend à s'appuyer principalement sur les membres antérieurs, c'est-à-dire sur de véritables pilastres pourvus d'articulations rectilignes, tandis que l'arrière-train, autant allégé que possible, s'appuie sur des jambes affaiblies par leur longueur, par la flexion du jarret, et relativement moins robustes chez le chameau que chez les autres bêtes de somme, parce qu'elles sont plus dégagées du tronc.

Les pieds plats, fourchus, plus larges pour les jambes de devant que pour celles de derrière, ne sont point munis d'une corne ou d'un sabot, comme ceux de nos bêtes de trait ou de somme; mais bien d'une mince semelle recouvrant un bourrelet flexible. Aussi l'on peut dire que, pour la sûreté de sa marche, le chameau est au cheval, comme un homme nu-pieds à celui qui porte des sabots. Il faut voir avec quel aplomb il descend sur les pentes des rochers; mais c'est surtout dans ses longues marches à travers les sables mouvants qu'il doit apprécier l'utilité de ce pied large et plantureux, dont le sol ne reçoit qu'une empreinte peu profonde.

Si, des pieds, nous nous élevons à la tête du chameau, nous trouvons les oreilles courtes et défendues contre l'injection du sable par une épaisse forêt de poils intérieurs; même précaution pour les narines, qui ne sont point dilatées comme celles du cheval, mais longues, étroites, comme il convient à un animal austère, et souvent entièrement closes par sa propre volonté. Les lèvres minces expriment admirablement la retenue et la mortification. Les yeux grands et fixes sont abrités du soleil par d'épaisses paupières et par la saillie de l'os frontal, qui leur compose une espèces d'auvent. Forcés ainsi de se tourner vers la terre, ils aperçoivent le moindre brin d'herbe égaré dans le sable; ils sont, au reste, peu animés et donnent une médiocre idée de l'intelligence camelesque; il m'a semblé que leur témoignage n'était pas menteur; remarquons, en passant, que les animaux destinés à subir la bride ou le joug, sont généralement assez mal partagés sous le rapport intellectuel.

La physionomie du chameau, considérée dans son ensemble, offre un résumé parfait du personnage; elle est digne, en tout point, de précéder la grotesque individualité du bon *ghimmel* et de lui servir d'enseigne; c'est une proue parfaitement appropriée au vaisseau du désert et à l'accidentation de sa carcasse. Certes elle dut faire sensation dans l'arche de Noé. Je m'imagine que chacun crut voir se dresser sur l'assemblée la tête de quelque dragon mauvais ou d'un long reptile. Mais un examen plus approfondi dut calmer les esprits agités, car la maigre tête qui apparaissait ainsi, balancée au sommet d'un long cou, bien loin de lancer la menace, semblait demander grâce par l'humilité triste de son regard. La face du chameau présente la charge de ces figures humaines, longues, osseuses, profondément empreintes de désenchantement, dont l'apparition dans une société rend muettes les jeunes filles, et qui deviennent bientôt le joujou des petits enfants. Mais, lorsqu'elle est animée par une passion violente, il n'y a plus d'alternative pour le spectateur, entre une terreur panique, ou bien un rire inextinguible.

Je ne connais aucun animal plus dépourvu de moyen de défense que le chameau; le bourrelet charnu qui enveloppe ses pieds, à défaut de griffes ou de sabots, semble arrangé tout exprès pour les rendre inoffensifs; aussi s'avise-t-il rarement d'en faire un usage séditieux. Son front faisant exception au type général des ruminants, est désarmé. Quant aux mâchoires, le chameau peut bien parfois montrer les dents; mais, soit timidité, soit impuissance, je l'ai toujours vu s'en tenir à la menace. Ses armes les plus réelles sont donc, en définitive, sa laideur et son effroyable cri, qui vraiment bouleverse le cerveau. Ce cri participe tout à la fois du mugissement du taureau, du bêlement de la chèvre, et du grognement du pourceau. C'est l'étendue de l'un, le chevrottement de l'autre, et le retentissement caverneux du troisième. Le chameau a encore un autre cri monosyllabique, assez semblable à celui du crapaud. Ce dernier cri est l'expression de la souffrance inquiète, mais résignée; c'est le gémissement du fatalisme, qui attend ou subit l'événement, sans aucune arrière-pensée de fuite ou de réaction.

Le chameau réunit en lui-même, dans un degré inférieur, il est vrai, les utilités du cheval, de l'âne, du mouton et de la vache : du cheval, comme portefaix et comme monture rapide et infatigable ; de l'âne, par la modération de ses appétits; du mouton, par l'emploi de son poil à la fabrication de divers tissus; de la vache, enfin, par l'abondance de son lait, dont les Arabes ne font point difficulté de se nourrir. La chair du chameau, lorsqu'il a cessé d'être propre au service, devient aussi un aliment pour son maître; on la dit saine et nourrissante, quoique dure; mais je doute qu'il s'en fasse une grande consommation. Son urine, enfin, séchée et sublimée au soleil, produit le sel ammoniac parfait.

Au reste, lorsque la Providence a fait don du chameau à l'Arabe, elle n'a point rencontré un ingrat. Je me souviens encore d'avoir entendu mon guide réciter une sorte de litanie qui se composait du nom de Dieu uni aux épithètes les plus honorables, et notamment de l'appellation suivante prononcée avec l'accent d'un joyeux enthousiasme : *Allah Ghimmel* ( Dieu chameau)! ce qui signifiait apparemment Dieu auteur du chameau.

Comme l'exagération s'empare toujours des objets qui ont déjà de grandes dimensions, pour les grandir encore outre mesure, les voyageurs n'ont pas manqué de renchérir sur les qualités qui font du chameau un animal distingué de tous les autres animaux. Je ne prétends pas parler ici du chameau de Mahomet, qui a laissé l'empreinte d'un de ses pieds sur les rochers du Sinaï, tandis que le second pied était au Caire, le troisième à la Mecque, et le quatrième à Damas. En présence d'une telle hyperbole, on doit savoir gré à M. Dauzats de n'avoir donné aux chameaux de la caravane dont il faisait partie, que quinze pieds de hauteur, c'est-à-dire le double de la taille moyenne de ces animaux. Je n'admettrai pas, non plus sans examen, le témoignage des voyageurs qui affirment que le chameau n'est point incommodé d'un poids de six cents kilogrammes, qu'il peut demeurer chargé pendant trente et quarante jours, et en passer huit ou dix sans boire ni manger. Je doute que le voyageur imbu de pareilles idées trouvât beaucoup d'Arabes disposés à lui louer leurs dromadaires. Le même animal qui, de son vivant, portait six cents kilogrammes, est quelquefois tellement allégé par le vent du désert qu'un homme peut, avec une seule main, enlever de terre son cadavre tout entier. Ce dernier fait est attesté par des voyageurs dignes de foi.

Il existe en Toscane, depuis le temps des croisades, une colonie de chameaux nombreuse et florissante. Le chameau s'est reproduit à Paris dans le Jardin-des-Plantes. — Y aurait-il avantage à l'acclimater dans nos contrées; ou bien l'animal providentiel, le trésor du Bédouin, serait-il parmi nous un serviteur inutile ? Observons d'abord que cette naturalisation ne pourrait s'effectuer sans un affaiblissement notable des qualités qui constituent l'utilité du chameau. Cette sobriété, par exemple, dont le mérite est de tous les temps et de tous les lieux, ne résisterait pas longtemps à l'incitation de l'air vif et condensé que nous respirons. C'est par l'abondance de nourriture que les populations septentrionales luttent avantageusement contre la rigueur des saisons, et le chameau transporté parmi nous subirait infailliblement cette commune loi; sans cesser d'être tempérant, il deviendrait consommateur plus dispendieux. En second lieu, le chameau est essentiellement une bête de somme; ses pieds nus incapables de mordre le sol avec avantage, la faiblesse relative de son arrière-train, témoignent assez qu'il n'est point fait pour l'attelage. Or, ce sont des bêtes de trait qu'il faut sur nos routes spacieuses et multipliées à l'infini. Les litières ont disparu, on ne rencontre plus que de loin en loin ces longues files de mulets, par l'entremise desquels s'effectuaient jadis presque tous les transports, et l'on prend en pitié leur labeur stérile. Bientôt ces animaux seront exilés des moulins eux-mêmes, et leur aspect causera autant de joie qu'un souvenir d'enfance. Comme monture, enfin, le chameau est inférieur au cheval, partout où celui-ci peut être employé. Il n'y aurait donc aucun avantage à le naturaliser parmi nous.

J'ai été frappé de la ressemblance du chameau avec deux animaux qui habitent la même patrie, qui animent les mêmes paysages, je veux dire l'autruche et la girafe. — Entre le chameau et la girafe, même tête, même longueur de cou, mêmes jambes, même gravité, et quelquefois même habit, à la moucheture près; le tout modifié de la difformité à l'élégance, du grotesque au gracieux. Le chameau me représente la girafe réduite à l'état de vieille, usée, cassée, ridée, desséchée, racornie.

Chez l'autruche comme chez le chameau, cou flexible et élevé, tête petite et durement modelée, grands yeux mornes et profondément tristes, maintien roide et disgracieux, longues et fortes jambes, pieds identiques, stature colossale, intelligence médiocre, course rapide. Aussi l'autruche s'appelle-t-elle, chez les Turcs, oiseau-chameau.

La laideur est de tous les pays; mais l'Afrique en

offre, je crois, les types les plus complets. L'autruche, le chameau sont diaboliques; l'éléphant, le rhinocéros n'ont pas des formes plus agréables; mais la terre qu'ils habitent n'est-elle pas aussi ce qu'on peut voir de plus semblable à l'enfer? sol calciné, déserts de feu, scorpions, reptiles variés à l'infini, lézards hideux et gigantesques, hommes noirs comme le combustible arraché de la fournaise, et difformes comme si leur front eût été foulé aux pieds; palmiers à la sombre verdure, monotones comme l'éternité; aux hommes, la fumée de tabac pour nourriture; les narcotiques, c'est-à-dire l'anéantissement pour volupté. Tels sont les principaux traits du continent africain, traits qui se reproduisent, en grande partie, sur la vaste étendue de l'ancien monde qu'on est convenu d'appeler l'Orient.

Voici, pour en finir avec mon modèle, deux sujets de vignettes que je recommande aux artistes qui illustreront un jour l'histoire du chameau considéré sous son aspect terrible, c'est-à-dire tel qu'il apparaît au premier coup d'œil, avant que la réflexion et l'expérience soient intervenues en sa faveur.

Première vignette. — Baretto, général portugais, négociant un arrangement pacifique avec le roi des Mongals (peuples de Cafrerie) qu'il avait vaincu dans une rencontre précédente. Un chameau échappé du camp prit sa course vers le général, qui réussit à l'arrêter au passage. Les Cafres n'avaient jamais vu aucun animal de cette espèce. Alors Baretto, prenant avantage de la frayeur et de l'ignorance qu'ils manifestaient, leur déclara qu'il avait un grand nombre de ces terribles bêtes, et qu'il leur faisait manger de la chair humaine pour toute nourriture; ayant, ajouta-t-il, achevé de dévorer ceux qui ont péri dans le dernier combat, elles envoient vers moi ce messager pour me prier de ne pas conclure une paix qui les exposerait à mourir de faim. Les ambassadeurs cafres, effrayés de ce discours et plus encore du muet assentiment que semblait exprimer la figure du messager, supplièrent le général d'engager ses chameaux à se contenter d'une bonne chair de bœuf dont ils promirent d'envoyer une forte provision.

Deuxième vignette. — Dans le temps que le choléra sévissait au Caire, les morts n'étaient plus portés au sépulcre sur les épaules de leurs concitoyens; on les chargeait pêle-mêle sur des chameaux que l'on acheminait à la file vers le cimetière. Ce devait être un spectacle lugubre au dernier point, que le vaisseau du désert dominant de sa proue sinistre l'affreuse cargaison. Il accélérait son allure, en agitant contre ses flancs ces têtes violacées, ces jambes pendantes, ces bras tristement étendus. Alors quiconque l'eût envisagé pour la première fois aurait cru voir infailliblement le choléra lui-même, traînant vers son charnier les victimes dont il avait tordu les entrailles.

Mais si l'on se figure cette étrange caravane s'avançant, comme un reptile, à travers les monuments de la grande nécropole méridionale; les tombeaux succédant aux tombeaux, jusqu'à ce qu'ils échappent à la vue par leur petitesse lointaine; le kamsinn homicide balayant la poudre de ce champ vraiment mortuaire qui ne tolère pas même l'existence d'un brin d'herbe, et la jetant comme un crêpe immense sur toute la scène; le sombre Mokkatam, portant çà et là sur son flanc décharné les coupoles sépulcrales dont il semble que la mort ait affublé ses victimes au moment où elles se cramponnaient à ces rocs abrupts, dans les transports d'une fuite désespérée (1); si l'on se figure enfin, dans un

---

(1) Le Mokkatam, espèce de falaise rougeâtre qui domine à l'est le bassin du Nil, sert effectivement de rempart au cimetière du côté du désert; et l'on voit s'élever, sur sa pente rapide, des monuments d'un beau style, dont la position ascendante fait naître assez naturellement la pensée d'évasion et d'escalade.

lointain poudreux, les grandes pyramides qui semblent prêcher la résignation aux morts vulgaires, par le souvenir d'un trépas royal, on aura, ce me semble, un tableau de deuil du plus grand effet, où le chameau remplira son rôle mieux que ne le saurait faire aucun autre acteur vivant.

Nous partîmes enfin à dix heures et demi du matin, de conserve avec une autre petite troupe, qui portait à dix-huit le nombre total des chameaux. — La plaine qui s'ouvre devant nous en sortant de la ville, est quelquefois témoin d'un spectacle plus merveilleux que nos steeple-chases; au moment où les pèlerins de la Mecque, rangés en ligne sur une vaste étendue, s'avancent vers Suez, on voit des cavaliers sortir des rangs, pointer leurs lances en avant ou les tenir en arrêt, et courir ainsi à toute bride sur le front de la caravane, qui continue sa marche sans appréhender le moindre danger, quoique le fer des lances passe à quatre doigts du nez des chevaux. Ils tirent aussi des coups de fusil, dont la multitude entend avec grande joie siffler les balles.

Nous fûmes croisés à peu de distance de Suez par deux caravanes nombreuses. La dernière, composée de quatre ânes et quatre-vingt-onze chameaux, portait, pour le compte du vice-roi, du bois de construction, du plomb en lingot et des pièces d'artillerie, dont chacune formait la charge de quatre chameaux. — Mais comment s'y prend-on, s'il vous plaît, pour partager en quatre bêtes un chargement indivisible? — Rien de plus simple: les quatre chameaux, de taille égale, sont placés en carré à peu de distance les uns des autres; les deux bouts d'un madrier sont posés transversalement sur les bosses des deux premiers; un autre madrier repose de même sur les deux chameaux de l'arrière; une troisième poutrelle, dirigée parallèlement à l'échine des porteurs, appuyant ses extrémités sur le milieu des deux barres transversales, sert à suspendre le fardeau. Chaque pièce occupait ainsi le centre d'un carré, dont les chameaux rendus solidaires formaient les quatre angles. On conçoit que pour l'emploi d'un pareil moyen de transport, il faut tout le calme du chameau et son allure compassée. Il faut de plus un terrain aussi bien nivelé que pour le passage d'une voiture; je n'ai donc pas été émerveillé d'apprendre que des voitures publiques venaient d'être mises en circulation sur cette même route où j'avais vu s'effectuer le charroi à quatre chameaux. — Quelques femmes aussi faisaient partie de la caravane qui passait près de nous. L'une d'elles, plus qualifiée que les autres, était accroupie dans une niche suspendue au flanc d'un dromadaire. Ces niches à femmes ressemblent à celles des saints de nos églises, si ce n'est qu'elles se terminent inférieurement par une espèce de jatte ou de cul-de-lampe évidé, au fond duquel se pose la base du buste, qui seul paraît aux yeux. J'ai vu ailleurs la même denrée se transporter dans des cages, dont les barreaux serrés ne permettaient qu'une vision incomplète.

Nous laissons à droite le lugubre donjon d'Agéroud, dont j'ai eu précédemment occasion de parler. Le mont Saint-Michel est un lieu de plaisance, comparé à cette affreuse solitude. C'est ici que nos philanthropes devraient importer, pour la plus grande gloire de la civilisation occidentale, la moderne torture qu'ils ont nommée agréablement système cellulaire. Je doute que le crétinisme lui-même pût tenir contre une pareille oisiveté de tous les organes qui mettent l'homme en rapport avec quelque chose.

Du temps de Thévenot, trois hommes formaient à eux seuls la garnison d'Agéroud; et chose remarquable, ces trois hommes buvaient de l'eau salée. Il est à présumer, d'après cela, que la garnison d'Agéroud avait été pêchée dans la mer Rouge, et qu'elle se composait d'hommes marins semblables au poisson extravagant dont le même Thévenot nous a fourni ci-dessus la description.

Quoique notre marche de ce jour eût commencé tard, elle se termina dès cinq heures du soir. Les Arabes sont capricieux dans la distribution des stations.

## XXII.

Halte. — L'arbre *ex-voto*. — Tentative de puits. — Offrandes funèbres.

Le dimanche 19 mai, à quatre heures et demie du matin, nous sommes en marche sur une plaine spacieuse, entièrement nue, et semblable à l'Océan frappé d'un calme plat. Nos chameaux, avec leurs enjambées méthodiques et leur maintien naïvement solennel, ont l'air d'arpenteurs brevetés, qui se servent de leurs jambes comme d'instruments de précision. Rien ne cache à nos yeux la route que nous allons suivre, et qui forme devant nous un long ruban coloré par l'éparpillement de points blanchâtres; j'ai déjà dit la funèbre prestation que fournit le dromadaire à cette route sans cesse dessinée sur de nouveaux frais, par la mort qui abat, par les vautours qui dissèquent, et par le soleil qui blanchit les ossements imprégnés de la rosée des nuits.

Nous avons fait une halte de deux heures dans le courant de la matinée; nous avons vu passer une caravane composée de vingt chameaux. — La chaleur est devenue écrasante dans l'après-midi; j'étais obligé, malgré mes lunettes azurées, de fermer les yeux, tant ils étaient fatigués du spectacle de cet embrasement. Mon crâne était comme un autoclave, dans lequel ma cervelle bouillait à gros bouillons; il me semblait parfois que le soleil m'avait pris pour point de mire, et qu'il abusait indignement de ma faiblesse extrême. Je n'ai pas de peine à croire que la jambe de Pockock exposée au midi, et qu'il avait laissée nue, pour se conformer à l'usage du pays, se soit couverte de cloches en traversant ce désert. Mais aussi pourquoi suivre la mode, lorsqu'on ne peut pas opposer au coup de soleil une peau d'éléphant ou de rhinocéros? Le soleil n'aime point les nudités, mais celles qui se produisent en son absence au soleil des salons, sont souvent encore plus maltraitées que la jambe de Pockock. Les cloches que la maladie développe sourdement sous le satin d'une poitrine délicate sont bien autrement funestes, en effet, que celles dont la jambe rustique d'un voyageur peut être affectée.

« Ah çà, dit une voix en rompant le silence de stupeur observé depuis quelque temps par toute la caravane, quel peut être ce point noir qu'on découvre là-bas et qui semble balancé au sein des vapeurs mouvantes, comme une bouée à la surface de la mer?

— Un tombeau, sans doute, reprit une autre voix; ou bien une tente dressée pour abriter le sommeil de quelque voyageur fatigué.

— Mais les ouvrages faits de main d'homme n'affectent point une forme aussi irrégulière; et cette tente, s'il faut l'appeler ainsi, ne doit point être l'œuvre d'une industrie humaine.

— Puisse-t-elle donc être le bienfait d'une prévoyance divine! car ce que Dieu fit est ici le bien de tout le monde, le nôtre par conséquent.

— Alors, réjouissons-nous: ce que nous voyons là-bas est un arbre, un arbre véritable, un dôme de verdure pour le moins aussi élevé que nos chameaux.

— Un arbre! un arbre! » répéta avec transport la caravane; car tout ce qui rafraîchit, tout ce qui désaltère, tout ce qui repose la vue dans le désert, est toujours salué par l'enthousiasme du voyageur. — Il va sans dire que nous stationnâmes au pied de cet arbre ; il était deux heures après midi, et la rencontre ne pouvait être plus opportune. Le parasol qui nous prodiguait son ombre, est une variété de l'acacia triacante cultivé dans nos bosquets ; ses rameaux inclinés forment une voûte basse, sous laquelle on peut néanmoins se tenir debout ; ses feuilles réunies en bouquets sont d'une ténuité excessive, ce qui ne l'empêche pas de donner une ombre extrêmement épaisse, tant ses rameaux flexibles sont serrés et multipliés. Il est armé de dards, les uns droits et longs de deux pouces environ, les autres plus petits et recourbés en crochets. Un oiseau de moyenne grosseur a réussi, je ne sais comment, à placer son nid au milieu de ce fourré impénétrable. Quand même les œufs eussent été d'or, je n'aurais certainement pas eu le courage de plonger ma main pour les ravir.

Je me fis un devoir de dessiner cet arbre, l'un des plus intéressants produits du règne végétal. Je l'ai reconnu sur la carte d'Égypte ; il y figure sous le nom de gemat-el-charâmyt ou l'*arbre ex-voto*. Sa taille est celle d'un pommier de moyenne stature ; deux maîtresses branches plus basses que les autres ont été coupées pour donner plus de hauteur à la voûte de ce feuillage. Cette amputation ne fut pas sans doute l'acte arbitraire d'une obscure caravane. Ce que je puis affirmer, c'est que, s'il m'arrivait de perpétrer une pareille mutilation, je craindrais autant pour ma tête que si je m'étais souillé d'un homicide volontaire.

En quittant l'*arbre ex-voto*, après une halte assez longue, je fus attiré vers la gauche par une éminence que son isolement complet sur la plaine rend singulière. Comme la caravane poursuivait sa marche, je me mis à courir de toute ma force jusqu'au sommet du monticule ; puis, semblable à un cerf-volant qui a filé toute sa corde, je m'arrêtai subitement dans une stupeur muette : je voyais s'ouvrir sous moi la gueule d'un abîme imprévu; j'étais sur le bord d'un puits, large de quarante pieds environ et qui me parut en avoir cent de profondeur. Creusé circulairement dans un terrain sableux, avec une précision géométrique parfaite, ce puits s'est maintenu sans éboulements, à l'exception du bord supérieur qui s'est enfoui dans le précipice. Aux deux tiers environ de sa profondeur, l'excavation se rétrécissant brusquement forme un second puits cylindrique séparé du premier par une sorte de relais ou plateau annulaire ; enfin elle s'épanouit en un large souterrain dont je n'ai point aperçu les limites.

Toute la colline que je venais de gravir était sortie de ce puits; des ruines de cabanes étaient adossées au talus antérieur du monticule, et formaient un village habité jadis par les travailleurs.

Il paraît que ce puits, ou du moins cette tentative de puits, car l'eau n'a jamais répondu aux avances qui lui étaient faites, fut commencé en 1676. Il est fâcheux qu'une entreprise si largement conçue soit demeurée sans résultat. Une aiguade ainsi placée, à mi-chemin de Suez au Caire, serait d'un avantage inappréciable pour les caravanes, et si l'eau eût donné avec abondance, le village dont je voyais les ruines pouvait devenir la capitale d'une oasis délicieuse.

Je me suis souvent demandé ce que deviendrait le désert où nous sommes, s'il se trouvait transporté au centre de notre patrie. Les touffes d'herbes éparses sur quelques points pourraient-elles être amenées à former une pelouse continue? L'acacia, qui tout à l'heure nous prêtait son ombre épaisse, ne pourrait-il pas devenir le patriarche d'une vaste futaie? L'existence d'un seul arbre n'est-elle pas plus étonnante que celle d'une forêt entière, dont les individus se protégeraient mutuellement, en se conférant l'un à l'autre les bienfaits qui résultent de l'association? Il faudrait examiner dans quelles conditions notre acacia s'est développé, et si ses premières années n'ont point été l'objet de soins particuliers. Au reste, la forêt pétrifiée que nous rencontrerons demain avant d'arriver au Caire, atteste de la part du désert, une ancienne aptitude à produire, qui renaîtrait sans doute sous des influences favorables. Pockock suppose, contre toute vraisemblance, que des caravanes sur le point d'arriver au Caire, ont jeté là leurs provisions de bois désormais inutiles, et qu'il n'a jamais existé d'arbres à cette place; mais l'inspection des troncs pétrifiés suffit pour démentir cette supposition.

Le petit édifice carré surmonté d'une coupole et d'un croissant, que l'on rencontre à peu de distance du puits, et à quelques cents pas de la route, ne produit d'autre effet, dans son vaste isolement, que celui de la petitesse se mesurant avec l'immensité. Ce doit être un tombeau, un effort humain digne de pitié, pour ravir à l'oubli une poussière qui fit peut-être quelque bruit dans le monde, pendant qu'elle eut un nom et une apparence spécieuse. Il se peut aussi que ce petit édifice ait été construit pour soustraire aux vautours et aux chacals les corps des pèlerins qui ont vu la mort, comme une fiancée impatiente, leur venir au-devant sur le sentier du retour, et que la caravane laisse derrière elle livrés à un embrassement éternel.

Des ossements de chameau, des pierres apportées d'un autre lieu, sont les seuls indices de fréquentation que l'on remarque autour du petit monument. L'intérieur est habité par quelques têtes vides et autres débris humains. Enfin un petit retranchement formé contre le mur soutient un amas de poussière, dans lequel un cadavre est à demi plongé. De ce cadavre il reste seulement un cuir épais habillant des ossements parcourus par quelques lanières de muscles arides. Une corde tendue d'un mur à l'autre soutient, en guise d'offrandes funèbres, un fatras d'objets misérables, entre lesquels j'ai remarqué du sable pétri en boule et suspendu avec un brin d'herbe, des fers d'âne, du crin, des lambeaux d'étoffes déchirés apparemment à une vieille chemise, ou bien à un burnou de réforme, et grand nombre d'autres horreurs, également bien choisies pour témoigner à la mort l'estime qu'elle inspire.

Comme nous poursuivions notre marche, un regard jeté en arrière nous fit voir, dans l'éloignement, la petite coupole toute rouge des rayons du soleil couchant. On eût dit une étincelle tombée à midi des hauteurs du ciel; puis tout à coup elle disparut dans l'ombre. Le soleil s'éclipsait en même temps à l'horizon opposé; une sombre mélancolie s'emparait du désert, qui n'était plus pour nous le chemin du Sinaï.

## XXIII.

Détresse. — Effets de la soif. — Aspect lointain de l'Égypte. — Profonde tristesse. — Fontaine du Caire. — Inquiétudes. — Atroces souffrances. — Regrets du voyageur. — Dernières réflexions.

Lundi, 20 mai. — Nous marchions déjà depuis une heure, quand les rayons du soleil nous atteignirent par derrière. En quelque lieu que l'on soit, c'est toujours avec un sentiment de plaisir que l'on sent sur soi la douce chaleur du soleil levant. C'est bien le même astre qui nous calcinait hier encore; mais toute souveraineté a des charmes à son début, et tout homme est oublieux des maux qu'il a soufferts.

Notre dernier jour de marche dans le désert ne devait pas être le moins rude. Tout nous manquait à la fois, nos outres étaient vides aussi bien que le mannequin aux provisions, et le soleil, en s'éloignant de l'horizon, nous faisait sentir son ardeur avec une progression d'intensité qui avait quelque chose d'effrayant. Plus d'une fois je consultai ma montre, uniquement pour savoir combien de temps pouvait durer encore ce redoutable *crescendo*. Il s'en fallut peu que notre marche ne se changeât en un sauve-qui-peut désordonné. — Lucien, confiant dans l'excellence de ses jambes, et se croyant peu éloigné du Caire, entreprit de s'y rendre à pied par le chemin qui lui semblait le plus court. Notre devoir eût été de le retenir par force; mais nous ne comprenions pas le danger qu'il allait courir, et d'ailleurs une sorte d'indifférence léthargique s'était appesantie sur nous.

Le vide des outres était, aux yeux de toute la caravane, un fait avéré, incontestable; cependant elles furent encore interrogées, et, semblables à l'avare qui spécule sur la crasse de la sacoche où fut son or, nous entreprîmes de faire produire encore un liquide quelconque à nos peaux de bouc racornies. Augustin, que la soif étranglait sans aucune merci, parvint en définitive à remplir son gobelet d'un résidu vaseux, qu'il engloutit avec une avidité d'autant plus grande, que nous endurions aussi la privation de tout aliment solide. Je ne dirai pas que je n'éprouvai aucune jalousie en voyant notre dernière goutte de liquide prendre cette direction irrévocable. Mais, comme je jouissais d'une aptitude particulière à supporter la soif, je devais évidemment céder à ceux qui se trouvaient dans une alternative de vie ou de mort.

Nous avions encore quatre à cinq lieues de désert à parcourir, lorsque, parvenus au sommet d'une ondulation de la plaine, nous vîmes apparaître dans l'éloignement un magnifique tableau. — Le Caire, royalement étendu dans la vallée du Nil, comme sur un frais divan, offrait à nos yeux son diadème confus de coupoles et de minarets. La fertile Égypte, lumineuse et verdoyante comme l'Élysée des poëtes, était là, dans son repos, avec le souvenir de ses grandeurs passées, et semblait tressaillir de bien-être dans chaque ondulation de son atmosphère palpitante. Nos yeux voyaient les dons que le Ciel lui a prodigués, et nos oreilles ne pouvaient entendre de si loin le sourd gémissement que la tyrannie des hommes arrachait à sa misère. Le Nil, image trop peu reproduite d'un parfait monarque, passait en faisant le bien à travers les champs conquis au désert par ses flots réparateurs; l'œil se reposait un instant sur l'azur de sa surface colorée par le plus beau ciel, puis on le voyait disparaître au milieu de la verdure qui attestait au loin sa présence. Nous puisions dans cette vue seule une sensation de fraîcheur qui nous désaltérait. Toute la scène se dessinait à nos yeux à travers un milieu vaporeux et ondoyant qui donnait à la réalité un vernis fantastique. Le paysage était trouble et frémissant comme si nous l'avions envisagé à travers les émanations d'une fournaise ardente. Par un autre effet de la raréfaction des couches atmosphériques inférieures, des bandelettes de couleur fauve semblaient projetées par le désert dans la verdure des champs, ou bien (si l'on aime mieux envisager ainsi le phénomène) des zones verdoyantes venaient de la campagne se marier aux derniers plans du désert, et la limite entre les deux teintes, quoique bien tranchée dans la réalité, demeurait à nos yeux flottante et indécise.

Par delà cette campagne inondée de lumière, le désert occidental reprenait possession de l'espace, et fuyant au loin derrière les pyramides de Chyseh et de Sakkara semblait nous appeler vers le temple de Jupiter Ammon. Nous étions bien placés pour mesurer la petitesse de cette fameuse Égypte, comprimée entre deux océans de sable qui se regardent l'un l'autre, comme pour se donner rendez-vous sur les bords du Nil.

Je m'enivrai quelque temps de la magie du spectacle, puis je sentis que je m'abîmais dans une tristesse profonde. L'approche des grandes villes exerce sur moi cette fâcheuse influence : je les ai toujours abordées avec une angoisse inexprimable qui dégénère quelquefois en un tremblement fébrile ; et lorsque j'ai recherché les motifs de mon trouble, j'ai reconnu qu'il était légitime. Autant la rencontre d'un ami fait pénétrer de joie au fond de mon âme, autant j'éprouve de consternation en tombant au milieu de ces immenses ramassis d'hommes qu'on appelle ville de premier ordre ; telle doit être la stupeur d'un homme qui se noie.

Cette éclipse totale de la nature, ce paysage où tout n'est que pierres plus ou moins artistement amoncelées ; ces édifices élevés, qui laissent à peine apercevoir un petit coin du firmament, comme si l'on était au fond d'un puits ; ce labyrinthe de rues étroites, dans lequel il semble qu'on va se perdre sans retour ; cette vie sans essor, sans air et sans soleil ; cet entassement qui fait paraître l'individualité si petite, sans que la masse qui l'écrase puisse se prévaloir de quelque majesté ; cette foule pour laquelle je ne suis rien et qui n'est rien elle-même pour mon cœur ; cette succession de figures indifférentes, dans leur action et leur habitude de la rue ; ce *moi* insolemment écrit sur tous les visages ; cette activité des uns pour jouir, pour dissiper, des autres pour se cramponner à la plus misérable des existences, en dépit de la faim, du fisc et de toutes les rapacités élégantes ou brutales, légales ou illégales ; la triste expérience qui, tout en me dénonçant les infamies sans nombre dont je vais être environné, m'apprend en même temps qu'elles seules essayeront de se mettre en rapport avec moi ; disons-le aussi, mon absorption complète au sein de cette masse serrée, le profond oubli où elle me laisse ; la répugnance que j'éprouve pour ses plaisirs publics, mon éloignement forcé de ses joies intimes ; ce luxe insolemment étalé sur des corps gâtés, comme une perpétuelle insulte et une provocation flagrante à la misère, qui se traîne demi-nue et souillée de poussière ; ces boutiques parées comme des beautés mercenaires avides de l'or des passants ; ces édifices religieux qui rappellent tantôt un culte impie, tantôt un Dieu bon délaissé des aveugles qu'il voulait rendre saints et heureux comme lui ; la pensée que la mort moissonne au milieu de cette foule, de cette foule qui est sa moisson et qui n'y pense pas ; l'industrie inquiète, à l'œil hagard, aussi bien que l'oisiveté léthargique, tout m'est amer, insipide ou antipathique, tout justifie l'angoisse dont je suis oppressé.

Mais la sensation est encore plus profonde au sortir du désert, car ici les extrêmes sont voisins : après le silence de la solitude, le bruissement soudain de trois cent mille hommes amoncelés ! — Je m'étais trouvé bien de cet isolement qui donnait de l'essor à ma pensée, de cette société restreinte, comme toutes les bonnes choses, mais parfaitement assortie, et qui laissait à l'estime, à la confiance, à l'amitié toute leur expansion ; mais il me semblait maintenant que l'intimité, si étroite au désert, allait se délayer, pour ainsi dire, dans la foule mouvante, et que pour moi la vraie solitude commençait à l'entrée de la ville. Je regrettais aussi nos pauvres Bédouins, qui allaient retomber à notre égard dans le tourbillon des êtres indifférents ; et ces bons dromadaires, sur le visage desquels j'aimais à retrouver l'expression sympathique d'une mélancolie semblable à la mienne. Ah ! combien en ce moment je trouvais de poésie à leur grande taille, à leur cou sinueux, à leur pittoresque difformité, à leur simplicité antique, à leur enveloppe décolorée comme un vêtement usé ! Leur image, soit qu'elle fût éclairée par le soleil, ou par la lune, ou par le feu du bivouac, était désormais inséparable dans ma mémoire, de tous les tableaux recueillis au désert ; elle s'y représentait dans le lointain comme aux premiers plans, sur la nudité de la plaine comme dans les âpres défilés de la montagne.

Nous traversâmes la forêt pétrifiée ; puis nos guides nous conduisirent à un misérable village situé sur l'extrême frontière du désert, là où le sol libre encore appartient au premier occupant. Il y a cela de bon en Égypte, que l'homme qui possède peut dire à celui qui, ne possédant pas, veut néanmoins se poser quelque part : « Arrière, camarade, il n'y a point de place ici « pour tes babouches, notre munificence ne met-elle « pas le désert à ta disposition (1) ? » Quelques cabanes de trois à quatre pieds de hauteur, éparses sur le sable, composaient le village déshérité ; mais ses habitants possédaient un trésor inappréciable, de l'eau du Nil pure de toute saveur étrangère, et contenue dans des vases de grès qui la rafraîchissent. Moyennant quelques paras, toute l'eau du village fut à notre disposition. Nous bûmes comme de véritables éponges, et la sueur dont nous fûmes bientôt inondés montra effectivement combien il s'en fallait que nous ne fussions imperméables.

Nous traversâmes en silence la plaine sépulcrale, tantôt abaissant nos regards sur la tombe rampante d'un mort vulgaire, tantôt les élevant vers la coupole ou le badalquin qui signale avec majesté de riches sé-

(1) On reprochera peut-être à mon récit quelques phrases empreintes, dira-t-on, d'une sympathie trop passionnée pour les classes pauvres. Je serai suffisamment justifié en disant que je ne cherche point à être entendu de cette majorité déshéritée, à laquelle tout honnête homme doit prêcher la résignation s'il n'a point de richesses à partager avec elle. Mais je voudrais appeler l'attention consciencieuse des privilégiés de la fortune sur le sort de ceux qui ne possèdent pas. Il est bon, en effet, que les heureux du siècle soient souvent avertis de ce qui se passe dans les cœurs serrés par la misère. Si le riche n'a jamais pénétré dans l'âme du pauvre, s'il ne s'est pas exercé à penser comme le pauvre, à voir les choses de son point de vue, comment réussira-t-il à ménager ses susceptibilités si légitimes, à calmer l'envie dont son âme est rongée ? comment pourra-t-il mettre en pratique, vis-à-vis de lui, le précepte fondamental : *Ne fais point à autrui ce que tu ne veux point qui te soit fait à toi-même ?* car, pour la pratique si sincère de cette maxime, il faut, de toute nécessité, se mettre par la pensée aux lieu et place d'autrui. Comment enfin se terminera à l'amiable, entre le riche et le pauvre, la grande querelle plus flagrante de nos jours qu'à aucune autre époque ?

pultures. Le lézard, satellite silencieux des tombeaux, s'agitait seul sur l'ardente poussière.

Le premier objet à l'usage des vivants que l'on rencontre près de la porte orientale du Caire, est un abreuvoir pour les chameaux. Je ne fus guère moins heureux que ma monture, je le suppose du moins, en la voyant effleurer de ses lèvres minces la surface du liquide, avec une modération pleine de recueillement; on eût dit une vieille *miss* absorbée dans la dégustation de son thé. — A quelques pas de là, un homme assis derrière une grille de fer, sur le pavé d'une étroite cellule creusée dans la muraille, remplissait d'eau des gobelets de fer-blanc, et les alignait devant lui à la portée des consommateurs. Quiconque a soif passe la main à travers le grillage, s'empare d'un gobelet plein, et le remet vide au pourvoyeur, qui s'empresse de l'emplir de nouveau. On ne saurait douter que cet emploi de fontaine vivante et non rétribuée ne soit parfaitement agréable à Mahomet. — Comme il n'était plus en notre puissance d'envisager l'eau potable sans songer aussitôt à combler le vide qui se retrouvait constamment au dedans de nous-mêmes, nous poussâmes un hourra simultané aux oreilles de nos Arabes, en allongeant l'index vers l'objet de notre convoitise. Ils nous firent signe de rester en selle, et, s'armant chacun d'un gobelet, ils organisèrent une chaîne qui fit arriver jusqu'à nous autant de liquide que nous en pouvions désirer pour le moment. Puissent les trois ou quatre verres d'eau que j'avalai de la sorte être rendus avec usure au misérable automate qui les expédiait du fond de sa caverne! Les fontaines du Caire, lorsqu'elles ne ressemblent pas à celle que je viens de décrire, sont de la plus grande simplicité; elles consistent d'ordinaire en une sorte de biberon qui déborde de quelques lignes le plan vertical d'un mur quelconque. Veut-on se désaltérer, on colle ses lèvres à la muraille, on aspire légèrement, et l'eau s'empresse d'arriver. Dès qu'on n'aspire plus, elle se retire.

Au moment de notre entrée en ville, deux convois funèbres passèrent en même temps que nous sous la porte de la Victoire; ils allaient d'un pas précipité; une troupe d'hommes et de femmes suivait en chantant de cette voix aigre, monotone et pleine de découragement, qui semble faite pour se heurter éternellement à un ciel d'airain. Nous apprîmes que la grippe sévissait au Caire, mais qu'elle était innocente de ce double meurtre. Heureusement nous étions inaccessibles aux terreurs superstitieuses.

Ce qui me charma le plus en me retrouvant au Caire, fut d'apercevoir à l'étalage des marchands plusieurs fruits nouveaux qui avaient mûri pendant notre absence, et notamment des abricots, des prunes, des tomates et des melons aigus comme des navettes.

Il était cinq heures du soir lorsque nous arrivâmes au couvent des Pères Franciscains, après douze heures de marche non interrompue. Mon muscadin de dromadaire était exténué au point de me faire appréhender qu'il ne succombât à la fatigue de cette journée; j'en aurais éprouvé une peine bien réelle, dans l'intérêt de son maître, qui fondait sur ce jeune quadrupède de grandes espérances.

Les révérends Pères, accourus au-devant de nous, témoignèrent une grande joie de nous revoir; et la conversation se serait engagée avec toute la chaleur d'une vieille amitié, sans la préoccupation dont nous fûmes promptement assaillis.

« Avez-vous vu Lucien ? » demanda l'un de nous, exprimant la pensée de tous; et nous dîmes le lieu, le temps et les circonstances de notre séparation. — La réponse des religieux: « Il n'est point encore arrivé, » n'avait rien de bien alarmant en elle-même; mais leur front assombri témoignait en nous écoutant que la démarche de Lucien était à leurs yeux une insigne témérité. L'absence de ce fidèle serviteur, de ce compagnon précieux, ne laissait pénétrer aucune joie dans nos cœurs, aucun contentement pour le bien-être que nous retrouvions; sans cesse notre pensée retournait au désert se livrer à de lugubres perquisitions, en attendant que le moment fût venu d'y retourner en réalité pour accomplir notre devoir dans toute son étendue. Avec quelle profonde tristesse je me rappelai alors les débris humains que j'avais aperçus çà et là sur la route, et le regard sinistre du vautour, et toutes les souffrances qui n'étaient plus pour nous qu'un souvenir, tandis qu'elles devenaient peut-être pour Lucien une réalité plus que jamais menaçante ! Nous délibérions sur le meilleur parti à prendre, lorsque nous entendîmes ouvrir la porte extérieure du couvent, et l'exclamation d'un religieux qui était proche nous apprit le retour de Lucien. Il devait son salut à la générosité d'un Arabe qui l'avait rencontré gisant sur le sable, exténué de faim, de soif et de fatigue, découragé par trois chutes consécutives, suivies d'inutiles efforts pour retrouver sa route et se traîner vers le Caire. Le bon Arabe, après lui avoir donné du lait à boire, l'avait placé sur son âne et ramené jusqu'à la porte du couvent.

Rassuré par la présence de notre compagnon, j'espérais dormir d'un bon et paisible sommeil; mais ma chambre, placée immédiatement sous la toiture, était, en outre, précédée d'une terrasse revêtue de plâtre qui, pendant tout le jour, réverbérait contre mon domicile les rayons d'un soleil infernal. Je me trouvais ainsi enfermé dans une serre chaude, capable d'asphyxier les plantes mêmes du Tropique. Cette chaleur avait fait pulluler tout un monde d'insectes, qui, soit au vol, soit à la course, se ruèrent sur ma peau dès qu'ils me virent étendu pour dormir. En vain je me couvris et me découvris, en vain je me roulai sur moi-même avec une sorte de frénésie, aucun de mes adversaires n'abandonnait sa proie, et les moustiques, obligés à chaque évolution de renouveler leurs piqûres, n'en devinrent que plus insupportables. Je me tordais comme sur un brasier ardent, en faisant entendre une sorte de rugissement inhumain. Pour comble de malheur, je n'avais point observé par quel système ma porte était close, aussi je m'efforçai en vain de tromper par la fuite la rage de mes persécuteurs. Ah ! combien je regrettai la liberté du désert et son ciel étoilé rafraîchi par la brise ! Et comme la sensation actuelle a toujours voix prépondérante, je me demandais avec colère par quelle inconcevable manie les hommes étaient entraînés à se construire ces infâmes demeures où se passe la majeure partie de leur existence, ces prisons volontaires emprisonnées elles-mêmes dans les lignes infinies qui résultent de leur enchaînement absurde. Combien j'exaltais alors la sagesse du Bédouin heureux et libre sous la toile légère de sa tente.

Lorsque le jour parut enfin, je me trouvai couvert d'une éruption serrée, comme si j'avais été flagellé par tout le corps avec des orties. Deux jours après, la fraîcheur du Nil, sur lequel nous étions embarqués pour gagner Damiette, répercuta à l'intérieur l'œuvre des moustiques, qui, sous la forme de grippe, se mit à me déchirer inhumainement la gorge et la poitrine.

Mes compagnons, mieux logés que moi, avaient passé une fort bonne nuit. L'un d'eux nous conta que la soif l'ayant éveillé à plusieurs reprises, il avait été assez heureux, en errant dans les corridors, pour rencontrer le puits du couvent. Tandis qu'il s'y désaltérait, non pour la première fois, un autre buveur de notre société était survenu à l'improviste, alerte et légèrement vêtu, avec la désinvolture d'un homme qui n'en est pas à son premier essai. On avait causé, quelques minutes, de la manière la plus amicale ; et les deux interlocuteurs s'étaient fait mutuellement confidence de la quantité d'eau absorbée par eux, durant la nuit : elle était prodigieuse !

Ici se termine le fragment de voyage dont j'avais entrepris le récit. — Je verrai bientôt cette terre promise qu'espéraient aussi les Israélites dans le désert; je boirai l'eau du Jourdain parmi les roseaux de la rive, et je m'assiérai sur la pierre où se heurte le flot pesant de la mer Morte; uni aux chrétiens de Bethléem, je célébrerai la fête de saint Jean-Baptiste dans la grotte témoin de sa vie solitaire; je visiterai la crèche et le Calvaire, et le tombeau, glorieux objet de tant de pèlerinages, de gestes héroïques, d'épopées sublimes. Je me souviendrai d'Abraham et d'Abner à Hébron, des pêcheurs d'hommes à Tibériade, de saint Paul à Damas, des travaux de Salomon sur le Liban; puis, vers la fin de décembre, je retrouverai ma place au foyer paternel, heureux de pouvoir serrer la main à tous ceux dont j'avais reçu les adieux dix-huit mois auparavant.

C'est à regret, je l'avoue, que je quitte la plume, car je retrouverais, en écrivant, quelques-unes des jouissances de l'aventureux pèlerinage; il se représentait à mon imagination comme ces lointains délicieux qui semblent se rapprocher du ciel à mesure qu'ils s'éloignent de nous, et passer du monde réel au domaine des créations idéales, à ce domaine où la lumière est si douce, où les ombres sont azurées, où l'éther ruisselle sur des paysages ravissants d'harmonie. — Je trouvais un contentement indicible à relire ces notes écrites dans des situations si diverses et quelquefois si saisissantes, sous la tente ou sous l'ombre du palmier, sur la plaine immense ou dans le recueillement d'une profonde vallée, sur le sable brûlant ou sur le froid sommet de la montagne. Et si parfois aujourd'hui je me prends à regretter la liberté de mes premières années, c'est surtout en mémoire de ces jours mêlés de joies et de fatigues, jours que je n'hésiterais pas à faire revivre, si les circonstances me le permettaient encore.

Les individus ont, comme les peuples, leur âge héroïque et fabuleux, et leur âge historique qui peut s'appeler aussi l'âge positif ou prosaïque. A l'âge fabuleux se rapportent les impressions premières, avec leur exagération poétique, les palmes du collége si vite flétries, malgré leur immortalité; les amours naïfs et désintéressés, muets autant qu'aveugles; les promenades merveilleuses au sein d'une nature enchantée; les rêveries d'automne, au son du beffroi, parmi les feuilles flétries que la lune éclaire d'un pâle rayon; les chasses sans repos, sur la lande couverte de neige, ou dans les sentiers de la forêt; les chevaux domptés; les bras de mer traversés à la nage; les rochers escaladés; les précipices franchis d'un seul bond.

A l'âge prosaïque appartiennent les liaisons intéressées, les scrutins heureux, les emplois ou les grosses dots conquis à force d'intrigues, les champs ajoutés au domaine paternel, les rentes amorties, le manoir agrandi ou consolidé, les jardins et les vergers enclos de murs, etc.

Heureux l'homme qui, venant à interroger son âge héroïque, y trouve de quoi égayer sans remords les insomnies de sa vieillesse! — L'âge positif allait bientôt commencer pour moi, lorsque j'ai cherché une distraction dans les voyages; et sa triste invasion eût été peut-être accélérée par ce moyen même, si je n'avais trouvé, dans mes compagnons, ces vertus aimables, cette honnêteté de mœurs qui conservent, pour l'homme mûr, les fraîches impressions d'un autre âge. Grâces soient rendues à ces excellents amis; car s'il est un plaisir qui nous pénètre et nous restaure comme l'air que nous respirons, je crois l'avoir connu, ce plaisir, durant le cours des voyages exécutés en leur compagnie; et il se renouvelle pour moi chaque fois qu'une heureuse disposition de corps et d'esprit me permet de vivre pleinement dans le passé.

# TABLE

I. Délibération.—Esquisse véridique de plusieurs portraits. — Une fête au Caire. — Vanité punie par la réclusion. — Ocre rouge. — La rue. — La place publique. — Extravagance d'une tête chauve. — Illumination. — Fâcheux effet de lumière.     5

II. L'évêque grec. — Gravure curieuse.—Approvisionnement.—Anxiété. — Départ. — Avantages et inconvénients d'une haute position. — Sépultures — Coup d'œil sur la caravane. — Un habitant du désert. — Première halte.     19

III. La nuit. — Clabaudage trouvé délicieux. — Notre chronomètre. — Une agonie. — Pensées tristes. — La caravane. — Marche des Israélites. — Joie tronquée. — Gymnastique. — Emploi du temps.     31

IV. Complot avorté. — Moralité. — Angoisse.—Mirage.—Suez.—Son aspect. — Son port. — Navigation sur la mer Rouge. — Hatti-Schérif. — Chemin de fer projeté. — Canal du Prince-des-Fidèles. — Une nuit sur la plage. — Les Israélites.     44

V. Paysage.—Véracité des voyageurs. — Ah ! cela me plaît !—Les sources de Moïse. — Un petit oiseau. — Salut arabe. — Contentement. — Égarement. — Grandes manœuvres. — Les veilles du désert.     62

VI. Le kamsinn. — Halte et prostration.—Fuyards massacrés. — Aspect de la caravane. — Nouveau massacre. — Amabilité. — Le tamarise.     73

VII. Considérations artistiques.—Mouia ! Mouia !—Longue halte.—Rapport de notre commissaire à l'aiguade. — Paysage — La chemise neuve. — Costume de nos guides. — Leurs armes. — Considérations générales. — Le *leben*. — Effet de nuit. — Nuages étranges.    81

VIII. Le réveil du désert.—Cuisine arabe.—Dévouement courageux.—Rochers naissants. — Apologie des Arabes. — Leur portrait par Diodore de Sicile. — Station agréable. — Rencontre d'un Bédouin industriel. — Bédouine et son enfant — L'homme est bon !!! — Isolement. — Lecture de la Bible. — L'homme d'autrui.    93

IX. Rencontre. — Un cimetière arabe.—Dessins sur un rocher.—Les cailles. — La manne. — Panorama. — Découverte d'un village étrangement situé. — Squelette. — Confession — Autre cimetière. — Plantes du désert. — La coloquinte. — Le dimanche. — Épanchement. — Un rêve. — Esclandre.    106

X. Susceptibilité d'un dromadaire. — Paysage.—Djebel-Mouza !—Souvenirs d'enfance. — Le désert du Sinaï. — Coup d'œil sur les événements dont il fut le théâtre. — Le monastère. — Ascension. — Accueil cordial. — Le signor Pietro della Valle. — Les moines du Sinaï. — Réclamation.    122

XI. Séjour.—Intérieur du monastère. — Église. — Le buisson ardent. — Reliques de sainte Catherine. — Le chemin de la vie est sur les hauteurs. — Bibliothèque. — Jardin. — Promenade délicieuse. — Tribut aux Arabes. — Régime intérieur du couvent. — Invitations cordiales. — Firman de Mahomet. — Le registre des voyageurs.    136

XII. Ascension sur la montagne.—Grotte du prophète Élie.—Sommet du Sinaï. — Recueillement. — Lecture de la Bible. — Pierre de Moïse. — Reproches aux voyageurs trop crédules. — Couvent des Quarante-Martyrs. — Collation. — Physionomie intéressante d'un jeune Arabe. — Réponse éloquente. — Mont Sainte-Catherine. — Pierres arborisées. — Souvenir de sainte Catherine. — Contradiction. — Panorama. — Pietro della Valle. — Danger sérieux. — Pierre d'Horeb. — Moule du veau d'or.    151

XIII. Sociabilité. — Excursion artistique. — Pensée de foi.    169

XIV. Préparatifs de départ. — Adieux. — Route de Tor. — Repas du soir. — Insomnie méditative.    172

XV. Dernier adieu au Sinaï.—Belle vallée.—Palmiers remarquables. — Désert de Sin. — La manne.    176

XVI. Gasconnade arabe.—Tor.—Galeries minéralogiques.—L'homme marin.— Combat singulier. — Constitution bizarre. — Le présent voyage considéré du point de vue économique. — Chameau élégant. — Les douze fontaines d'Élim.    179

XVII. Aménité des nuits.—Amende honorable à nos *peaux* de bouc.—Plantes du désert.—Vent du nord.    187

XVIII. Triste aspect de la caravane. — Guide malade. — Bahar Kolsoum. — Mauvaise nuit.    189

XIX. Anxiété. — Opinion archéologique. — Bains de Pharaon. — Changement de guides. — Pensées sur la mort. — Enfance du chameau.  193

XX. Désert de l'Égarement. — Un scorpion. — Nos plus déterminés ennemis. — Lever du soleil. — La source de Moïse. — Trombes du désert. — Marché à Suez.  198

XXI. Le chameau.  203

XXII. Halte. — L'arbre *ex-voto*. — Tentative de puits. — Offrandes funèbres.  216

XXIII. Détresse. — Effets de la soif. — Aspect lointain de l'Égypte. — Profonde tristesse. — Fontaine du Caire. — Inquiétudes. — Atroces souffrances. — Regrets du voyageur. — Dernières réflexions.  221

www.ingramcontent.com/pod-product-compliance
Lightning Source LLC
Chambersburg PA
CBHW061959180426
43198CB00036B/1456